高校通识教育丛书

安徽省“十二五”省级规划教材

诺贝尔科学奖与科学精神

（第2版）

Nobel Scientific Prize & Scientific Spirit

主　编　顾家山

副主编　汪丰云　余妍霞

中国科学技术大学出版社

内 容 简 介

本书以诺贝尔科学奖为主线，在让读者感受到诺贝尔科学奖巨大的社会影响及其对科学发展的促进力量的同时，通过对诺贝尔奖得主的教育经历与人生历程的阐述与分析，使读者从中体会如何思考、如何实践，从而清晰判断如何把握自己的人生轨迹与方向。在此基础上，通过对科学家们不懈追求科学的历程回顾与典型案例分析，使读者更好地把握科学研究成果的形成规律，强化读者的科学意识和科学梦想，树立为科学研究事业而拼搏奋斗的人生志向。

本书集科学性、思想性、知识性和趣味性为一体，力求使读者从中获得借鉴，开拓视野，增长见识，培养科学探索的兴趣，激发科学创新的精神。

图书在版编目(CIP)数据

诺贝尔科学奖与科学精神/顾家山主编. —2版. —合肥：中国科学技术大学出版社，2014.9(2017.8重印)

(高校通识教育丛书)

安徽省“十二五”省级规划教材

ISBN 978-7-312-03452-7

Ⅰ.诺…　Ⅱ.顾…　Ⅲ.诺贝尔奖—科学家—人物研究　Ⅳ.K816.1

中国版本图书馆CIP数据核字(2014)第193375号

中国科学技术大学出版社出版发行

安徽省合肥市金寨路96号，230026

http://press.ustc.edu.cn

安徽国文彩印有限公司

全国新华书店经销

开本：710 mm×960 mm　1/16　印张：17.75　字数：328千

2009年8月第1版　2014年9月第2版　2017年8月第8次印刷

印数：16001～19000册

定价：33.00元

obel Scientific Prize & Scientific Spirit

前　言

诺贝尔科学奖是远方的灯塔，它指引着我们前进的方向；诺贝尔科学奖是坚实的台阶，它孕育着科学创新的力量；诺贝尔科学奖是一面旗帜，它激励着青年学子发奋成才的梦想。

从1901年诺贝尔奖创立到2013年，全部六个奖项已有800多人获奖；其中三项科学奖获奖总人数已达563人，占总获奖人数的60%以上。诺贝尔科学奖作为举世公认的卓越科学成就的象征，记录了一百多年来重大的科学研究成果，反映了现代科学技术发展的光辉历程。20世纪以来，科技创新的大格局一直被诺贝尔奖所引领。那些获诺贝尔奖的科学成就，大多数已成为人类科学进步的里程碑，对推动人类社会生产和文明进步起着不可替代的作用。如量子论及原子结构和基本粒子的发现，核酸分子结构遗传密码的破译，以耗散结构理论等为代表的复杂性科学的创立，等等。

百年诺贝尔科学奖的发展历程是20世纪以来科学发展史的缩影，它引导了科学技术的重大发现和发明。像1901年伦琴因发现X射线及其对X射线的研究成果而获奖，这一发现为人类医学诊断开辟了一条新的道路；两次获诺贝尔奖的居里夫人因发现了镭和钋为人类探索原子世界的奥秘打开了大门，开辟了科学世界的新领域；因发现能量量子而获1918年物理学奖的普朗克，创立了量子理论，带来了物理学史上的重大变革；1980年伯格因基因重组工程技术而获奖，使人类实现了用人工方法将两个不同的DNA组合在一起的梦想，带来了生物技术的革命，等等。

随着现代科技对社会经济、政治和文化产生的日益广泛和深远的影响，诺贝尔科学奖已成为科学发展最重要的一种奖项和激励机制。它不仅是对科学家本人或科学共同体的评价和肯定，而且日益成为评价一个国家科学研究综合水平的尺度。从某个角度来看，诺贝尔科学奖已成为国家荣誉的一种象征，更重要的是，它展示了现代自然科学发展的基本趋势,凸显了人类共同追求的科学精神。诺贝尔科学奖一百多年的历史,给了我们诸多启示和教益。

20世纪初期以来,从“科学救国”到“科教救国”,中国的科学发展走过了整整一个世纪充满屈辱与艰辛、奋斗与辉煌的曲折历程。21世纪,中国不仅需要诺贝尔奖级的科技成果推动国民经济持续稳定地增长,而且需要弘扬诺贝尔科学奖和诺贝尔科学奖得主所实践的科学精神,把握科学研究的内在规律和发展趋势,大力推进协同创新,培养具有创新意识和创新能力的高层次人才,让中国走进诺贝尔科学奖,早日实现中华民族伟大复兴的“中国梦”。

今天,我们关注诺贝尔科学奖,编写本书,旨在通过诺贝尔科学奖相关教育素材的呈现,向读者展示诺贝尔科学奖本身及其获得者的奋斗历程所蕴含的科学精神,激发青年一代学科学、爱科学的热情,帮助青年学子感受和学习科学家在探索、发现和创新过程中的科学风范,培养他们的社会责任感、创新精神和实践能力。

编者在本书中试图从三个方面帮助青年学子树立正确的科学观、大胆的批判精神以及实事求是的科学态度。一是通过对诺贝尔科学奖相关情况以及科学发展历程的解读,弘扬科学精神,提倡创新精神;二是通过对诺贝尔科学奖获得者的成长经历与教育背景的介绍,使青年学子从中获取人生借鉴与启迪;三是通过对我国科学家冲击诺贝尔科学奖的过程分析与未来展望,引导青年学子客观而理性地认识我国科学研究的现状与发展趋势,从而进一步坚定理想信念,增强民族自信,强化历史责任,树立正确的世界观、人生观和科学观。

本书的出版、修订与再版,得到了许多领导、同仁的关心与支持,引用了许多研究者的成果,在此一并表示衷心感谢。特别要感谢安徽省教育厅、安徽省化学会和中国科学技术大学出版社对本书出版给予的支持。

本书由于修订时间十分有限及编者的视域所限,难免有疏漏、不足和错误之处,敬请读者批评指正。

编　者

2014年6月

目 录

第一章
诺贝尔与诺贝尔科学奖

自1901年以来，历史已走过了整整一个多世纪的历程，在这一个世纪的历史长河中，一位叫诺贝尔的人创立的一种叫“诺贝尔奖”的奖项已走过了114年的岁月。114年间风云变幻，英才辈出，那长长的获奖名单，犹如一串璀璨的明珠，辉映着过去一个世纪辉煌的百年。

日复一日，年复一年。今天，诺贝尔科学奖已经成为举世瞩目的世界最高科学大奖，成为无数科学家最美好的憧憬和努力的方向。诺贝尔及诺贝尔科学奖得主的人生经历和高尚品质也成为激励青年一代追求梦想的精神力量，指引着无数青年学子发奋进取、勇敢拼搏。

在世界科学史上，有这样一位伟大的科学家：他不仅把自己的毕生精力全部贡献给了科学事业，而且还在身后留下遗嘱，把自己的遗产全部捐献给科学事业，用以奖励后人，鼓励他们向科学的高峰努力攀登。今天，以他的名字命名的科学奖已经成为举世瞩目的最高科学大奖。他的名字和人类在科学探索中取得的成就一道，永远地留在了人类社会发展的文明史册上。这位伟大的科学家就是世人皆知的瑞典化学家、发明家、实业家——阿尔弗雷德·伯哈德·诺贝尔，英文名为Alfred Bernhard Nobel。

诺贝尔科学奖从1901年开始正式颁发，迄今已走过了一个多世纪的历程，它记录了19世纪末、特别是20世纪以来重大的科学成就。到2013年为止，已有563位不同国籍的科学家获此殊荣，获奖人数之多和奖金数额之大都是史无前例的。诺贝尔奖因它的特殊性，备受全世界的广泛关注。今天，当人们赏心悦目地尽情赞美诺贝尔科学奖成果给科学技术发展带来的勃勃生机和巨大动力时，便会不由自主地想起这项大奖的发起人——伟大的阿尔弗雷德·伯哈德·诺贝尔勇于拼搏的创业精神、不屈不挠的奋斗精神和无私无畏的献身精神，进而情不自禁地对诺贝尔的丰硕成果、博大胸怀和伟大人格产生由衷的钦佩和崇高的敬意。

第一节　诺贝尔努力拼搏的一生

一、艰难的成才之路

阿尔弗雷德·伯哈德·诺贝尔于1833年10月21日出生于瑞典首都斯德哥尔摩。“诺贝尔”是地道的瑞典姓氏。这个姓原本叫做“诺贝留斯”，是依该家族出身的教区名称而来，直到阿尔弗雷德·诺贝尔的祖父才将这拉丁语式的姓缩短为Nobel。

按照瑞典人的命名习惯，阿尔弗雷德是名，诺贝尔是姓。不过按照后来约定俗成的叫法，诺贝尔家族的姓后来通常也就用以指阿尔弗雷德本人。

诺贝尔的祖先有好几位是列名于瑞典文化史上的学者，其中最知名的是发现“淋巴组织”的欧鲁夫·鲁德贝克。他是17世纪北欧最有名的科学家兼博物学家。诺贝尔的父亲伊曼纽尔·诺贝尔是一位颇有才干的机械师、发明家。当诺贝尔四岁时,父亲由于经营不佳,屡受挫折。后来,一场大火又烧毁了他的全部家当,使全家生活完全陷入穷困潦倒的境地,要靠借债度日。父亲为躲避债主离家出走,远走芬兰,后又到俄国,从事军用机械制造工作。诺贝尔的两个哥哥在街头巷尾卖火柴,以便赚钱维持家庭生计。诺贝尔一出世就体弱多病,加上生活的艰难,身体很虚弱。他不能像别的孩子那样活泼欢快。当别的孩子在一起玩耍时,他却常常充当旁观者。童年生活的境遇,使他形成了孤僻、内向的性格。母亲罗林娜·安德丽塔·阿尔塞尔坚定而聪慧,即使在诺贝尔小时候这一段不算短的经济拮据的岁月中,仍能持有乐观的态度,并让出生后健康状况不佳的诺贝尔顺利长大。

诺贝尔的父亲倾心于化学研究,尤其喜欢研究炸药。受父亲的影响,诺贝尔从小就表现出顽强、勇敢的性格。他经常和父亲一起去进行炸药实验,几乎是在轰隆的爆炸声中度过了童年。

1841年秋天,八岁的诺贝尔被母亲送进了雅可布小学,不过他在这所学校只读了两个学期。这一年是他一生中受过的仅有的正规学校教育。诺贝尔的学习成绩是优秀的,第一学期的成绩单上,他的智力得A,全年级82人中得到同样分数的仅有三人,他的勤勉和操行也得了A;第二学期他的智力和勤勉仍为A,不过操行得B,可能因为身体状况不佳有时迟到的原因。同样由于健康原因,他几乎没有伙伴,大部分时间都待在家里读书、写作文或者一个人到田野、丘陵、河边去散步,在大自然中寻找属于他的童年。孤独的环境培养了他独自观察自然的爱好,使他从中体验到无穷的乐趣。用他的话说就是:“我在少年时代研究了自然这本最好的教科书。”

1842年,他全家迁居俄国的圣彼得堡。在俄国由于语言不通,诺贝尔和两个哥哥都进不了当地的学校,只好在当地聘请家庭教师指导他们学习。在当时,俄国有这样的风气:有钱人家的孩子不去上学,而是跟着家庭教师学习。这时诺贝尔的父亲在经济上已经富裕起来,他为孩子们聘请了瑞典和俄国的优秀学者做家庭教师。在俄国化学界享有盛誉的齐宁教授给诺贝尔三兄弟打下了牢固的知识基础。体质虚弱的诺贝尔学习特别勤奋,他的天资和好学的态度不仅得到老师的赞赏,也赢得了父母兄弟的喜爱。然而到了他15岁时,因家庭经济困难交不起学费,兄弟三人只好再一次中断了学业。诺贝尔来到了父亲开办的工厂当助手。他细心地观察和认真地思索,凡是他耳闻目睹的那些重要知识,都被他敏锐地吸收进去。

为了儿子长大以后在研制新产品方面发挥作用,父亲决定让诺贝尔出国考察学习,以了解欧洲国家和美国在机械和化工方面的发展现状和研究进展。1850年,17岁的诺贝尔独自出国开始他的欧美考察学习之旅。两年的时间里,他先后去过德国、法国、意大利和美国。由于他善于观察、认真学习,他的知识迅速积累,很快成为一名精通多种语言的学者和有着科学训练的工程师。回国后，在工厂的实践训练中，他考察了许多生产流程，不仅了解了许多实用技术，还熟悉了工厂的生产和管理。

就这样，在经历了坎坷磨难之后，没有受过完整、系统的学校教育的诺贝尔，终于依靠刻苦、勤奋和持久的自学，逐步成长为一位科学家、发明家和实业家。

二、艰苦的创业历程

诺贝尔在欧美进行考察学习期间，曾在巴黎待过很长一段时间来研究化学。到美国后，他在瑞典籍科学家约翰 · 埃里克森（铁甲舰"蒙尼陀"号的建造者）的研究室学习有关机械的技术。1852 年，诺贝尔回到圣彼得堡，与他的两位哥哥共同协助父亲工厂的研究开发工作。1853 年，克里米亚战争爆发，"诺贝尔父子钢铁机械制造公司"因生产大量军用物资供应俄军而赚了不少钱。但 1856 年战争结束后，俄国沙皇尼古拉一世去世，新政府单方面毁弃了与诺贝尔父子未履行完毕的合同，使得公司不久后宣布破产。诺贝尔的父亲把他和两个哥哥留在俄国管理工厂，自己带上其他家人回国了。诺贝尔的两个哥哥致力于企业的复兴，而诺贝尔则全力以赴地投入到他所心爱的发明创造中。仅仅两年多的时间里，他就完成了三项发明：气体计量仪、液体计量仪和改良型的液体压力计，这三项发明都取得了专利。尽管这些发明不太重要，但是它们增加了诺贝尔的信心，激发他以更大的热情投入到新的发明创造中去。

在克里米亚战争期间，诺贝尔父子获取了一瓶威力强大但特性未明的液体爆炸物——硝酸甘油。

1862 年夏天，诺贝尔开始了对硝酸甘油的研究。这是一个充满危险和牺牲的艰苦历程，死亡时刻都在陪伴着他。他发现，少量的硝酸甘油在同时受热和捶击的情况下才会发生爆炸，否则只会燃烧，但在实际工程运用（如岩石爆破）中，让大量硝酸甘油一次性同时受捶击和受热是个很大的技术难题。经过认真思考后，他制订了明确的研究目标：一是要找出油状炸药的安全起爆法；二是要在不减小爆炸威力的前提下，改变炸药的形状，将危险性降到最低。

最早取得研究突破的便是 1865 年"雷管（爆炸箱）"的成功发明。为了能将一定量的硝酸甘油引爆，他制作了密封的黑色火药管，并将之置于硝酸甘油之中，如此，借着管子的爆炸来引发硝酸甘油更强烈的完全爆炸。这种能使火药（不仅限于硝酸甘油）完全爆炸的装置便是"雷管"。雷管的发明实际上揭示出了爆炸技术的"起爆原理"，奠定了爆炸技术不断创新和发展的基础。即使到了 20 世纪，仍有不少科学家称赞："诺贝尔发明的雷管，是在爆炸技术领域中所完成的最伟大的成就。”诺贝尔迅速将研究成果应用于工业生产，很快在瑞典建成了世界上第一座硝酸甘油工厂，随后又在国外建立了生产炸药的合资公司。矿山开发、河道挖掘、铁路修建及隧道的开凿都需要大量的烈性炸药，所以硝酸甘油炸药的问世受到了普遍的欢迎。这种油状炸药让各国的订单蜂拥而至，公司的生意十分兴隆。

硝酸甘油虽然已能安全起爆，但是，这种炸药本身有许多不完善之处：存放时间一长就会分解，强烈的振动也会引起爆炸，在运输和贮藏的过程中就曾经发生了许多事故。警示的信函涌向诺贝尔：美国的一列火车因运载的炸药发生爆炸，被炸成了一堆废铁；德国的一家工厂因炸药爆炸，厂房和附近民房全部变成一片废墟；“欧罗巴”号海轮在大西洋上遇到大风颠簸，引起硝酸甘油爆炸，船沉人亡。1864年9月3日，诺贝尔新建在海伦坡的硝酸甘油工厂炸毁后，世界各地的交通工具、仓库和工厂也不断传来可怕的爆炸事故。有一次，诺贝尔进行炸药实验时也发生了爆炸事故，实验室被炸得无影无踪，五个助手全部牺牲，连他最小的弟弟也未能幸免。这些惨痛的事故使世界各国对硝酸甘油失去了信心，有些国家甚至下令禁止制造、贮藏和运输硝酸甘油。他的邻居们出于恐惧，也纷纷向政府控告诺贝尔。针对这些情况，政府不准诺贝尔在市区内进行实验。瑞典和其他国家的政府发布了许多禁令，禁止任何人运输诺贝尔发明的炸药，并明确提出要追究诺贝尔的法律责任。

尽管这种油状炸药的性能优于一般火药，但社会人士及买主却被恐怖的阴影所笼罩，诺贝尔的工厂遭到排斥。由于危险太大，瑞典政府禁止重建这座工厂。被认为是“科学疯子”的诺贝尔，被迫在湖面的一只旧船上继续进行实验，探寻既不减小爆炸威力，又能够提高安全性且容易搬运的方法。他构想将液体的硝酸甘油变成固体，也就是要把硝酸甘油和其他固态的粉状物相混合。诺贝尔经过反复实验，找到了一种合适的方案，即用硅藻土来混合硝酸甘油，它可以吸收比本身多三倍的硝酸甘油，成为像黏土一样软硬适中的块状物体，从高处下落或制成小粒放在铁板上敲击都不会爆炸。诺贝尔将之命名为“Dynamite”（中译名为“黄色炸药”或“矽藻土炸药”）。从此，硝酸甘油以固态形式呈现于世人面前，无谓的伤亡事件也大大减少了。

黄色炸药在英国（1867）和美国（1868）取得专利之后，诺贝尔又对其进行了改进，研究制成了一种威力更大的同类型炸药——爆炸胶，并于1876年取得新专利。在安全炸药研制成功的基础上，诺贝尔又开始了对旧炸药的改良和新炸药的工业化。两年后，一种以火药棉和硝酸甘油混合制成的新型胶质炸药研制成功。这种新型炸药不仅具有高度的爆炸力，而且更加安全，既可以在热辊子间碾压，也可以在热气下压制成条绳状。胶质炸药的成功发明在科学技术界得到了普遍的重视。

诺贝尔再度获得了信誉，炸药工业也很快地获得了新的发展。

诺贝尔并没有在已经取得的成绩面前止步，当他获知无烟火药的优越性后，又投入到混合无烟火药的研制中，并在不长的时间里开发研制出了新型的无烟火药。诺贝尔于 1887 年发明了无烟炸药。无烟炸药主要满足炮弹、鱼雷等军事设备的需求，其主要优点是爆炸后没有残渣且近于无烟。完全无烟的炸药意味着军事战术的改变，这极大地吸引了政府的注意。当时，诺贝尔居住于巴黎，他首先向法国申请专利，却被法国政府以本国的炸药充足为由而拒绝。诺贝尔转而将专利权卖给意大利政府。此举引起法国政府极大不满，诬指他为产业间谍，盗窃专利，并没收了他的实验设备。因此，诺贝尔被迫离开居住了十八年、形同故乡的法国，于 1891 年移居意大利圣雷莫，度过了他人生最后五年的时光。

迄至诺贝尔去世的 1896 年，诺贝尔系列的公司已遍布于瑞典、挪威、德国、奥地利、法国、英国、美国和南非等二十多个国家，工厂有九十多家，炸药年生产量为六万六千五百吨左右，约值一亿克朗(瑞典币)。

除了炸药，诺贝尔对于使用硝酸甘油的导火线、无声枪炮、金属的硬化处理、焊接、熔接，以及子弹的安定、使用瓦斯的海底装备极其安全性、救助海难用火箭等，都有理论与实践上的成就。他在人造橡胶、人造皮革及以硝化纤维素为基础制造油漆或染料、人造宝石等方面的实验研究虽然没有直接完成成果化，但后人也是以他的研究成果作为基础才获得了成功。最值得一提的是人造丝的生产，这是硝化纤维素的另一种应用。诺贝尔在 1896 年取得开有细孔的玻璃制压榨喷嘴的专利。用高压将硝化纤维素或纤维素从压榨喷嘴的小洞压出便可凝成人造丝。这个发明对后来纺织工业的发展产生了相当大的影响。

诺贝尔一生的发明极多，获得的专利就有 355 种，其中仅炸药就达 129 种。他的发明兴趣不仅限于炸药。作为发明家、科学家，他有着丰富的想象力和不屈不挠的毅力。他曾经研究过合成橡胶、人造丝，做过改进唱片、电话、电池、电灯零部件等方面的实验，还试图合成宝石。尽管与炸药的研究相比，这些研究的成果并不突出，但是他那勇于探索的精神却给后人留下了深刻的印象。同时，他也是将研究成果转化为工业产品最为成功的实业家。

三、执着的人生追求

世人对诺贝尔的了解多止于炸药、事故、石油、财富和奖金等表面印象。其实，他喜欢思考，具有空想的诗人及梦想家的本质、敏锐的洞察力及百折不挠的精神，同时也憎恨战争，对炸药被转为军事用途而感到忧心。他的奋斗历程谱成了一曲坚强的人生之歌。

诺贝尔从小体弱多病，但意志顽强、不甘落后。父亲很关心小诺贝尔的兴趣爱好，常常讲科学家的故事给他听，鼓励他长大做一个有用的人。有一次，诺贝尔看见父亲在研制炸药，睁着溜圆的大眼睛问："爸爸，炸药伤人，是可怕的东西，你为什么要制造它呢？"父亲回答说："它可以用来开矿、筑路，许多地方需要它啊！"诺贝尔似懂非懂地点点头，说："对，我长大了也要做炸药。"

诺贝尔很小的时候，学习之余，就喜欢跟着父亲在工厂里做些零碎活。他喜欢看父亲设计和研制水雷、水雷艇和炸药。耳闻目见，在他幼小的心灵中，萌发了献身科学的理想。父亲也非常希望他学机械，长大后成为机械师。他 17 岁远渡重洋，前往欧美考察。他每到一处就立即开始工作，深入了解各国工业发展的情况。他几乎一生都在研究炸药，一辈子都在体弱多病、孤独、多灾多难、颠沛流离中度过。研究炸药历经的磨难和挫折成就了他坚强的意志品格和对人类的关爱之心。

诺贝尔一生未婚，没有子女。他一生的大部分时间忍受着疾病的折磨。他生前有两句名言："我更关心生者的肚皮，而不是以纪念碑的形式对死者的缅怀。""我看不出我应得到任何荣誉，我对此也没有兴趣。"

诺贝尔在少年时代深受英国浪漫主义诗人雪莱的影响，并因此做过想当诗人的"雪莱梦"。成年之后，尽管由于技术发明与实业发展两方面的事务极为繁忙，业余时间很少，但诺贝尔对文学的爱好与他对科学的爱好一样始终如一。可以说，文学与科学是诺贝尔的两大精神支柱。

对于英国文学，诺贝尔除了喜欢阅读雪莱、拜伦和莎士比亚等人的作品之外，甚至对英国不怎么著名的作家的作品也极为熟悉。对于法国文学，他除了与雨果有直接交往而阅读他的作品之外，还广泛地阅读莫泊桑、巴尔扎克和左拉等人的作品。对于俄国文学，他喜欢阅读果戈理、陀思妥耶夫斯基、托尔斯泰和屠格涅夫等人的作品。对于包括他的祖国瑞典在内的斯堪的纳维亚各国的文学，他阅读过易卜生、比约恩森、加博格和基兰等人的作品。对这些作品，他都有过独特的评价。

诺贝尔不仅喜欢阅读文学作品，而且也曾尝试进行文学创作。他写过诗，《谜》就是他的一首自传体式的长诗。晚年，他开始创作小说。1861 年写的《在最明亮的非洲》和 1862 年写的《姊妹们》两部作品抒发了他对社会改革的观点；1895 年写的喜剧《杆菌发明专利权》则对现实持批评态度，充满了对社会某些方面的挖苦和讥讽。

诺贝尔也喜欢与文学密切相关的哲学，在当时著名的欧美哲学家中，他比较喜欢英国哲学家斯宾塞的实证主义哲学。在哲学方面，他曾列出过一些准备写的论文目录和提纲。

为人类谋福利是诺贝尔一生的理想。他曾经说过，博爱是我奉献给上帝的一灶香。诺贝尔始终认为：有钱不能使人幸福，幸福的源泉只有一个——使别人过得幸福。在事业有成时，诺贝尔诚心诚意赞助慈善事业，对每件事、每个人的恳求都非常关注。他仔细阅读一封封求助信件，认真考虑其困难并为解决困难提供足够资金。于是，一个百万富翁急公好义的传闻不胫而走，来自不同阶层、不同年龄、不同国籍的求助者日益增多。求助者的正当要求他会认真考虑，而那些欺诈、勒索和专靠乞讨过日子的人的非分要求却叫他心寒。作为一个有着科学精神的慈善家，诺贝尔担心自己的捐助失去了公正的原则，缺乏有效的方法和适当的管理。他明白，只有将自己的援助纳入慈善机构或创立一个新的机构，才能使自己的资助得到有效的利用，为人类发展出力。这便是诺贝尔遗嘱诞生的最直接、最根本的背景原因之一。

对人类的爱还体现在诺贝尔对和平事业的追求中。从有关诺贝尔的传记中可以发现，母亲的善良仁厚、英国诗人雪莱的思想对诺贝尔早年的影响极深，在少年诺贝尔的心中撒下了热爱和平的种子；又因为诺贝尔从小身体孱弱，他的行动受到限制，这对具有敏锐观察力而且活泼调皮的孩子来说是痛苦的，但这也使得诺贝尔内心更为丰富和成熟，对生命的奥秘与人世间的不幸有了更深一层的理解，这让他立志成为热爱和平的发明家。

诺贝尔发明炸药，正是为了人类的福利。可炸药用于战争，诺贝尔深感忧虑，因为当时欧洲不断增长的民族主义潜伏着巨大的战争危机。诺贝尔坚信："我的工厂能比和平大会更快地结束战争。有朝一日，两军阵营在一瞬间同归于尽，所有文明的国家很可能吓得畏缩不前，解散他们的部队。"正是这一和平理想促使诺贝尔不断地进行炸药的发明实验。在1887年发明无烟炸药时，这种动机尤为突出。

诺贝尔以炸药平息战争的和平观念一直到1891年才发生转变。1892年，受苏特纳夫人的影响，诺贝尔加入了奥地利和平协会，并捐款设立了欧洲和平奖。诺贝尔认识到，对付战争的最好办法是使各国都参加到干预所有破坏和平的行动中去，并通过教育的方法，提高人类的进取精神及和平意识，从而使人类的幸福系于科学与永恒的和平之中。这一关于和平的理念与人类今天追求的和平观完全一致。

和平的愿望在诺贝尔的一生中是经过长时间的孕育慢慢成熟的，最后以遗嘱设立诺贝尔奖的方式确立了下来。这正是诺贝尔对全人类最高层次的爱的具体体现，也是诺贝尔执着的人生追求。

第二节　诺贝尔奖与诺贝尔科学奖

一、诺贝尔奖的由来

诺贝尔把他的毕生心血都献给了科学事业。他一生过着独身生活，大部分时间是在实验室和工厂里度过的。他谦虚谨慎，对别人亲切而忠诚。他拒绝别人的吹捧，不让报纸刊登他的照片和画像。长期紧张的工作，使他积劳成疾，1896 年 12 月 10 日，这位伟大的科学家、发明家和实业家，由于心脏病突然发作在意大利小镇圣雷莫逝世，终年 63 岁。

诺贝尔是一位名副其实的富翁，他的财产累计达 3300 多万瑞典克朗。但是，他与许多富豪截然不同，他一贯轻视金钱和财产。当他母亲去世时，他将母亲留给他的遗产全部捐献给了慈善机构，只是留下了母亲的照片作为永久的纪念。他说："金钱这东西，只要能够解决个人的生活就够用了，若是多了，它会成为遏制人才的祸害。有儿女的人，父母只要留给他们教育费用就行了，如果给予除教育费用以外的多余的财产，那就是错误的，那就是鼓励懒惰，那会使下一代不能发展个人的独立生活能力和聪明才干。"

基于这样的思想，诺贝尔不顾其他人的劝阻和反对，在遗嘱中指定把他的全部财产作为一笔基金，每年以其利息作为奖金，分配给那些在前一年中对人类作出重大贡献的人。奖金分成物理学、化学、生理学或医学、文学以及支持和平事业等五份。为了纪念这位伟大的科学家、发明家和实业家，从 1901 年开始，每年 12 月 10 日颁发诺贝尔奖。

诺贝尔遗嘱(中文版)

我，签名人阿尔弗雷德·伯哈德·诺贝尔，经过郑重的考虑后，特此宣布，下文是关于处理我死后所留下的财产的遗嘱。

在此，我要求遗嘱执行人以如下方式处置我可以兑换的剩余财产：将上述财产兑换成现金，然后进行安全可靠的投资；以这份资金成立一个基金会，将基金所产生的利息每年奖给在前一年中为人类作出杰出贡献的人；将此利息划分为五等份，分配如下：

一份奖给在物理学界有最重大发现或发明的人；一份奖给在化学上有最重大发现或改进的人；一份奖给在生理学或医学界有最重大发现的人；一份奖给在文学界创作出具有理想主义倾向的最佳作品的人；最后一份奖给为促进民族团结友好、取消或裁减常备军队以及为和平会议的组织和宣传尽到最大努力或作出最大贡献的人。

物理学奖和化学奖由斯德哥尔摩瑞典皇家科学院颁发；生理学或医学奖由斯德哥尔摩卡罗琳医学院颁发；文学奖由瑞典学士院颁发；和平奖由挪威议会选举产生的五人委员会颁发。

对于获奖候选人的国籍不予任何考虑，也就是说，不管他或她是不是斯堪的纳维亚人，谁最符合条件谁就应该获得奖金。

我在此声明，这样授予奖金是我的迫切愿望……

这是我唯一有效的遗嘱。在我死后，若发现以前任何有关财产处置的遗嘱，一概作废。

巴黎　1895 年 11 月 27 日

阿尔弗雷德·伯哈德·诺贝尔

1898 年 5 月 2 日，瑞典国王代表政府以国家和人民的名义宣布诺贝尔遗嘱生效。根据诺贝尔遗嘱的思想，1900 年 6 月 29 日，根据瑞典会议的决定正式成立了诺贝尔基金会。诺贝尔基金会是诺贝尔遗嘱中指定的遗嘱执行机构。随着诺贝尔基金会影响力的日益扩大，也曾经得到过社会的捐献，其中数额最大的来自瑞典中央银行。1968 年，瑞典中央银行于建行 300 周年之际，提供资金增设诺贝尔经济学奖（全称为“瑞典中央银行纪念阿尔弗雷德·伯哈德·诺贝尔经济科学奖金”，亦称“纪念诺贝尔经济学奖”）。该奖也由瑞典皇家科学院评定，并于 1969 年开始与其他五项奖同时颁发。诺贝尔经济学奖的评选原则是授予在经济科学研究领域有重大贡献的人，并优先奖励那些早期作出重大贡献者。与此同时，该银行名下有一个基金会，它会同另一基金会一起承诺，1982 年以后举行的与评奖有关的学术会议的全部费用由他们负担。

随后，1990 年诺贝尔的一位重侄孙克劳斯·诺贝尔又提出增设诺贝尔地球奖，授予杰出的环境成就获得者。该奖于 1991 年 6 月 5 日世界环境日之际首次颁发。

此外，日本、意大利和埃塞俄比亚等国的基金组织和获奖者也曾经有过数额不等的捐献。

二、诺贝尔奖的评选机构

诺贝尔遗嘱生效后成立的诺贝尔基金会是运作诺贝尔奖的主要机构。诺贝尔的遗嘱表达了他想用自己的遗产奖励那些对人类作出重大贡献的杰出人士的愿望。但具体如何操作、如何管理这个基金会和如何颁发奖金，则依据由瑞典国王签署的、于 1900 年 6 月 29 日在议会颁布的《诺贝尔基金会章程》。

根据《诺贝尔基金会章程》，共有四个主要机构来运作和处理诺贝尔奖的各项事宜(图 1.1)：诺贝尔基金会及其理事会和董事会；四个奖金颁发机构，包括瑞典皇家科学院(负责颁发诺贝尔物理学和化学奖)、皇家卡罗琳医学院(负责颁发诺贝尔生理学/医学奖)、瑞典学士院(负责颁发诺贝尔文学奖)和挪威议会(负责颁发诺贝尔和平奖)；五个诺贝尔委员会，分别负责每项奖金事务(其中包括上面提到的挪威议会的那个委员会，它本身就是一个奖金颁发机构)；四个诺贝尔学会，分别对每家奖金颁发机构负责。

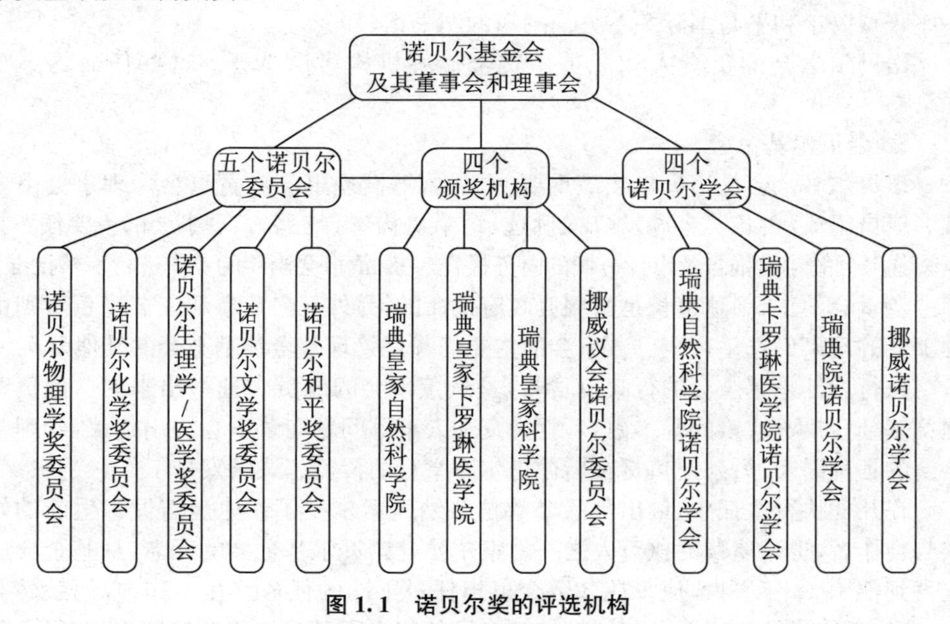

图 1.1　诺贝尔奖的评选机构

经过几年的运行和调整，诺贝尔奖的各个机构职责逐渐明晰，慢慢形成了一套稳定的运作模式，更有效地体现了诺贝尔奖的精神。

1. 诺贝尔委员会

四个颁奖机构派生了五个诺贝尔委员会，其中挪威议会下属的诺贝尔委员会身兼两职，既是颁奖机构也是评选机构。诺贝尔委员会是评奖的主要机构，每个委员会有三至五名委员，委员一般由所属的颁奖机构指定。委员会的职能主要对应相关的颁奖机构，进行筹备工作和提供咨询意见，比如召集专家参加评议和推荐工作。在特殊情况下，委员会甚至可以增选临时委员，临时委员也有权参与表决。

诺贝尔委员会的委员和专家们，可以从超出奖金颁发机构本身的范围去挑选，而且不分国籍。

2. 诺贝尔学会

诺贝尔学会也是一个非常重要的机构，它分别由每个奖金颁发机构建立，其主要职能是对奖金的执行过程进行必要的调查，还有一项重要职责是以各种方式推行基金会的宗旨。诺贝尔学会又成立各分支机构：1905 年成立自然科学院诺贝尔学会，下设物理学部(1937)和化学部(1944)；卡罗琳医学院诺贝尔学会，下设生物化学学部(1937)、生理神经学学部(1945)和细胞研究与遗传学学部(1945)；瑞典皇家科学院诺贝尔学会，下设诺贝尔现代文学图书馆(1901)；挪威诺贝尔学会，下设一座收藏关于和平与国际关系方面书籍的图书馆(1902)。

诺贝尔学会的负责人和职员由奖金颁发机构讨论选择。这些任命均不分国籍。

3. 诺贝尔基金会

诺贝尔基金会是诺贝尔奖最重要的机构，下设理事会和董事会。理事会由十五名成员组成，由各奖金颁发机构挑选，每个机构选择三名。理事会的主要任务是审阅董事会的年度报告及审计员们的财务报告，并对董事会当年的工作进行审核批准。

董事会的正、副董事长是由瑞典政府任命的，另外五名董事和三名副董事则由理事会的理事们选举产生。董事会的主要任务是管理基金和基金会的其他财产。

执行主任是基金会的行政负责人，是从董事会的成员中选举出来的。他负责起草基金会投资政策的基本内容，就投资和人事等问题向董事会提出建议，管理基金会的各种财产，另外还负责在斯德哥尔摩举行的授奖仪式的安排工作。

在几任执行主任中，最出色的要数拉格纳·索尔曼了。他是诺贝尔生前的好友与合作者，也是遗嘱的执行人之一。索尔曼是诺贝尔基金会的元老，从基金会成立直到他 1948 年去世，他曾在基金会里担任过不同的任务。在工作中，他兢兢业业，自始至终贯彻执行诺贝尔的精神。诺贝尔奖之所以有如此高的声誉，在很大程度上来说，与他在执行这项遗嘱时所具有的严肃、热情以及忘我的奉献精神是密不可分的。随着他的去世，诺贝尔与诺贝尔奖联系的最后一丝纽带也中断了，但诺贝尔的精神却被忠实地继承下来了。

从诺贝尔的遗产接收过来的钱，总共 3122 多万瑞典克朗。根据章程规定，这笔钱的大部分用作“主要基金”(即奖金基金,约 2800 万瑞典克朗);剩下的一小部分用来设立“建筑物基金”(行政大楼和每年举行授奖仪式使用的大厅的租金)和“组织基金”;五项奖金部门各有一份“组织基金”,用来支付各自诺贝尔学会的组织费用。

主要基金的增长,是通过每年将它当年所获净收入的十分之一作为附加资金、无法分配的奖金的利息以及把这些无法分配的奖金的全部或部分(不低于三分之一)交付主要基金作为资本而取得的。每年将主要基金得到的净收入,扣除前面所提到的十分之一,然后平均分成五份,交给各奖金颁发机构使用。各奖金颁发机构都将自己摊到的那份金额的四分之一留下作为与奖金颁发有关事宜的费用,其余部分则交给各自的诺贝尔学会;每份金额的四分之三构成奖金的款项。

除了组织基金之外,颁发各项奖金的部门还有供他们支配的“特别基金”和“储蓄基金”,作为规定范围之内某些特殊目的的费用。

一切基金和其他财产均属诺贝尔基金会所有,并由它来进行管理。从 1946 年起,基金会的财产和由此而来的收入,除地方不动产税外,其他税款均被免除。在这之前,总共交出的税款达 1350 万瑞典克朗。据了解,奖金获得者所在的国家,或者在法律上,或者在事实上,也对奖金免收所得税。

基金会的投资政策,很自然地要把保持和增加它的基金、从而增加奖金的金额作为头等重要的因素来制定。遗嘱本身曾指示执行人把剩余的财产投资到“安全的证券”方面,从而形成诺贝尔基金。由于两次世界大战及其在经济和金融方面的后果所引起的变化,“安全的证券”这个提法,需要根据现有的经济条件和趋势重新加以解释。因此,在基金董事会的要求下,原来对于投资的限制,已经逐渐有所放宽。

根据这种情况,自 1958 年以来,基金会原则上不仅可以在证券和有担保的贷款方面投资,也可以自由地在不动产或股票方面投资。

为了保险起见,在外国股票投资方面,基金会非常谨慎,对投资的限制也仍然存在。基金会主要是在瑞典和挪威投资它的基金资本。

三、诺贝尔科学奖的评选过程

至于诺贝尔科学奖获得者产生的程序,根据基金会的章程是这样执行的:诺贝尔奖的候选人不是通过个人申请产生的,而是通过推荐方式经过几轮筛选形成的。每年 9 月,各诺贝尔委员会向世界各地的有关科学家发出通知,向他们征询下一年度诺贝尔奖候选人的提名。次年 2 月 1 日之前,这些推荐材料必须送达诺贝尔委员会。诺贝尔委员会于 4 月份将其研究决定予以调研的科研项目和候选人通知全体会议。在 5 月份召开的第一次全体会议上最后决定，是否需要对这份名单予以补充。凡是没有列入补充修改后名单的科学家，在该年度就不可能成为候选人了。诺贝尔委员会应于 9 月份将其授奖的意见通知全体会议，全体会议于 10 月初作出评奖的最后决定。评审时的讨论要做记录，但该记录是严格保密的。如有分歧意见，也可要求不予记录。最近诺贝尔基金会通过决定：凡是 50 年前的讨论记录，现在予以解密，允许历史学家前去查阅这一珍贵的科技史档案。一旦授奖项目和获奖人名单经表决多数通过，不得再行反对，应立即向聚集在会议厅外的世界各国的媒体代表公布，没有任何协商的余地。

每年 12 月 10 日举行隆重的授奖仪式。自从专为授奖仪式准备的音乐厅建成以后，这一仪式就在那里进行。在半圆形的舞台上，左侧坐的是王室重要成员，其前排坐的则是国王和皇后；右侧坐的是授奖机构的代表，前排则是当年的获奖者（和平奖的仪式则在挪威首都奥斯陆举行）。在交响乐的伴奏下，国王分别向获奖者授予一张证书、一枚刻有诺贝尔头像的金质奖章、一份奖金。值得一提的是，奖状上的图画每份都是不同的，在图画的下方是该诺贝尔基金会负责人的签名，这些图画都是艺术家专门设计的。

在仪式上，首先由授奖机构的代表致词，简短介绍获奖者的科研成果，然后由国王授奖。至于获奖者的简短答词则放在随后举行的宴会上进行。自从斯德哥尔摩市政厅建成以后，诺贝尔宴会一直在那里进行，该宴会是以王室的名义举行的，这个宴会厅可以容纳 1300 人同时进餐。

一般在授奖仪式的第二天举行诺贝尔演讲，由获奖者向公众介绍其科研成果的由来及其价值。各个奖项的诺贝尔获奖者演讲，连同他的简历都收在由一家西方著名出版社出版的《诺贝尔演讲集》中，第二年公开出版；其中还收入了证书的彩色图案、授奖机构代表的致词甚至演奏的交响乐曲的名字。《诺贝尔演讲集》印刷精美，由诺贝尔基金会向有关单位及个人赠送。在得到诺贝尔基金会同意的前提下，个别专业期刊也会刊登诺贝尔演讲。自从有了因特网以来，人们都可以及时地从网上看到诺贝尔基金会在每年 12 月 10 日公布的各项诺贝尔奖获奖者的简历、获奖成果以及诺贝尔演讲。根据《诺贝尔基金会章程》的规定，每个诺贝尔奖的奖项获得者的人数为 1～3 人。至于如何分配奖金，也是有所规定的：一人获全奖；两人等分；三人得奖时又分为两种情况：因同一项目获奖时，三人等分；因两个项目获奖时，则一人获半奖，另两人各获 1/4 奖。

具有诺贝尔物理学和化学奖推荐资格的人员

1. 瑞典皇家科学院的瑞典或外籍院士；
2. 诺贝尔物理学和化学委员会的委员；
3. 曾被授予诺贝尔物理学或化学奖的科学家；
4. 在乌普萨拉、隆德、奥斯陆、哥本哈根、赫尔辛基大学，卡罗琳医学院和皇家技术学院永久或临时任职的物理学和化学教授，以及在斯德哥尔摩大学有永久性职务的这些学科的教员；
5. 基于使各国和他们的学术中心能够得到相宜名额分配的考虑，皇家自然科学院会选择至少六所大学或具有同等水平的学院中担任同类职务的人员；
6. 自然科学院认为可能合乎邀请目的的其他科学家。

具有诺贝尔生理学/医学奖推荐资格的人员

1. 卡罗琳医学院教学机构的人员；
2. 皇家自然科学院医学部院士；
3. 以前的诺贝尔医学奖获得者；
4. 在乌普萨拉、隆德、奥斯陆、哥本哈根、赫尔辛基大学医学系的系务成员；
5. 授奖单位基于各国和他们的学术中心能够得到相宜分配名额的考虑，选择至少六个医学系的成员；
6. 授奖单位认为可能合乎邀请目的的其他科学家。

第三节　百年诺贝尔科学奖的历史回顾

在众多国际科学奖项中，历经百年历史的诺贝尔科学奖被一致公认为最具权威的科学奖项。诺贝尔科学奖不但反映了现代科学的历史，而且也与20世纪以来蓬勃发展的技术进步紧密相连。获奖成果中不但有重要科学发现、重大理论创新，还有重大技术创新以及实验方法和仪器的重大发明。事实上，诺贝尔科学奖所激励的是对人类社会发展有重大影响的原始性创新。研究诺贝尔科学奖与20世纪以来的重大科技成就，从中认识原始性创新活动中带有的规律性的东西，对于实施知识创新工程、进一步推进科技体制与管理创新、建设创新文化、提高创新能力将会有很好的启示。

一、百年诺贝尔科学奖的统计与分析

（一）诺贝尔科学奖的奖励宗旨和分类

关于诺贝尔三大科学奖的奖励宗旨和条件在遗嘱中已有明确的表述："奖给在物理领域内有最重要的发现或发明的人"；"奖给在化学领域有最重要的发现和改进的人"；"奖给在生理学或医学领域内有最重要的发现的人"。

从1901年诺贝尔奖首次颁奖到2013年，诺贝尔三大科学奖中共有563位科学家获奖(其中居里夫人获物理学奖和化学奖各1次，巴丁获2次物理学奖，桑格获2次化学奖，鲍林获化学奖及和平奖各1次)。其中诺贝尔物理学奖共举行了106届，有195人次获奖；诺贝尔化学奖共举行104届，有164人次获奖；诺贝尔生理学/医学奖共举行100届，有204人次获奖。按诺贝尔科学奖获奖的工作性质区分，大致可分为重大科学发现、重大理论突破和重大技术与方法发明三大类。具体分布见表1.1。从图1.2可以看出，在诺贝尔科学奖获奖成就中最主要的部分是重大科学发现占56%；重大理论突破仅占26.5%，但由于这部分工作多是对自然规律的深刻认识和系统归纳，也产生了深远影响；重大技术和方法发明占17.5%，对从20世纪到21世纪的科技进步和经济社会发展起到了巨大的推动作用。如在生理学/医学奖中，有近50项获奖工作的贡献与治疗人类的重大疾病和促进人类健康直接相关。

表1.1　1901～2013年诺贝尔科学奖按"重大科学发现、重大理论突破、重大技术和方法发明"分类一览表

学　科	成就分类	获奖人数	所占比例
物理	重大科学发现	100	51.2%
	重大理论突破	59	30.3%
	重大技术和方法发明	36	18.5%

续表

学　科	成就分类	获奖人数	所占比例
化学	重大科学发现	87	53%
	重大理论突破	38	23.2%
	重大技术和方法发明	39	23.8%
生理学/医学	重大科学发现	128	62.7%
	重大理论突破	52	25.5%
	重大技术和方法发明	24	11.8%

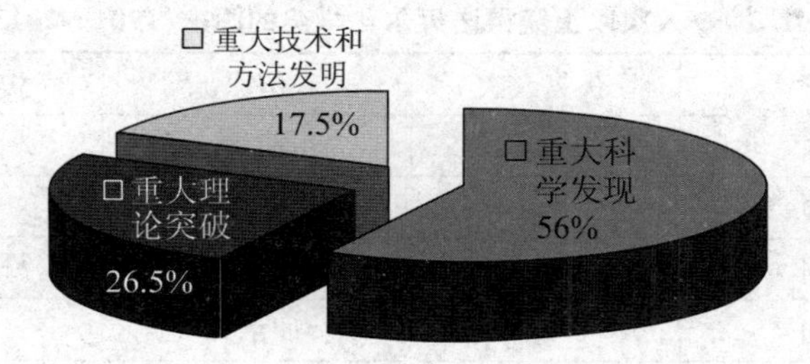

图 1.2　1901～2013 年诺贝尔科学奖获奖分类

实际上，对获奖成就进行准确分类是困难的，原因在于理论上的突破常常是建立在重大的科学发现基础之上的；而重大的科学发现又往往与采用新的实验技术或新的研究方法相关。如美国化学家赫希巴赫、李远哲和加拿大的波拉尼因把分子反应动力学的研究提高到一个新的水平而分享 1986 年诺贝尔化学奖。赫希巴赫是用交叉分子束方法研究分子反应动力学的先驱者。他的学生李远哲在研究中，创造了新一代交叉分子束装置，能精确测量在不同角度下生成物分子的平均动能分布。而波拉尼则是利用红外发光技术研究了诸多体系的基元反应动力学。三人的工作既有理论贡献，又有技术和方法的创新。

（二）诺贝尔科学奖的国别与时段分布

1. 诺贝尔科学奖的国别分布

从表 1.2 至表 1.4 可以看出，诺贝尔科学奖主要集中在美、德、英、法等经济、科技与教育发展水平较高的发达国家。

表 1.2　3 人次以上获得诺贝尔物理学奖的国家(1901～2013)

国家	获奖人次	国家	获奖人次
美国	88	荷兰	8
德国	25	日本	6
英国	25	瑞典	4
法国	13	意大利	3
俄国(苏联、俄罗斯)	9	瑞士	3
丹麦	3		

注:总计 195 人次获得该奖项。

表 1.3　3 人次以上获得诺贝尔化学奖的国家(1901～2013)

国家	获奖人次	国家	获奖人次
美国	63	荷兰	4
德国	27	瑞典	4
英国	23	意大利	3
法国	9	加拿大	3
瑞士	6	日本	5

注:总计 164 人次获得该奖项。

表 1.4　3 人次以上获得诺贝尔生理学/医学奖的国家(1901～2013)

国家	获奖人次	国家	获奖人次
美国	97	澳大利亚	8
英国	30	瑞士	7
德国	15	丹麦	5
法国	10	奥地利	4
瑞典	8	比利时	3

注:总计 204 人次获得该奖项。

2. 诺贝尔科学奖不同时段的国别分布

从图 1.3 可以明显看出,1901～1925 年,科学中心集中在欧洲;1926～1950 年期间,科学中心已经开始从欧洲向美国转移;在 1951～1975 年期间,科学中心已经完成了全面转移;20 世纪 70 年代以后,这一趋势仍在进一步加强。

科学中心转移的主要原因:重视基础研究、鼓励原始创新;充裕的经费和优越的研究条件；吸引和凝聚世界优秀创新人才；相应的创新文化与环境氛围。

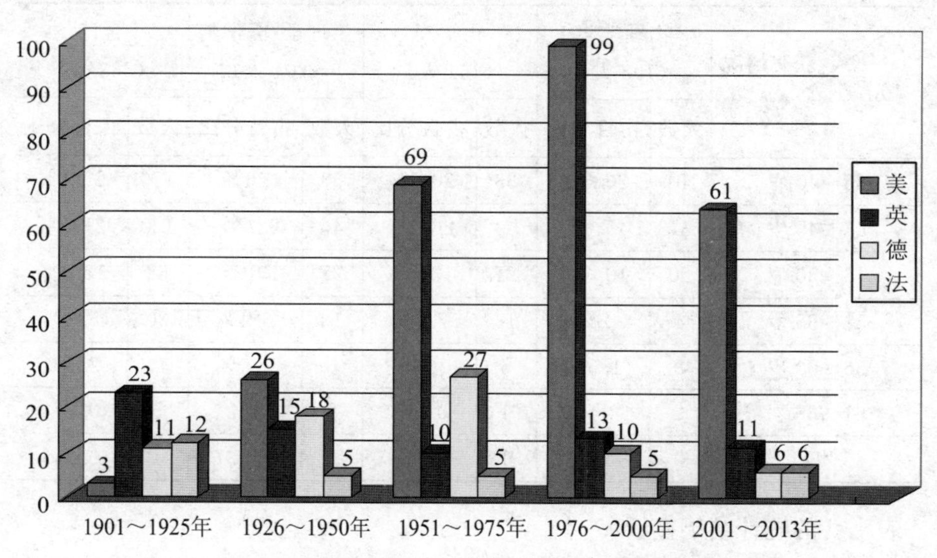

图 1.3　1901～2013 年诺贝尔科学奖获奖者不同时段的国别分布

（三）诺贝尔科学奖获奖者年龄分布

1. 获奖者取得获奖成果的年龄统计分析

早在 20 世纪 70 年代，美国著名社会学家 H・朱克曼就曾在其发表的《科学界的精英：美国的诺贝尔奖获得者》一书中统计过 1901～1972 年诺贝尔科学奖获得者从事获奖研究工作的平均年龄："这些诺贝尔奖获得者完成其获奖的研究工作的平均年龄是在将近 39 岁时。"今天，根据诺贝尔奖官方网站的相关资料，我们统计了 1901～2013 年诺贝尔科学奖获得者取得获奖成果时的年龄分布情况（表 1.5）。

表 1.5　1901～2013 年诺贝尔科学奖获得者取得获奖成果的年龄统计

获奖情况／年龄	物理学奖（195 人）		化学奖（164 人）		生理学/医学奖（204 人）		合计（563 人）	
	人数	占百分比	人数	占百分比	人数	占百分比	人数	占百分比
25 岁以下	11	5.6%	2	1.2%	5	2.4%	18	3.2%
26～30 岁	33	16.9%	18	11%	16	7.8%	67	11.9%
31～35 岁	51	26.2%	27	16.5%	36	17.6%	114	20.2%

续表

年龄 \ 获奖情况	物理学奖（195 人）		化学奖（164 人）		生理学/医学奖（204 人）		合计（563 人）	
	人数	占百分比	人数	占百分比	人数	占百分比	人数	占百分比
36～40 岁	40	20.5%	33	20.1%	53	26%	126	22.4%
41～45 岁	31	15.9%	43	26.2%	46	22.5%	120	21.3%
46～50 岁	20	10.3%	21	12.8%	27	13.2%	68	12.1%
51～55 岁	4	2%	13	7.9%	13	6.4%	30	5.3%
56～60 岁	3	1.5%	5	3%	6	2.9%	14	2.5%
61～65 岁	2	1%	1	0.6%	2	1%	5	0.9%
65 岁以上	0	0	1	0.6%	0	0	1	0.2%

表 1.5 的统计结果显示：

(1) 35.3%的诺贝尔科学奖获奖成果是由 35 岁以下的青年科学家完成的；有 22.4%的获奖成果是在 36～40 岁之间完成的；33.4%的获奖成果是在 41～50 岁之间完成的；7.8%的获奖成果是在 51～60 岁之间完成的；61 岁以上完成获奖成果的仅占 1.1%。

(2) 从 30 岁到 50 岁的年龄段，是获奖者取得获奖成果的最佳创造峰值区，在这个年龄区间内共有 428 人取得获奖成果，占 76%，说明中年是取得获奖成果的最佳年龄区间。

(3) 获奖者中也不乏“早慧的科学家”，其中取得获奖成果的年龄在 25 岁以下的有 18 人，占获奖者总数的 3.2%，如 G · 马可尼因 1895 年发明无线电报(年仅 21 岁)而获得 1909 年的诺贝尔物理学奖。但从统计的情况来看，自 20 世纪 20 年代以后，诺贝尔奖获奖者取得获奖成果时的年龄呈现上升的趋势。

(4) 在各个单项奖中，40 岁以下取得获奖成果的人数以物理学奖最多，有 135 人，占 69.2%；生理学/医学奖次之，有 110 人，占 53.9%；化学奖最少，有 80 人，占 48.8%。51 岁以上取得获奖成果的人数物理学奖最少，化学奖次之，生理学/医学奖最多。这反映了不同学科的特点和差异。

利用上述材料还可以作出另一项统计，如表 1.6。

表 1.6　诺贝尔科学奖获得者取得获奖成果的年龄随时间的变化

年　　代	1901～1920	1921～1940	1941～1960	1961～1980	1981～2000	2001～2013
取得获奖成果的平均年龄(岁)	38.4	38.6	38.9	39.3	39.7	42.3

取得获奖成果平均年龄的增长，说明随着人类知识量的不断增加，获奖者取得获奖成果的困难程度越来越大。从 20 世纪的情况来看大约是每百年推迟一岁，并有进一步推迟的趋势。

2. 获奖者获奖年龄统计分析

对 1901～2013 年间诺贝尔科学奖获得者的获奖年龄进行进一步统计分析的结果如表 1.7。

表 1.7　1901～2013 年间诺贝尔科学奖获得者获奖年龄统计分析

奖项 \ 获奖人数与百分比 \ 年龄		25 岁以下	26～30 岁	31～35 岁	36～40 岁	41～45 岁	46～50 岁	51～55 岁	55 岁以上
物理奖(195 人)	人数	1	0	9	17	26	29	25	86
	占百分比	0.5%	0	4.6%	8.7%	13.3%	14.9%	12.8%	45.1%
化学奖(164 人)	人数	0	0	0	9	16	23	24	92
	占百分比	0	0	0	5.6%	9.8%	14%	14.6%	56.19%
生理学/医学奖(204 人)	人数	0	0	3	9	14	35	33	110
	占百分比	0	0	1.5%	4.5%	6.9%	17.2%	16.2%	53.9%
自然科学奖(563 人)	人数	1	0	12	35	56	87	82	290
	占百分比	0.2%	0	2.1%	6.2%	9.9%	15.5%	14.6%	51.5%

统计结果表明：

(1) 无论是在物理学奖、化学奖、生理学/医学奖各单项奖中，还是在整个科学奖中，55 岁以上获奖者人数较多，所占比例较大，说明老年是获奖较多的年龄区间；35 岁以下的获奖者人数最少，所占比例最小，说明青年是获奖最少的年龄区间；36 岁至 55 岁这 20 年间获奖人数最多，所占比例最大，说明中年是获奖最多的年龄区间。

(2) 35 岁以下获奖者所占的比例以物理学奖为最高，化学奖最低，生理学/医学奖居中;55岁以上获奖者所占的比例以化学最高,物理学奖最低,生理学/医学奖较高。这反映了学科的特点和差别。

对1901～2013年诺贝尔科学奖获得者获奖的平均年龄随时间的变化情况进行统计,得到结果如表1.8。

表1.8　1901～2013年诺贝尔科学奖获得者的获奖平均年龄

获奖平均年龄(岁) 奖项	年代						
	1901～1920	1921～1940	1941～1960	1961～1980	1981～2000	2001～2013	1901～2013
物理学奖	49.13	43.27	49.57	53.44	60.93	73.4	54.96
化学奖	50.39	48.41	53.5	58.69	60.05	69.77	56.8
生理学/医学奖	53.17	54.71	53.5	56.63	61.07	63.11	56.85
自然科学奖	50.72	48.97	52.25	56.06	60.71	68.76	56.2

统计结果表明:

(1)无论各单项奖还是整个科学奖,获奖的平均年龄随时间的推移而增大,说明取得获奖成果的平均年龄在增大;对成果检验所需的平均时间在延长,反映了获奖难度越来越大。

(2)获奖平均年龄与取得获奖成果平均年龄之差越来越大,说明对成果的检验时间越来越长,检验难度越来越大。

获诺贝尔奖的夫妇

☆获1903年诺贝尔物理学奖的法国科学家皮埃尔·居里和玛丽·居里夫妇。

☆获1935年诺贝尔化学奖的法国科学家约里奥·居里夫妇。

☆获1947年诺贝尔生理学/医学奖的科里夫妇。

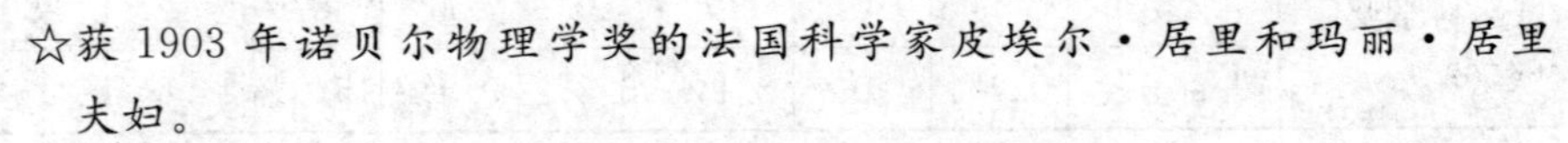

两次获诺贝尔奖的人

☆波兰裔法国女物理学家、化学家居里夫人,因发现放射性物质和发现并提炼出镭和钋荣获1903年诺贝尔物理学奖和1911年的化学奖。

☆美国物理学家巴丁因发明世界上第一支晶体管和提出超导微观理论分别获1956年和1972年诺贝尔物理学奖。

☆美国化学家鲍林因为将量子力学应用于化学领域并阐明了化学键的本质，以及致力于核武器的国际控制并发起反对核试验运动而荣获1954年的化学奖和1962年的和平奖。

☆英国生物化学家桑格由于发现胰岛素分子结构和确定核酸的碱基排列顺序及结构而分别获1958年和1980年的诺贝尔化学奖。

获诺贝尔奖的父子

☆共同荣获1915年诺贝尔物理学奖的布拉格父子。

☆分别荣获1906年和1937年诺贝尔物理学奖的汤姆逊父子。

☆分别荣获1929年和1970年诺贝尔生理学/医学奖的奥伊勒父子。

☆分别荣获1922年和1975年诺贝尔物理学奖的玻尔父子。

☆分别荣获1924年和1981年诺贝尔物理学奖的西格巴恩父子。

☆美国科学家罗杰·科恩伯格是2006年诺贝尔化学奖得主，他父亲阿瑟·科恩伯格则是1959年诺贝尔生理学/医学奖得主之一。

二、百年诺贝尔科学奖的回顾与启迪

诺贝尔科学奖记录了一百多年来重大的科研成果，反映了现代科学技术发展的光辉历程。回顾百年诺贝尔科学奖的辉煌历史，除了纪念诺贝尔、赞颂他的科学精神与奉献精神之外，还有两个主要目的：一是弘扬科学精神，二是提倡创新精神。弘扬科学精神，要求我们克服种种不良学风，消除学术腐败，以科学的态度、求实的态度去从事科学研究。提倡创新精神，就是在尊重事实和规律的基础上，勇于探索、敢于批判和开拓创新途径。

回顾诺贝尔科学奖百年评、颁奖历程，无疑能为正在一心一意进行科学研究的人们提供有益的启示。

（一）百年诺贝尔科学奖的特点

认真分析和深入研究1901～2013年诺贝尔科学奖颁发的各种资料，可以清晰地看出诺贝尔科学奖具有以下显著特点。

1. 重视探测手段的创造性研究

在现代科学研究中，实验设备和实验方法具有特殊的重要意义。因为现代科学研究的对象大部分是看不见、摸不着的领域，不借助特殊的探测手段，就无法对它们进行研究。探测手段的革新往往会带来新的发现，还可成为新理论、新假说得以提出的基础。正因为如此，诺贝尔科学奖对每一项重大的探测手段的革新几乎都给予了奖励。例如，威尔逊因发明云雾室而荣获1927年物理学奖；劳伦斯因发明了回旋加速器而荣获1939年物理学奖；马丁和辛格因开发并应用了分配色谱法而荣获1952年化学奖；科马克和豪斯菲尔德因发明了用电子计算机操纵的X射线扫描仪而荣获1979年生理学/医学奖。

2. 重视对基本理论的创造性研究

基础理论对于科学的发展往往具有长期性、方向性的作用，它既是科学实验成功的保证，又是设计新科学实验的指南。因而，诺贝尔科学奖非常重视对基础理论创造性研究成果的奖励。例如，海森伯因创建量子力学而荣获1932年物理学奖；阿伦尼乌斯因提出电离学说而荣获1903年化学奖；摩尔根因发现染色体的遗传机制、创立染色体遗传理论而荣获1933年生理学/医学奖。

3. 重视自然研究成果的实际应用

自然科学研究成果只有推广应用到生产实际中去，才能产生巨大的经济效益和社会效益，使自然科学的社会功能充分显现出来和有效发挥出来。因而，诺贝尔科学奖特别重视对有重大实际应用价值的开创性自然科学研究成果的奖励。例如，马可尼和布劳恩因开发了无线电通信而荣获1909年物理学奖；弗莱明因发现青霉素而荣获1945年生理学/医学奖；瓦克斯曼因发现链霉素而荣获1952年生理学/医学奖。

4. 重视实践(包括实验)对科学研究成果的检验

诺贝尔科学奖奖金的评定和颁发都不是在这项成果刚刚公布的时候，而是要经过若干年的实践(包括实验)检验，证明这些科学家的研究成果是正确的，确实对科学发展起了重大作用，对社会生产发展产生了重大影响之后才予以评奖。这不仅表明了诺贝尔科学奖奖金评定的慎重态度和严肃性，也基本保证了颁奖项目选择的正确性和颁奖对象的高水平。

5. 重视学科的交叉与融合

一百多年来诺贝尔科学奖那光辉灿烂的一项项获奖成果，向人们展示了当代科学技术发展进程中各学科交叉、渗透与融合的脉络。许多重大的理论创新、科学发现和科学发明，都是多学科相互渗透、相互交叉和相互促进的结果。考察诺贝尔科学奖的获奖情况可以发现，在20世纪50年代以前，大部分获奖研究成果是属于单个学科领域的；而在50年代以后，大部分获奖成果则表现出学科交叉的性质。学科的相互交叉和融合随着社会和科学的发展呈逐年上升趋势。通过对1901～2013年诺贝尔科学奖获奖成果的学科交叉情况进行统计分析，不难看出，不同时段奖项中交叉研究成果的分布情况(表1.9)。

表 1.9　诺贝尔科学奖中交叉研究成果在不同时段奖项中所占的比例

颁奖年代	1901～1920 年	1921～1940 年	1941～1960 年	1961～1880 年	1981～2000 年	2001～2013 年	1901～2013 年
颁奖项数（项）	50	60	63	81	72	45	371
交叉成果项数（项）	15	25	34	46	44	30	194
占百分比（%）	30	41.7	54.0	56.8	61.1	66.7	52.3

统计数据显示，从 1901～2013 年这 113 年，在授予的 371 项诺贝尔科学奖的奖项中，交叉研究成果有 194 项，占 52.3%，表明在整个诺贝尔自然科学奖成果中有半数以上属于交叉学科研究成果；以 20 年为时间段分别统计，在不同时段，交叉学科研究成果在颁奖项数中所占比例为 30%、41.7%、54%、56.8%、61.1%；从 2001～2013 年，交叉成果获奖项数的比例更是高达 66.7%，反映了诺贝尔科学奖中交叉研究成果呈逐渐上升的趋势。对于整个诺贝尔科学奖颁奖项数跨学科研究成果的统计分析可见，学科交叉与融合对于取得原创性成果和突破性进展具有重大意义，这也是百年诺贝尔科学奖发展进程的重要特点之一。

6. 公正性、权威性和分布的集中性

诺贝尔科学奖的本质特征是重视开创性成果（即原始性创新成果），重视奖励具有重大价值的新发现或新发明，而不考虑授奖人的国籍、民族、性别，这充分体现了公正性。同时，诺贝尔科学奖的组织机构设置和评选制度是极其严密的，评选工作程序是极其严格的，使诺贝尔科学奖成为当代世界上重大科技成果最具权威的评价，成为威信最高、声望最大、影响最广的国际性大奖，这充分体现了权威性。纵观诺贝尔科学奖百年历程和走势还可以发现一个突出特点——分布的集中性。从国家分布看，获奖者主要集中在经济（特别是科技）发达国家——现在正处于世界科学活动中心的美国和曾经是世界科学活动中心的英国、德国、法国。从科学研究机构分布看，获奖者主要集中在设备先进和著名自然科学家云集的名牌大学和实验室中，例如，英国剑桥大学的卡文迪许实验室先后培养出 29 位获奖者；美国加州大学的劳伦斯实验室先后培养出 9 位获奖者；美国的贝尔实验室先后培养出 11 位获奖者；丹麦玻尔理论物理研究所培养出 8 位获奖者。这些实验室或研究所都有他们自己独特的学术传统和学术精神也正是这些特有的学术传统和学术精神造就了他们成为诺贝尔科学奖的摇篮。

（二）诺贝尔科学奖的作用与意义

诺贝尔科学奖已成为名副其实的、世界公认的和誉满全球的国际性自然科学最高奖，它代表着自然科学三大主要学科（物理学、化学、生理学/医学）前沿研究的最高水平和发展走向，是人类在自然科学领域原始性创新的重要标志，是自然科学发展的缩影。所以，诺贝尔科学奖的设立和颁发是20世纪科学技术史上具有重大意义的重要事件，它的作用是巨大而持久的，它的影响是广泛而深远的，这种作用和影响突破了时间、空间的局限，摆脱了阶级、种族的束缚，克服了语言、文字的障碍，成为人类攀登科学高峰取之不尽、用之不竭的强大动力源泉，而且这种作用和影响将一直持续到未来，延伸到永远。

从特定意义上可以说，诺贝尔科学奖的设立比发明炸药的意义更重大，影响更深远，这突出反映了诺贝尔的远见卓识和高瞻远瞩。诺贝尔科学奖的设立和颁发具有多方面的作用、价值和意义，主要表现在以下方面。

1. 全面促进了科学技术的发展

科学技术的生命在于探索和创新，诺贝尔科学奖从物理学、化学、生理学/医学这三大主导学科，从理论研究、实验研究、实验手段研究、应用研究这四个方面，鼓励开创性探索和原始性创新，这就从物质和精神两个方面极大地激励、调动和充分发挥了科技工作者从事科学研究的主动性、积极性和创造性，给科学技术发展带来了勃勃生机和强大动力，培养和造就了一大批科学精英，孕育和取得了一大批重大科技成果，有效地促进了科技人才的成长，全面地促进了科学技术的进步。

2. 有力推动了科学的建制化进程

19世纪中叶以后，随着科学的职业化、科学与社会日益紧密的联系和日趋增大的互动，科学社会化和社会科学化的趋势日益明显。于是，科学便由知识体系和社会活动而逐渐发展成为一种具有复杂内部结构的重要社会建制。科学为了实现建制目标和规范结构，就要求建立一套奖惩制度作为科学建制运行的保证体系。诺贝尔科学奖的设立和颁发既是科学建制化的必然要求和客观需要，又是促进科学进一步体制化的崭新方式和有效途径。它在世界各国引起了一系列的连锁反应，极大地促进了各种形式科学奖励的纷纷设立并逐渐演变成一种复杂、成熟的制度。这不仅促进了科学奖励系统的建立、发展和完善，也推动了科学支持系统的建立、发展和完善。由科学奖励基金发展到科学研究资助，由奖励科学工作者过去完成的工作转变为支持科学工作者未来有发展前途的研究，这已成为世界各国的共识和争相效仿的做法。科学奖励系统和科学支持系统不仅是科学系统内部自我调节的主要机制，而且也是社会对科学进行外部控制的一种重要手段，能优化科技资源配置,对科学的社会化运行起到有效的保障作用和功能强化作用。由此可见,科学奖励系统和科学支持系统已成为科学体制内在一个重要的建制性因素,诺贝尔科学奖的设立和颁发有效地推动和加速了科学的建制化进程。

3. 极大促进了社会对科学家的关怀

科学家是科学活动的主体,科学活动是以科学家为中心而展开的。如何充分调动和有效发挥科学家从事科学活动的主动性、积极性和创造性是科学发展的关键所在,生命所系。特别是随着大科学时代的到来,科学研究的规模越来越大,实验仪器越来越复杂,情报资料越来越庞大,所需经费越来越多,科学研究已不再是个体行为而是社会行为,科学家越来越需要社会的关怀和支持。追求社会承认和社会支持成为科学家的双重目标。诺贝尔科学奖的设立与颁发,可以帮助科学家实现所追求的双重目标,这本身就是对科学家的极大关怀、有力支持和有效激励。同时,它极大地提高了科学家的社会地位,扩大了科学家的社会影响,使社会更加理解、关注和支持科学家,从而促进了社会对科学家的关怀。每一位获奖者从获奖之日起就成为备受社会关注的世界名人,亦成为研究的焦点,一方面获奖者本人的文章、著作更容易出版发行,另一方面促使很多人重点撰写、出版获奖者传记及研究报告等,为科学家研究和科学思想史研究提供了翔实而珍贵的资料。通过对诺贝尔科学奖获得者的资料进行统计分析,有利于揭示科学认识的规律、科学发展的规律和科学人才成长的规律,为科学、科学社会学、科学哲学的研究奠定了基础,铺平了道路。

4. 有效促进了科学与人文相结合

诺贝尔科学奖获得者的演讲词是科学与人文相结合的结晶和典范,具有科学与人文的双重价值。其实,通过对科学家的关怀去促进科学的发展,这本身就是科学与人文的有机结合。诺贝尔科学奖既是一种物质奖励,更是一种精神荣誉。

诺贝尔在把他的巨额有形资产——物质财富献给人类的同时,也将他的巨额无形资产——精神财富赠给了人类。这两种财富不仅激励着人们去攻克科学难关、攀登科学高峰,而且激励着人们向着真善美的崇高境界奋勇前进。奖励同时提高了科学和科学家的社会地位,扩大了科学和科学家的社会影响,促使人们崇尚科学、崇尚科学精神和科学方法、崇拜科学家,增强了人们的科学意识,推进了人类的精神文明建设。正像在体育界开展的向人类体力极限挑战的奥林匹克运动一样,诺贝尔科学奖在科学界掀起了一场向人类智力极限挑战的奥林匹克运动,有效促进了人类智力的开发与发展,这是人类自由发展和全面发展的重要方面。诺贝尔科学奖的设立与颁发,激励了人的创造性,赋予科学以人文价值,弘扬了科学的人文精神,发挥了科学的人文功能,有效促进了科学与人文相结合。

（三）百年诺贝尔科学奖的借鉴与启迪

分析诺贝尔科学奖百年走势、特点和作用可以给人以多方面的借鉴与启迪。

1. 既要重视理论研究，又要重视实验研究

理论研究与实验研究是自然科学研究的两个基本层面，也是自然科学突破的两种基本方式，还是获得诺贝尔科学奖的两条根本途径。科学实验是科学理论的基础，科学理论是科学实验的指南；科学实验既是检验已有科学理论的手段，又是提出新科学理论的依据；科学理论既是设计新实验的指导，又是解释实验现象的武器。理论研究与实验研究是相辅相成的辩证关系，没有实验研究，理论研究将徘徊不定；没有理论研究，实验研究将停滞不前。在制定科技政策、发展战略、规划和考虑科技布局、科技资源配置、科研选题时，要深入研究、科学认识、正确对待和妥善处理理论研究与实验研究的关系，既要重视理论研究，又要重视实验研究，特别是实验手段研究，使二者有机结合，互相促进，共同发展。

2. 重视发挥老、中、青科学家的梯队合作效能

对诺贝尔科学奖获得者取得成果的年龄进行分析可以发现，有不少科学家在青年时期就取得了重大成果，也有一些科学家是大器晚成的，直到晚年才取得了重大发现，但大量科学家是在中年取得重大成果的。青年科学家思想活跃、敏锐，是科技队伍中朝气蓬勃的生力军；中年科学家年富力强，既有基础知识又有实践经验，是科技队伍中的中坚力量和主力军；老年科学家有丰富的经历与经验、能看出趋势和把握方向，是科技队伍的智囊团和参谋部。老、中、青科学家各有各的优势，都是科技队伍不可缺少的重要组成部分，我们在重点发挥中年科学家作用的同时，也要重视发挥青年科学家和老年科学家的作用，特别要重视发挥老年科学家的名师作用。尤其是在大科学时代，许多高科技成果（包括诺贝尔科学奖成果）都是靠科学家集体合作取得的，提倡老、中、青科学家相结合更具现实意义，充分和有效发挥老、中、青科学家的合作效能和协同效能更有特殊重要性。我们一定要尽快建立和完善创新体系和创新激励机制，特别是对于原创性的创新成果更要加大激励力度，为老、中、青科学家创造良好的社会环境和学术环境，充分调动和高效发挥老、中、青科学家从事开拓性科学研究的主动性、积极性和创造性，尽快形成并不断壮大我国第一流的科学家队伍，使我国科技界拔尖人才辈出，硕果累累。

3. 提倡学术自由，加强国际学术交流

自然科学研究是探索性、创造性的劳动，这是由自然科学认识的复杂性、艰巨性、曲折性所决定的。自然科学中的是非问题只能通过科学界的自由讨论和争鸣去解决，通过科学实践去解决。卡文迪许实验室之所以能培养出 29 位诺贝尔科学

奖获得者，与卢瑟福等实验室主任所倡导的学术自由和良好的学术氛围密切相关。科研工作要本着“实践是检验科学真理标准”的精神，坚持科学无偶像、科学无顶峰的原则，大力提倡学术自由，鼓励学术争鸣，形成在国际上有影响的学派。同时，要大力加强国内、国际学术交流，加强对中国取得的具有独创性成果的宣传力度，不仅鼓励中国学者到国外科学刊物上发表论文，还要鼓励取得成果的科学家撰写科普文章，做通俗演讲，向社会传播科学信息。加强与世界各国诺贝尔科学奖获得者的联系，请他们到中国来做导师，为他们提供各种优越条件和激励政策，使他们带出更多的中国高徒。

4. 加大科技投入，强化科研管理，重视人才培养

诺贝尔科学奖为什么主要集中在经济发达国家？主要原因是由于这些国家经济实力强，可以用高投入推动和支持科研。我们既要加大科技和教育的投入，以加强科技发展的硬件建设，又要强化科研管理，重视人才培养，搞好软件建设。将有限的人力、物力、财力集中使用，重点办好一批具有世界先进水平的科学研究重点实验室和名牌大学，高度重视和大力开展创新教育，使具有创新意识和创新能力的拔尖人才脱颖而出。

只要科技战略和科技政策正确，强化科研管理，注重人才培养，踏踏实实地做好科学研究，特别是要增强原创性的创新意识，勇于对未知世界不懈探索，敢于在自然科学前沿重大问题上潜心研究，善于在基础理论研究、实验研究和实验手段改进上大胆创新，中国在不远的将来一定能创造出诺贝尔科学奖级的科学成果，为人类的发展和科学的进步作出更大的贡献。

三、百年诺贝尔科学奖中的科学女杰

长期以来，人们习惯性地认为科学研究的领域是男性的舞台。然而，以居里夫人等为代表的女性科学家的杰出成就表明，女性也是科学研究队伍中的重要组成部分。她们在科学发展的历史舞台上绽放出了耀眼的光芒，对人类社会的文明进步作出了重要的贡献。

（一）女性在科学领域中的杰出成就

1. 女性诺贝尔科学奖获得者的群体统计

女性科学家作为知识女性中的精英，在20世纪大量进入科学界，并作出了重大贡献。自诺贝尔奖颁发起的113年来，共有14位女性科学家获此殊荣，她们是全世界女性的杰出代表。为了全面地了解女性科学家获得诺贝尔奖的情况，在此将获奖女科学家的获奖情况及成长背景进行统计分析。

首先，1901～2013年女性获诺贝尔科学奖获得者的基本情况统计，详见表1.10。

表1.10　1901～2013年诺贝尔科学奖女性获得者基本信息

姓名	国籍	获奖年龄	获奖类别	获奖时间	获奖原因
玛丽·居里	法国	36	诺贝尔物理学奖	1903年	对放射性的研究
玛丽·戈佩特·梅耶	美国	57	诺贝尔物理学奖	1963年	在发现核壳层结构方面所作的贡献
玛丽·居里	法国	44	诺贝尔化学奖	1911年	发现钋和镭
伊雷娜·约里奥·居里	法国	38	诺贝尔化学奖	1935年	合成新的放射核素
多萝西·玛丽·克拉福特·霍奇金	英国	54	诺贝尔化学奖	1964年	测定抗恶性贫血的生化化合物的基本结构
阿达·尤纳斯	以色列	70	诺贝尔化学奖	2009年	核糖体研究用于研发新的抗生素
格蒂·特蕾莎·科里	美国	51	诺贝尔生理学/医学奖	1947年	发现糖代谢中的酶促反应
罗莎琳·苏斯曼·雅洛	美国	56	诺贝尔生理学/医学奖	1977年	开发了“针对多肽类激素的放射免疫分析法”
芭芭拉·麦克林托克	美国	81	诺贝尔生理学/医学奖	1983年	发现玉米中的转座因子
丽塔·列瓦伊·蒙塔尔奇尼	美国	77	诺贝尔生理学/医学奖	1986年	发现并阐明生长因子
格特鲁德·B·埃利肖	美国	70	诺贝尔生理学/医学奖	1988年	研制出不损害人的正常细胞的抗癌药
克里斯汀·纽斯林·福尔哈德	德国	53	诺贝尔生理学/医学奖	1995年	发现早期胚胎发育的遗传机理

续表

姓名	国籍	获奖年龄	获奖类别	获奖时间	获奖原因
琳达·巴克	美国	57	诺贝尔生理学/医学奖	2004 年	在气味受体和嗅觉系统组织方式研究中作出的贡献
伊丽莎白·布莱克本	美国	61	诺贝尔生理学/医学奖	2009 年	发现了由染色体根冠制造的端粒酶（telomerase），揭开了人类衰老和罹患癌症等严重疾病的奥秘
卡萝尔·格雷德	美国	48	诺贝尔生理学/医学奖	2009 年	发现了由染色体根冠制造的端粒酶，揭开了人类衰老和罹患癌症等严重疾病的奥秘

从以上统计可以看出，14 位女性科学家 15 次荣获的诺贝尔科学奖中，8 人次荣获诺贝尔生理学/医学奖，占获奖总人数或总次数的一半以上；最少的是诺贝尔物理学奖，只有 2 人次。可见，女性科学家由于各种因素和影响，在获奖项目上具有一定的学科差异。

其次，获奖女科学家的出身背景统计，详见表 1.11。

表 1.11　1901～2013 年诺贝尔科学奖女性获得者家庭背景

姓名	国籍	获奖类别	家庭背景
玛丽·居里	法国	诺贝尔物理学奖	教师家庭
玛丽·戈佩特·梅耶	美国	诺贝尔物理学奖	教师家庭
玛丽·居里	法国	诺贝尔化学奖	教师家庭
伊雷娜·约里奥·居里	法国	诺贝尔化学奖	科学家家庭
多萝西·玛丽·克拉福特·霍奇金	英国	诺贝尔化学奖	学者家庭
阿达·尤纳斯	以色列	诺贝尔化学奖	普通劳动者家庭

续表

姓名	国籍	获奖类别	家庭背景
格蒂·特蕾莎·科里	美国	诺贝尔生理学/医学奖	商人家庭
罗莎琳·苏斯曼·雅洛	美国	诺贝尔生理学/医学奖	商人家庭
芭芭拉·麦克林托克	美国	诺贝尔生理学/医学奖	医生家庭
丽塔·列瓦伊·蒙塔尔奇尼	美国	诺贝尔生理学/医学奖	犹太人家庭
格特鲁德·B·埃利肖	美国	诺贝尔生理学/医学奖	医生家庭
克里斯汀·纽斯林·福尔哈德	德国	诺贝尔生理学/医学奖	建筑师、教师之家
琳达·巴克	美国	诺贝尔生理学/医学奖	工程师家庭
伊丽莎白·布莱克本	美国	诺贝尔生理学/医学奖	医学专业人员家庭
卡萝尔·格雷德	美国	诺贝尔生理学/医学奖	教师家庭

根据上表统计，在女性获奖者中，其家庭是学者型和专业人员的背景较多。可见，在教育不均衡的时代背景下，她们的成功与其家庭因素的影响有很大的关系。因为在许多国家和地区，特别是在20世纪初期，正式教育体系对女性有很多限制，如果再没有较好的家庭环境支持，女性在不平等的教育机会背景下，确实难以在科学研究的道路上取得与男性同等的成就。

2. 女性诺贝尔科学奖获得者对社会发展的独特贡献

虽然在诺贝尔科学奖获奖者中女性获奖者的比例只占少数，但她们勤奋努力所获得的研究成果在科学史上的作用是不可或缺的，对社会发展的贡献也是举足轻重的。

首先，女性诺贝尔科学奖获得者的研究成果直接或间接促进了社会的进步。居里夫人关于镭的发现使人类迈进了原子世纪，其关于放射性的研究广泛应用到医疗领域，影响深远。伊雷娜·约里奥·居里和她的丈夫共同发现了人工放射性元素并获得人造同位素，这项成果不仅广泛运用于工业、农业、商业和国防工业等各个领域，而且对化学、生物学和医学等学科的研究起到了巨大的推动作用。麦克林托克在生物学上的贡献被诺贝尔奖评选委员会评价为“是超越时代的”。她提出的“移动的基因控制学说”首次阐述了基因的移动和控制作用，为遗传学的研究开拓了一条崭新的途径，对于人类了解生命的起源和物种的变异、研究遗传信息的表达和调控以及开拓新的遗传工程技术都发挥了重要的启示作用。

其次，女性诺贝尔科学奖获得者的研究成果的影响深入到生活的各个领域。青霉素、维生素B12、胰岛素，这些在今天人们非常熟悉且应用广泛的物质之所以能够大量生产，都得益于英国化学家霍奇金的贡献；布莱克本、格雷德发现了由染色体根冠制造的端粒酶，揭开了人类衰老和罹患癌症等严重疾病的奥秘；埃利肖观察到正常细胞与癌细胞、致病性细菌及病毒之间核酸代谢的差别，从而找到了一系列能抑制癌细胞而不破坏正常人体细胞代谢的药物，为白血病的治疗作出了巨大贡献；而福尔哈德破译了控制基因早期发育的起始基因，帮助人们解释了先天性畸形的发生原因，打开了人类发育遗传秘密的大门。

再者，女性诺贝尔科学奖获得者为人类文明提供了宝贵的精神财富。获奖女科学家不仅在学识和研究上出类拔萃，而且她们高尚的道德品格和独特的人格魅力也是人类宝贵的精神财富。居里夫妇在研究过程中，四年如一日地用普通铁锅将八九吨重的矿渣一锅又一锅地熬煮，反复分析、提炼，经历了450多次的失败，才从含量只有百万分之一的矿渣中提炼出0.12克氯化镭，其中最可贵的在于他们矢志的坚持和顽强的毅力。麦克林托克的可移动基因学说领先于科学界同行30年，长期不被理解和承认，在受冷遇的几十年时间里，她以超凡脱俗的冷静和潜心平和的心态，独自在实验室继续从事研究工作。随着分子生物学的发展，到了20世纪80年代初，她的研究才得到了世界的认可，那时她已是一位耄耋之年的老人了。她义无反顾、坚持不懈，终身与科学为伴，展示了一个科学家的博大胸怀。获奖女科学家在科学研究中献身科学、不屈不挠、不畏艰险的品质和审慎细致的态度等都成为激励当前青年一代成长极为可贵的正能量。

（二）举世闻名的卓越女性科学家代表——居里夫人

居里夫人是法国著名物理学家和化学家，是近代科学史上最伟大的女性科学家，她因对放射线的研究而闻名于世，是第一个获得诺贝尔科学奖的女性科学家。居里夫人不仅科学功绩卓著，而且其所展现的人格魅力和道德品质更为世人所敬仰。

1. 两次获诺贝尔科学奖的女性科学家

在众多诺贝尔科学奖获奖者中，只有三人先后两次荣获诺贝尔科学奖，居里夫人就是其中之一。1903年她因对放射性物质的研究，和丈夫皮埃尔·居里共同获诺贝尔物理学奖，时年36岁；1911年她因发现镭和钋元素而获诺贝尔化学奖，时年44岁(两次获奖时间只相隔八年)。从统计数据来看，居里夫人是世界上第一位两次获诺贝尔奖的科学家，也是迄今为止唯一在自然科学两个不同领域获诺贝尔奖的人。不仅她自己两次获奖，而且她的女儿和女婿也获得了诺贝尔奖，这样的

“诺贝尔奖之家”从诺贝尔奖颁奖之日起，至今还没有第二例。

除两度获得诺贝尔奖以外，居里夫人还曾荣获其他类别的重要奖项10项、奖章和勋章16种、学衔167个以及其他荣誉称号20多个。有20多个国家的100多个科学研究机构、学术团体和著名大学授予她以荣誉成员称号，包括巴黎医学科学院自由合作院士，纽约医学科学院、苏联科学院、墨西哥科学院的名誉院士，华沙大学名誉教授等，所有这些荣誉都是对她毕生科学成就的充分肯定。

2. 用自己所学艰难铸就“爱国梦”

拿破仑曾说：“人类最高的道德是什么？那就是爱国心。”爱国情怀是一种纯洁、高尚的情怀，居里夫人是一位有着赤诚爱国热情的科学家。

玛丽·居里出生的年代，是波兰民族处于沙俄统治的不幸时期。玛丽少年时代就积极参与反抗沙俄的各种活动，她说：“波兰人没有权力抛弃自己的祖国。”玛丽深刻认识到一个愚昧落后的民族是最容易被统治的，因而即使是在为了筹集去巴黎求学的学费而做家庭教师期间，她仍冒着违法的风险开设了一个免费小“学校”，从一个字母、一个音阶的发音以及基本的书写开始，帮助周围的孩子学习波兰语。到巴黎大学求学时，她心中只有三样东西：物理、数学和自己的祖国波兰。

居里夫人的爱国主义是与国际主义相统一的爱国主义。一战期间，居里夫人把第二次获得诺贝尔奖的奖金全部捐献给了她的第二祖国——法国，并英勇地投入到反对侵略者的战斗中。为了使X射线机便于移动，她装备了二十辆载有X射线设备的汽车，还在不同医院装备了两百个X射线室，培训了许多放射学方面的学员。年近五十岁的居里夫人还通过了司机考试，经常亲自驱车前住各个前线医疗站，亲自为伤员透视检查。

第一次世界大战以协约国的胜利宣告结束，经历了一百五十年外国统治的波兰终于重新获得了独立和自由。居里夫人无比喜悦，她在给哥哥的信中高兴地写道：“我们降生在受奴役的人世间，一生下来就被套上了枷锁，我们一直梦想祖国的复兴，现在我们终于盼到了这一天。”

科学无国界，但科学家是有祖国的。居里夫人在法国巴黎从事科学研究期间，始终没有忘记自己的祖国——波兰，她把自己发现的一种放射性元素命名为“钋”，以表达对祖国波兰深深的眷恋。晚年她希望在华沙创建一个镭研究院，这一愿望终于在1932年5月得以实现。

3. 把荣誉视作“玩具”的科学家

居里夫人一生甘于奉献、不计名利。她曾说：“荣誉就像玩具，只能玩玩而已，绝不能永远守着它，否则就将一事无成。”她和丈夫在极其艰苦的科研条件下发现了镭，并由于镭疗法的发展使得镭的价格直线上升。这时，许多人劝居里夫妇申请专利,那样的话他们无疑将摆脱经济困境。但居里夫人说:“我们不能因此为自己谋求财富,镭将用于治疗疾病……任何人不能靠它发财。”为了全人类的幸福,居里夫妇不仅不申请专利,而且还把历经千辛万苦、经过四年的棚屋生活提炼出来的一点镭,无偿地送给了医院,把他们发明的提炼镭的技术无私地提供给了各国科学家和制镭工厂。在获得诺贝尔奖后,面对许多的宴会邀请和记者采访,她都婉言拒绝说:“一个科学家的职责,是在实验室里创造人类的福利,不需要别人的喝彩和赞美。”丈夫皮埃尔·居里去世以后,居里夫人独自肩负起抚养孩子的重担。面临经济拮据、科研经费不足的状况,有人建议她卖掉当时价值 100 万法郎的 0.12 克镭。但她却认为,不管今后的生活如何困难,决不能卖掉这珍贵的科研成果。她毅然将镭献给了实验室,并告诫女儿:“镭只能属于科学,不属于个人。”

1911 年,居里夫人再次荣获诺贝尔化学奖后,美国记者问:“若是世界上所有的东西任你选择,你最愿意要什么?”她回答:“我最需要 1 克镭,以进一步进行研究,但我买不起镭。”这位记者十分惊讶,居里夫人居然会没有钱购买自己所发现的镭!后来,这位记者回到美国开展了募捐活动,用募捐来的钱为居里夫人购买了 3 克镭。而居里夫人却把这 3 克镭中的大部分转赠给了其他科研机构,只把其中的一小部分留作自己研究使用。

人类之所以需要科学,不仅因为它揭示了自然的奥秘,更在于科学可以为人类谋福利。居里夫人就是这样一位不断为人类谋福利的科学家。正如爱因斯坦对她的评价说:“在像居里夫人这样一位崇高人物结束她的一生时,我们不要仅仅满足于回忆她的工作成果对人类已经作出的贡献。第一流人物对于时代和历史进程的意义,在其道德品质方面,也许比单纯的才智成就方面还要大。即使是后者,它们取决于品格的程度,也许超过通常所认为的那样。我对她的人格的伟大愈来愈感到钦佩,她一生中最伟大的科学功绩之所以能取得,不仅是靠大胆的直觉,也靠着在难以想象的极端困难情况下工作的热忱,这样的困难在科学的历史中是罕见的。”

4. 伟大的母亲,杰出的导师

居里夫人不仅是一位伟大的科学家,还是一位伟大的母亲、伟大的老师。作为母亲,即使科学研究占用了自己大量的时间,但她凭借坚强的毅力和自我牺牲的精神,对孩子的照顾丝毫没有马虎。虽然家中雇请了人看管孩子,但她每次在去实验室之前和回家后都会确认孩子是否吃饱、穿暖,是否健康等。在孩子的教育上,她有自己独到的观点,认为“孩子的教育应该适合他们的生理发育和身体成长需求”。居里夫人觉得当时学校用于各种读写和训练的时间太长,家庭作业又太多,学校课程缺少与之相应的实际训练,不利于儿童和青年的成长。于是,她联合巴黎大学的教职员工，组织了一个互助合作的团体，共同对他们的子女进行一种新型的教育。每个教员负责一门课程，在教学中，将科学和人文课程有机地结合起来讲授，所有的课程都有实验跟进。她的长女伊雷娜就是从这个班里成长起来的。这种教育方法使孩子们振奋，他们的学习兴趣得到了很好的激发。可以说，伊雷娜后来取得的科学成就与她从小就接受了一流的科学教育不无关系。这个班里的学生有几个后来都成了著名的学者。

作为一名教师，居里夫人是非常敬业的，在科学之路上她一直无私地关心着青年学生的成长。她因取得钢铁磁化研究成功并完成了论文《回火钢的磁化作用》而得到法国科学协会的第一笔奖金时，虽放射性研究上亟需经费，但她还是首先将这笔奖金用来支持困难的波兰青年求学；她获得的第二次诺贝尔奖奖金也有一部分捐赠给了波兰留法的学生。她的实验室为世界各国培育了一大批核物理研究的人才，她的法国学生后来大多数成了法国原子能事业的骨干。

当丈夫皮埃尔意外身亡后，她强忍悲痛接替了皮埃尔讲授物理学课程的任务。晚年，居里夫人绝大部分时间和精力都用于教学和指导来自世界各地的青年科学家上。她还建立了一系列国际科学奖学金，为来自世界各国的贫寒学子提供深造的机会。我国许多优秀的科学家也是在她的辛勤培养下成长起来的。

（三）女性诺贝尔科学奖获得者的科学之路

一百多年来，先后有500多人次获得诺贝尔科学奖，但女性的比例很少。也许，审视、分析女性科学家获得诺贝尔科学奖的科学之路会给我们更多的启示。

1. 在家庭与工作中艰难抉择

诺贝尔生理学/医学奖获得者罗莎琳·苏斯曼·雅洛在获奖后说了这样一段话："我们仍然生活在这样的世界上，即大部分人（包括妇女）还认为妇女只应属于家庭，一个妇女不应该追求比男人更大的成就，尤其是不应超过自己的丈夫。我们不能指望在不久的将来，所有决心寻求'机会均等'的妇女都能达到自己的目标。但是，我们妇女必须开始向自己的目标迈进，我们必须相信自己，否则就没有人会相信我们；我们必须使我们的抱负与取得成功的能力、勇气和决心匹配；必须意识到人人都有为后人开拓道路的责任。"这段话透露出，即使是获得诺贝尔科学奖的女性，事实上也都面临着观念、家庭和工作的矛盾。

仔细分析获得诺贝尔科学奖的女科学家们，都或多或少地陷入过这个矛盾交织的选择中。居里夫人除了从事研究工作以外，还得亲自操持家务。白天，她是伟大的科学家；晚上，她是贤惠的家庭主妇和伟大的母亲。梅耶在第二个孩子出生后，面对需要母亲陪伴、照顾的幼小孩子和没有薪水的工作时不知该做何选择。她痛苦地说:“我内心的负罪感永远不会消除,我永远觉得他们缺少了什么……养育孩子和研究工作兼顾不太容易,对科学的忠诚和对需要母亲的孩子们的忠诚互相冲突,带给我极大的精神压力,我充分地体验到这一切。”

由于传统的社会性别分工,照顾家庭和孩子已经成为女性的“天职”。纵观所有获得诺尔贝奖的女性,要做到兼顾家庭和事业,她们必须付出更多的艰辛和努力。

2. 在歧视与阻力下奋力进取

从女性诺贝尔奖获奖者的奋斗历程来看,与男性相比,她们要付出更多的精力和努力去应对歧视与阻力。正如1977年诺贝尔生理学/医学奖获得者罗莎琳·苏斯曼·雅洛对当地大学生发表演说时所说的:“在大学生中,妇女的人数按人口比例也不算少了,然而,在全世界科学家、学者和领袖人物中,妇女却是凤毛麟角。至今没有任何客观测验表明这种悬殊是由于智力的本质区别……妇女不能进入领导层,多半是由于对妇女存在着社会的和职业的歧视。”

许多女性诺贝尔奖获得者都不得不面对男女有别的尴尬,这种歧视有时表现在对女性成就的有意轻视,有时表现在对女性工作的不平等态度。格蒂·特蕾莎·科里和卡尔到纽约州布法罗癌症研究院工作时,人们只把格蒂当作一名普通的化验员看待,每天忙于检验粪、尿和血液等样品。卡尔在回忆他们的艰苦生活时曾说:“在1920年至1921年期间,我和格蒂都处在饿死的边缘。格蒂的犹太身份及社会对女性的歧视使她受到诸多冷遇。经常是我们兴高采烈地盼到了聘书,但聘书上却无可商量地写着只要卡尔·科里一个人。”霍奇金虽然在学生时代就在结晶学方面作出了贡献,但在工作中却没有固定的职务、没有固定的薪水,甚至被排除在牛津大学的科学生活之外。梅耶更是从事了30年的“志愿工作者”工作后,才和丈夫约瑟夫一道于1959年被加利福尼亚大学邀请担任全薪的正教授。

3. 在女性的独特特征中获得成功

从诺贝尔科学奖女性获奖者的成功经历来看,有一个有趣的、也是值得我们去思考的特点,那就是他们在从事科学研究中表现出的那种特有的女性特质。

首先,女性获奖者在科学研究中更多地表现出感性的特征。居里夫人在自我总结时说:“我一直沉醉于世界的优美之中,我所热爱的科学也不断增加它的新的远景。我认定科学本身就具有伟大的美。一位从事研究工作的科学家,不仅是一个技术人员,而且还是一个小孩,在大自然的景色中,好像迷醉于神话故事一般。这种魅力,就是使我能够终生在实验室里埋头工作的主要因素了。”正是在这种科学之美的驱使下,她从孩提时代就发奋读书,冲破重重困难,不断创造科学的奇迹。正如有的研究者指出的那样:女性的科学价值观不同于男性文化价值的功利性和理性的冰冷性，而是把特有的感情注入科学界。①

其次，女性获奖者在研究的过程中善于用女性的方式去表述。1963 年的诺贝尔物理学奖获得者梅耶，在把她对核壳层结构方面的发现写成论文时，她仿佛看到了在宴会上跳华尔兹的一对对舞伴，她用独特的"宴会语言"描述了她的核壳层理论："像洋葱那样一层层构筑起来，质子和中子彼此按一定轨道旋转，就像在舞厅里跳华尔兹的一对对舞伴。"世界上第一个独享诺贝尔生理学/医学奖的女科学家麦克林托克在接受采访时十分谦逊，甚至有点腼腆，她对记者们说："我觉得自己获得这种意外的奖赏似乎有点过分，多少年来，我在玉米遗传的研究中已获得了很多的欢乐。我不过是请求玉米帮助我解决一些特殊的问题，倾听了它那奇妙的回答。"

回眸世纪百年，诺贝尔科学奖有力地推动了人类社会的科技发展和文明进步，其中获奖女科学家奋力拼搏、百折不挠的顽强精神以及其献身科学、造福人类、不计名利的科学道德，将成为当今青年一代提高素质和修炼人格的强大精神力量。

女性科学家的成功因素②

<table>
<tr><td rowspan="3">微观</td><td>教育因素</td><td>(1) 启蒙教育激发科学兴趣
(2) 聪颖好学
(3) 特定领域的高学历
(4) 师从名师</td><td>(5) 毕业名校
(6) 榜样的力量
(7) 具有留学或国外进修经历</td></tr>
<tr><td>个人品质因素</td><td>(1) 爱国爱民
(2) 充满自信、坚持自我
(3) 对科学的宗教般的激情
(4) 治学严谨
(5) 创新精神</td><td>(6) 勤奋工作、不畏艰苦
(7) 意志坚定、坚韧不拔
(8) 不畏困难与挫折
(9) 协调事业与家庭
(10) 甘于奉献、不求闻达</td></tr>
<tr><td>工作方法因素</td><td colspan="2">(1) 感觉敏锐、具有对科学的美感
(2) 乐于合作、取长补短
(3) 兴趣广泛、休闲调节</td></tr>
</table>

① 陈劲. 中外女科学家成功因素分析[J]. 科学学研究，2006，12：353.

② 陈劲. 中外女科学家成功因素分析[J]. 科学学研究，2006，12：359.

续表

中观	工作环境因素	(1) 研究领域 (2) 著名研究机构工作 (3) 良好的学术环境和工作条件	(4) 积极参加学术交流活动 (5) 完备的管理体制
	家庭及婚姻因素	(1) 家庭出身	(2) 婚姻状况
宏观	社会环境因素	(1) 社会对女性的期望 (2) 民族文化 (3) 地域经济	(4) 政府政策 (5) 奖项和女性科学组织 (6) 偶然事件

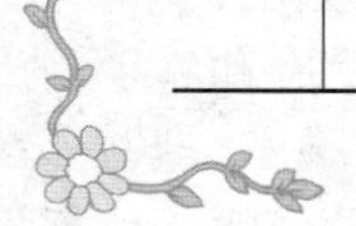

思考与建议

1. 你对诺贝尔和诺贝尔奖有了怎样的认识?
2. 百年诺贝尔科学奖给我们哪些启示?
3. 通过对诺贝尔坚强的人生之路的了解,你对自己的人生道路有何规划?

参考文献

[1] 埃里克·伯根格伦.诺贝尔传[M].北京:北京图书馆出版社,2001.
[2] 张海存,魏昌旺.诺贝尔传[M].长春:长春出版社,2003.
[3] 余海若.诺贝尔自然科学奖百年回顾与展望[J].未来与发展,2000,12.
[4] 杨洪.诺贝尔科学奖:一个世纪的庆典[J].中国科学基金,2001,1.
[5] 孔宪毅,邢润川.诺贝尔自然科学奖百年走势与启迪[J].科学技术与辩证法,2001,18.
[6] 傅杰青.评介阿·诺贝尔及其诺贝尔奖[J].自然辩证法通讯,2002,1.
[7] 黎尔平.诺贝尔和平奖及其价值观[J].学术探索,2000,4.
[8] 路甬祥.从诺贝尔奖与20世纪重大科学成就看科技原始创新的规律:摘要[J].中国科学院院刊,2000,5.
[9] 刑润川,刘金沂.诺贝尔与诺贝尔奖金[M].沈阳:辽宁人民出版社,1981.
[10] 童鹰.百年辉煌:诺贝尔与诺贝尔奖[M].武汉:武汉出版社,2000.
[11] 陈其荣.诺贝尔自然科学奖获得者创造峰值研究[J].河池学院学报,2009,3.
[12] 陈其荣.诺贝尔自然科学奖与跨学科研究[J].上海大学学报:社会科学版,2009,5.
[13] 戴世强.沉醉于科学之美:浅析居里夫人的成功之道[J].自然杂志,2011,4.

[14] 马长柱,孔书荣.百年获诺贝尔奖女科学家共性规律研究[J].天津市教科院学报,2005,3.
[15] 肖政.从女性科学家素质特点谈女性科技人才的培养[J].高等教育研究学报,2004,4.
[16] 陈劲,贾丽娜.中外女科学家成功因素分析[J].科学学研究,2006,12.
[17] 威廉斯,等.世界风云女杰:获诺贝尔奖的女科学家[M].陈鹏,译.北京:中国少年儿童出版社,2000.
[18] 哈伯原.世界著名女科学家[M].张金水,李亚东,编译.北京:中国妇女出版社,1986.
[19] 许光明.摘冠之谜:诺贝尔奖 100 年统计与分析[M].广东:广东教育出版社,2003.
[20] 郑艳秋.科学女人:荣获诺贝尔奖的 10 位女科学家[M].海口:海南出版社,2001.
[21] http://www.almaz.com/nobel/

第二章
诺贝尔科学奖成果对社会的影响

科学技术不仅关乎经济活动,而且关乎所有的社会活动。以诺贝尔科学奖成果为代表的科学技术,是世界各国综合国力提升的源泉,同时也与人类的生存息息相关。提到诺贝尔科学奖,人们总会觉得科学研究高深莫测。其实,这些研究成果早已深入到社会生活的各个方面,给人们带来了各种机会、财富和全新的观念。正如我国科学家母国光所说,从经济上讲,诺贝尔科学奖的成果大多不能产生直接的经济效益,但由这些成果转化而来的科技力量却是无法估量的。因此,纵观百年来诺贝尔科学奖的获奖成果,它们见证了20世纪以来几乎全部的重大发现和发明,让人们领略到科技创造的奇妙世界,感受到科技成果带来的诸多便利和实惠。

在百余年的颁奖史中,诺贝尔奖,特别是诺贝尔科学奖在人们心目中的地位越来越高,其影响也越来越大。获得诺贝尔科学奖不仅仅是个人的极高荣誉,更是一个国家科学技术水平及国家实力的象征。诺贝尔科学奖的成果在相当大程度上反映了 20 世纪以来科学的主要成就和科学的发展情况,为我们了解 20 世纪以来的科学技术的成就及科学对技术、社会、人类的巨大促进作用找到了一个坐标。

第一节　诺贝尔科学奖成果与科技创新

回顾历届诺贝尔科学奖的科学成果,重大基础性的理论创新几乎全部获奖。而且在 20 世纪,科技创新的大格局无不受到诺贝尔科学奖成果的引领。像普朗克的量子论、德布罗意的电子波动性、海森堡的测不准原理、狄拉克的相对论波动方程、泡利的不相容原理、李政道和杨振宁的宇称不守恒原理、库柏等人的超导理论、玻尔的核子集体运动理论、格拉肖的弱电统一理论、威尔逊的相变临界理论等,都是基础性的理论创新,都以获得诺贝尔科学奖而名垂青史。1997 年诺贝尔物理学奖得主、美籍华人朱棣文用光子使原子减速,让原子“慢些走”;1998 年诺贝尔物理学奖得主、美籍华人崔琦却在世界上第一次把电子集中起来变成了一种特殊的“液体”;清华大学和中国科学院(以下简称中科院)物理所的研究团队从实验中首次观测到量子反常霍尔效应,这一重大发现可能加速推进信息技术革命,在未来研制出极低能耗的电子器件。这些成果都表现出独特的思维方式和创新意识。科学技术的生命在于探索和创新,诺贝尔科学奖从物理、化学、生理学/医学这几大主导学科和从理论研究、实验研究、实验手段研究、应用研究这四个方面鼓励开创性探索和原始性创新,这就从物质和精神两个方面极大地激励、调动和充分发挥了科技工作者从事科学研究的主动性、积极性和创造性,给科学技术发展带来了勃勃生机和强大动力,培养和造就了一大批科学精英,孕育和取得了一大批重大科技成果,有效地促进了科技人才的成长,全面地推动了科学技术的发展。

一、诺贝尔科学奖成果成为科技进步的指向标

在一个多世纪的诺贝尔奖历史中,诺贝尔科学奖已经成为科学事业中最受人类关注和重视的奖项,世界各国的科学家都以获得诺贝尔科学奖为最高荣誉。诺贝尔科学奖的成果也成了科技进步的指向标,引领着现代科技不断向前发展。

1. 诺贝尔科学奖成果是一颗科学的种子

“科学技术是第一生产力”,科技进步将使越来越多的人从繁重的体力劳动中解放出来,并使他们凭借知识创造出更多的物质财富。人类高度文明的动力是科学技术,而科学技术的革命和进步常常是以基础理论的发展为前提的。在这一点上,以诺贝尔物理学奖引领的现代物理学显得尤为突出。如果没有 19 世纪末物理学上的三大发现,就不可能有我们今天丰富多彩的“信息时代”。翻开诺贝尔奖的历史,我们不难发现,诺贝尔科学奖的成果就像一颗科学发现的种子,植根于科学的土壤,不断生根、发芽、开花,又结出新的诺贝尔科学奖的成果。

诺贝尔科学奖成果的科学种子起着很大的辐射作用(表 2.1)。比如,X 射线的发现引发出六项重大物理学发现;电子的发现引发出十项重大物理学发现;量子学说的提出引发出九项重大物理学发现;超导现象的发现引发出五项重大物理学发现。其实,类似上述的现象在整个科学发现史上是屡见不鲜的。如化学发现史上物理化学的最初发展阶段,范特霍夫所发现的化学反应动力学法则和渗透压规律,是化学家最早应用物理学的理论和方法研究化学反应规律的重要成果。他在 1873 年创立了以碳的四面体构型为核心概念的立体化学理论,并以此为基础,对化学反应的动力学法则与渗透压规律作出了开拓性的贡献。此后,阿伦尼乌斯、奥斯特瓦尔德、能斯特、席格蒙迪、谢苗诺夫、艾根、康福斯、普里高津、福井谦一、李远哲等都是以物理化学方面的科学成果获得诺贝尔化学奖的。此外,有些科学种子还引发出跨学科的新发现或新创造,如 X 射线的发现引发出 A·M·马克和豪斯菲尔德发明了医学上的“X 射线层析图像技术”,获得了 1979 年诺贝尔生理学/医学奖;量子力学的发现引发出 R·S·马利肯运用量子力学创立了“化学结构分子轨道理论”,获得了 1966 年诺贝尔化学奖。

表 2.1　诺贝尔物理学奖发现的种子及其辐射作用

科学发现的种子	与种子相关的物理学获奖项目	获奖时间	获奖者
X射线的发现	发现 X 射线及对 X 射线研究的成果	1901 年	W·C·伦琴
	发现晶体中的 X 射线衍射现象	1914 年	M·劳厄
	运用 X 射线对晶体结构进行分析方面的成就	1915 年	W·H·布拉格、W·L·布拉格
	发现元素的次级 X 辐射特性	1917 年	C·G·巴克拉
	发现 X 射线中的光谱线并运用其研究物质性质的成果	1924 年	K·M·G·西格巴恩
	发现 X 射线散射中的康普顿效应	1927 年	A·H·康普顿

续表

科学发现的种子	与种子相关的物理学获奖项目	获奖时间	获奖者
电子的发现	气体放电理论和实验研究(即电子的发现)	1906年	J·J·汤姆逊
	精确测量电子的电量和光电效应的研究成果	1923年	R·A·密立根
	发现原子和电子的碰撞规律	1925年	J·弗兰克、G·赫兹
	发现"理查森定律"等热离子现象	1928年	O·W·理查森
	发现电子的波动性,提出物质波思想	1929年	L·V·德布罗意
	发现正电子	1936年	C·D·安德森
	发现晶体对电子的衍射现象	1937年	C·J·戴维森、G·P·汤姆逊
	利用直线加速器从事高能电子散射研究并取得原子核结构上的重要发现	1961年	R·霍夫斯塔特
	对磁性和无序系统电子结构的基础研究成果	1977年	P·W·安德森、J·H·范弗莱克
	非晶态电子理论方面的研究成果	1977年	N·F·莫特
量子学说	提出量子假说,为量子论的诞生作出奠基性贡献	1918年	M·普朗克
	发现光电效应定律,提出光量子概念	1921年	A·爱因斯坦
	精确测量电子的电量和光电效应的研究成果	1923年	R·A·密立根
	发现X射线散射中的康普顿效应	1927年	A·H·康普顿
	发现电子的波动性,提出物质波思想	1929年	L·V·德布罗意
	光散射方面的研究,发现"拉曼效应"	1930年	G·V·拉曼
	创立量子力学中的矩阵方程、"测不准理论"等量子力学方面的研究成果	1932年	W·K·海森堡
	发现原子理论新的有效形式,对量子力学和原子物理学作出的重大贡献	1933年	E·薛定谔、P·A·M·狄拉克
	量子力学和波函数的统计解释及研究方面的成果	1954年	M·玻恩

续表

科学发现的种子	与种子相关的物理学获奖项目	获奖时间	获奖者
超导现象	提出“BCS 理论”，创建超导微观理论	1972 年	J・巴丁、L・N・库柏、J・R・施里弗
	通过实验发现半导体和超导体的“隧道效应”	1973 年	江崎玲於奈、I.贾埃弗
	发现超导电流通过隧道阻挡层的“约瑟夫森效应”	1973 年	B・D・约瑟夫森
	在低温物理学方面的研究成果	1978 年	P・L・卡皮查
	发现氧化物高温超导体	1987 年	J・G・贝德诺兹、K・A・缪勒

上述现象都充分说明了科学上一些开创性的新发现犹如一颗“种子”，可孕育出更多的科学发现或科学创造，犹如鲜艳的科学之花，引来科学园地的满园春色，这就是诺贝尔奖的成果作为科学种子的辐射效应。

这些成果的种子分为科学对象型种子、科学方法型种子、科学理论型种子、科学学说型种子和科学领域型种子五类。

(1) 科学对象型种子，指的是那些能引发出更多新的科学发现的自然界中具体的科学对象。如获得诺贝尔科学奖的 X 射线、电子的发现，作为开创性的科学对象发现后，对其的进一步研究和相关研究都能引发出多个新的科学发现，因此它们属于科学对象型的种子。科学研究过程中的首要问题就是要找准科学对象。虽然自然界中的科学对象多种多样，但是找到那些更有探索价值且有可能引发出更多科学发现的科学对象型种子，却不是一件容易的事情。当然，若我们依据已发现的科学种子来开展进一步的和相关的研究，是一条科学探索的有效途径。

(2) 科学方法型种子，指的是那些能引发出更多新科学发现的具体的科学研究方法。科学无论是探究自然的奥秘，或用于解决人类面临的实际问题，它的途径、方法和手段都被不断地创造。所以，新的科学方法和科学手段都是随着科学的发展而不断地出现，如科学实验方法、科学分析与综合方法、科学模拟方法、系统科学方法，等等。而科学方法型的种子也随之而出，如理想实验方法是伽利略的科学发现，而以后的牛顿、爱因斯坦等科学家都在科学探索中应用它，从而引发出新的科学发现。因此，诺贝尔科学奖也奖励给一些新方法的发现者。

(3) 科学理论型种子，指的是那些能引发出更多新科学发现的具体的科学理论。科学是在不断的创造中增长自己的新知识的。作为新发现的科学理论，其开创性会引发更多的科学家投入其中来开展研究，取得更多的科学发现，从而达到科学理论的进一步完善和系统化。如高分子化学理论是一门新兴的化学分支，它是化学家施陶丁格在天然高分子和合成高分子结构研究的基础上建立起来的新兴理论，作为新科学种子吸引了许多化学家投入到其研究中，并取得多项科学发现，有好几位高分子化学巨人先后登上了诺贝尔化学奖的领奖台。施陶丁格因创立了高分子理论获得了 1953 年诺贝尔化学奖；齐格勒和纳塔因发明金属络合催化剂合成低压聚乙烯与聚丙烯的方法，获得了 1963 年诺贝尔化学奖；弗洛里由于在高分子科学领域，尤其是在高分子物理性质与结构的研究方面取得的巨大成就荣获 1974 年诺贝尔化学奖；吉尼成功地将研究简单体系中有序现象的方法推广到高分子和液晶等复杂体系而荣获 1991 年诺贝尔物理学奖；白川英树、黑格和马克迪尔米德因对导电聚合物的发现和发展而获得 2000 年度诺贝尔化学奖。

(4) 科学学说型种子，指的是那些能引发出更多新科学发现的具体的科学学说。如量子学说的提出是一个非常典型的科学学说型种子。自普朗克在 1900 年首先提出能量子学说后，引发出爱因斯坦于 1905 年提出光量子学说，玻尔于 1913 年提出原子结构的量子学说，为此他们分别获得了 1918 年、1921 年、1923 年的诺贝尔物理学奖。但这并没结束，它还吸引了一批科学家投入到其中开展深入的相关研究，并取得了一系列科学发现，使量子物理学的星空中明星璀璨。

(5) 科学领域型种子，指的是那些能引发出更多新科学发现的具体的科学领域。科学发现中许多都是在领悟到两个不同的活动领域之间的联系和相似而被发现的。当科学家成功地领悟到两个基体(指科学的学科、专业、技能、技巧，行为和思想的认识模式等)之间的联系和类同时，结果可能是出现一种崭新的科学发现。如 20 世纪初量子力学诞生后，化学家海特勒和伦敦敏锐地发现了量子力学和化学在某些方面的相似，找到了它们的共有因素——量子化，将量子力学的概念、方法、原理移植到化学领域，创立了量子化学。而薛定谔等人将量子力学的概念、原理和方法移植到生物学领域，开创了量子生物学的新领域。

2. 诺贝尔科学奖成果为科学研究的发展提供了探索的目标和方向

任何一个科学创造活动过程，首先都要有一个明确的探索方向和目标，即使是中途发现了新的目标，仍还是有个方向和目标问题。当然，自然界中科学探索的目标是有许许多多的，但关键是如何找到更有意义并能有所发现、有所创造的目标。一个有经验的科学家总是善于选择那些实际意义大、解决可能性也大并且有创新意义的新发现的科学种子作为自己的研究目标和方向。比如，丁肇中说，找大家感兴趣的课题，是吸引许多科学家在一起工作的原因。这是因为新科学种子能为科学研究提供探索的目标和方向。如作为科学种子的第一个化学元素发现后，一个以元素为主的研究方向就成为无机化学的主要研究方向，寻找新元素自然就成了元素化学的一个前沿课题和探索目标。又如X射线发现后，就有许多的科学家把研究视线瞄准X射线，开展了以X射线为主线的进一步探索及与X射线相关的开拓性研究，并取得了许多新的科学发现。如1996年获得诺贝尔化学奖的富勒氏球的研究带动了C-60相关研究的高潮，并且推动了碳纳米管和石墨烯的研究，从而取得了重大科学进展。

3. 诺贝尔科学奖成果为科学研究的发展提供了探索的思路和方法

自然界的一切事物、现象、过程之间都存在某些共同点、相似点。这些共同点、相似点就成了科学种子，是提供科学研究探索思路和方法的内在原因。当然，它们的共同点和相似点可以是多方面的，可以表现在量上，也可以表现在质上；可以表现在形式上，也可以表现在具体内容上。有研究表明，相似性不仅是自然界的一条普遍原理，也是科学思维的一条普遍原理。因此，依据科学种子的成果或方法启示来开展科学新探索、分析和处理新问题，就能找到新的科研思路和方法。如物理学中的动力学法则就为化学反应规律研究提供了研究思路和方法；量子力学方法就为化学结构探索提供了研究思路和方法。

4. 诺贝尔科学奖成果还为科学探索提供科学预见

科学预见性是科学发现种子能够有启发和开拓作用的原因所在。这种科学预见是人类根据科学的种子来对未知世界的勇敢探索，是人的主观能动性高度发挥的表现。靠着这种预见功能，可以揭示很多自然界的奥秘，掌握其中的规律性。如化学家门捷列夫根据他发现的科学种子——元素周期律，大胆预见当时还未发现的新元素镓、钪、锗等的存在及其性质，并取得了新的科学发现，使化学研究方式发生了重大变革。还有当年天文学家亚当斯和勒威耶根据科学种子——万有引力定律和天王星运动特点，大胆预见海王星的存在，并在后来被实践所检验。

二、诺贝尔科学奖成果与基础科学的发展

基础科学研究的原始动力是人的好奇心，学习新的事物、了解自然现象和探索自然界规律。基础科学研究是新技术和工业发展的原动力，科技发展是根源于基础研究之中的。基础研究的成果往往不能在短期内得到直接应用而产生直接经济效益，但许多重大技术创新都源于基础研究的成果，原创性基础研究成果是重大技术创新的根基。没有高水平的基础研究就难以产生重大的技术创新，所以，基础科学研究是非常重要的。诺贝尔科学奖注重奖励那些基础科学研究的成果，因为基础研究通常耗资巨大，研究时间很长，要最能耐得住寂寞，成果最“无用”，但又是最重要的。

诺贝尔科学奖的评奖标准始终侧重于基础科学研究。“基础研究的价值在于它可以为科学认识活动提供理论依据。”基础理论的突破和科学上的创新可以带动各门技术学科的发展,也可以导致技术上的重大突破,促进技术科学和应用科学的发展。例如,相对论和量子力学的建立不仅深刻揭示了时间、物质、运动和引力之间的统一性,为现代物理学的发展奠定了基础,而且导致了原子能发电等新技术的出现,使人类进入光辉灿烂的原子能时代。

19 世纪末,实验物理学的三大发现开启了 20 世纪前 30 年的物理学革命,产生了两个重大的理论成果:一个是狭义相对论和广义相对论;一个是量子论与量子力学。物理学家爱因斯坦在 1905 年提出了狭义相对论,1915 年他又提出了广义相对论,深刻地揭示了物质、运动、时间、空间之间的内在联系和统一性。其中 1905 年提出的狭义相对论有一个自然的推论,叫做质能关系式 $E = mc^2$。E 是指物质内部拥有的能量,m 是它的质量,c 是光的速度,每秒 30 万千米,这个公式就表现了物质内部所蕴藏的巨大能量。举个例子来讲,利用这个公式来计算,1 克物质内部蕴藏的能量就相当于 36000 吨优质煤在常规状态下完全燃烧所释放出来的热能;或者说 1 克物质内部蕴藏的能量就相当于 2500 万度的电能。这个公式预告了几十年之后,人们对原子能的利用。

除了狭义相对论和广义相对论之外,20 世纪前 30 年的物理学革命还诞生了量子论和量子力学。量子论是 1900 年德国的物理学家普朗克提出来的,他认为能量的发射和吸收不是连续的,而是一份一份的,有一个最小的能量量子的单位。1905 年,爱因斯坦把这个量子的概念应用到光中,提出了光量子的概念。1913 年,玻尔又把这个量子理论应用到了原子结构中去。20 世纪 20 年代又出现了物质波的概念,有了关于量子力学的数学表达,即所谓波动力学和矩阵力学。20 年代末,狄拉克把波动力学和矩阵力学统一起来,提出了量子力学的最终数学表达式和初步的量子场论。从此,量子力学诞生了。20 世纪中叶以来,物理学、化学、生物学、地质学,很多方面的成就都跟量子论、量子力学有关,所以量子力学可以说是 20 世纪最多产的一门科学理论。

量子理论和相对论不仅成为近代原子、分子物理和天体物理的基础,成为物理、化学及生物学交叉的重要理论基础,也成为现代核技术、半导体技术、微电子与光电子技术发展的重要理论基础。

19 世纪末,人们都认为组成物质共同单元的就是原子。1897 年汤姆逊发现了电子,说明原子内部还有结构;1911 年卢瑟福发现了质子;1932 年查特威克发现中子,这样就知道了原子是由质子、中子、电子组成的。在 20 世纪 30 年代的时候,人们就把组成原子的质子、中子、电子同爱因斯坦提出的光子统称为基本粒子。后来发现基本粒子并不基本，一方面正电子、中微子、介子等新的基本粒子相继发现；另一方面还发现基本粒子有它的内部结构，特别是在20世纪60年代以来，出现了基本粒子结构的夸克模型、层子模型，等等。20世纪40年代末诞生的一个新的独立的学科，就是基本粒子物理学，又称为高能物理学，至今方兴未艾，成果累累。为什么基本粒子物理学又叫高能物理学？因为要了解物质内部基本粒子的构造，必须要用高能量的中子去轰击原子核，才能够打开原子核，发现它的内部结构。上述一系列重大研究成就均是诺贝尔科学奖成果。

伴随着对宇观世界、宏观世界和微观世界的不断探索，人类在20世纪取得了重大的理论成果，就是宇宙的大爆炸模型、全球大地构造的板块模型以及物质结构的夸克模型——三大科学模型。同宇观世界、微观世界、宏观世界的探索所取得的三个模型同样重要、或者重要性更大的一个模型，那就是1953年美国的沃森和英国的克里克所提出的人类遗传物质脱氧核糖核酸的分子结构模型——DNA双螺旋结构模型。它被认为是20世纪生物学方面最伟大的发现，成为分子生物学诞生的标志。

DNA是脱氧核糖核酸的英文简称，它是遗传基因的物质载体。过去生物学界一直认为蛋白质是遗传信息的载体，一直到1944年，埃弗里等人通过实验才证明了遗传信息的载体不是蛋白质而是DNA，蛋白质只是前台表演的"演员"，后台的"指挥"是DNA。1953年这个DNA分子结构双螺旋模型的建立，是打开遗传之谜的关键。20世纪60年代，人们很快地就破译了这种遗传的密码。原来地球上所有生物的遗传密码都是相同的，都是DNA的四种核苷酸的碱基序列。这种基因的遗传信息，就决定了蛋白质20多种氨基酸的组成和排列顺序。因此，生命的这种性状，就是通过受DNA所决定的蛋白质来表现、通过DNA来遗传下去的。DNA双螺旋结构模型的建立，宣告人类在揭开生命遗传的奥秘方面迈出了具有里程碑意义的一步。

所以说，20世纪以来的重大科学发现绝大多数都是诺贝尔科学奖的成果，或者是建立在诺贝尔科学奖成果的基础研究之上的。这些成果促使和带动了基础科学研究的飞速发展。

三、诺贝尔科学奖成果与技术创新

诺贝尔科学奖主要颁发给发现自然科学里最基本的现象和规律、在自然界物质和生命的基本组成与结构等方面有开创性或奠基性工作的贡献者。但是现代的科学已离不开技术，科学发现离不开必需的仪器设备和测试分析方法。例如，有了回旋加速器，核物理学才有了更新的进展；有了扫描隧道显微镜，才有纳米科学的诞生等。

1. 重大的技术发明推进了人类的文明

由诺贝尔科学奖引领的重大技术发明大大推进了人类的文明，而且已深入人们的日常生活。获诺贝尔科学奖的技术发明多数是开创性和奠基性的。例如无线电报的发明开创了无线通信时代，尽管今日电报已退出了人们的生活领域。发明半导体晶体管和集成电路时，由于当时工艺条件所限，都从继电器件开始，但它们为微电子技术奠定了基础，为信息产业开辟了道路。获诺贝尔生理学/医学奖的心电图仪、X射线断层扫描仪和磁共振成像技术等先进医疗诊断技术已成为保证人类健康和战胜疾病的重要手段。

诺贝尔科学奖强调科学创新，并不等于忽略了技术创新。事实上，在百年诺贝尔科学奖中，技术发明约有60多项，约20%以上的获奖原因是由于技术的创新。例如，马可尼发明了无线电报、达伦发明了电子管、鲍威尔发明了照相乳胶技术、海维开创了同位素跟踪技术、芬森首创了治疗狼疮的光线疗法技术、豪斯菲尔德发明了X射线断层扫描技术等。这些技术创新对人类科学技术的发展起到了重要的作用。

2. 不同学科、不同时期技术创新也有差别

不同学科获得诺贝尔科学奖次数有较大差别的原因，主要是缘于学科的性质及研究方向的差异。20世纪的前40年间，诺贝尔化学奖主要侧重于一些与生产和生活紧密相连的领域，以提高人类认识自然的准确度和精密度，一些重要的技术发明，如格林试剂、绝热量器、质谱仪、超显微镜等均出现在诺贝尔科学奖获奖单上；物理学此时则很大程度上倾向于研究基本粒子、量子力学、核物理实验方法等微观层次。这种对微观层次的研究，很容易在理论上取得突破而不易于技术上的创新。20世纪50年代以后，化学研究领域转向微观，而物理学则转向应用研究领域。例如，对超导技术、电子衍射技术、激光冷却技术、集成电路技术的研究分别荣获1987年、1994年、1997年和2000年诺贝尔物理学奖。生理学/医学奖方面，在20世纪初期，主要表彰那些攻克和预防人类重大疾病并有效保护人类生命和健康的重大医学成果，例如，1901年诺贝尔生理学/医学奖授予了发明血清白喉抗毒素的贝林、1903年诺贝尔生理学/医学奖授予了发明光线疗法治疗狼疮的芬森。在随后的几十年里，医学方面侧重于对微生物学、免疫学、神经学方面的研究。1972年以后研究重点转向细胞生物学，取得了一些技术上的突破，例如，研制出生产单克隆抗体实验可行性技术的杰尼和发明膜片钳技术的内尔分别荣获1984年和1991年的诺贝尔生理学/医学奖。

从1901年到1911年的10年时间里，因技术创新而获奖的人数较多。这是因

为这段时间是现代自然科学发展的开端。由于发生物理学革命，自然科学进入了一个新的历史阶段——现代科学。从物理学的晴朗天空中出现的“两朵乌云”开始，到X射线、放射性和电子的发现，人类的认识第一次深入到原子内部，彻底打破了原子不可分、元素不可变的传统物理学观念，为现代自然科学的发展奠定了基础。爱因斯坦的光量子论、玻尔的原子模型、海森堡的物质波理论、卢瑟福的放射性元素蜕变理论等一系列重要的基础理论方面的科学创新，均在那时得以实现。正是这些科学的创新为技术创新奠定了理论基础，使技术创新得以实现。其后，诺贝尔科学奖的技术创新成果的诞生，很大程度上受到了创新理论的影响。最早的创新思想是奥地利经济学家熊彼特于1912年提出的。这种创新思想问世后，极大地影响了技术的发展，世界各国纷纷改变技术发展策略，走创新之路。因此，在1912～1931年的20年时间里，诺贝尔科学奖获奖总人数为57人次，因技术创新而获奖的就有21人次，占这20年奖获总人数的38.84%，远高于百年的平均比例。熊彼特的创新思想为许多研究创新的学者（如英国的弗里曼、美国的曼斯费尔得、厄特巴克等人）继承而得到发扬。创新理论在60年代达到成熟，被各国普遍采用，20世纪80年代被重新认识，这也是诺贝尔奖中因技术创新而得奖的人数在20世纪60年代达到高潮、在80年代达到顶峰的一个原因。20世纪90年代后，由于高技术的发展给人类社会带来一系列诸如环境污染、能源枯竭、人口激增、道德沦丧等“全球问题”，人类不得不对技术进行反思。所以，20世纪90年代以后，人们又重新重视科学的基础性研究，重新重视基础理论的创新，因此因技术创新而获得诺贝尔科学奖的人数呈缓慢下降趋势。因技术创新而获得诺贝尔科学奖的百年分布曲线也体现了一种重视应用研究（1901～1931）→重视基础研究（1932～1951）→重视应用研究（1952～1961）→重视基础研究（1962～1981）→重视应用研究（1982～1991）→重视基础研究（1992～2001）的循环往复的辩证过程。

获诺贝尔科学奖的技术发明

1.科学仪器与设备

云雾室　　获1927年物理学奖，英国实验物理学家威尔逊1895年发明，使粒子的运动径迹可见，对早期基本粒子的研究起了很大作用。入射的高能粒子通过云雾室中的水和酒精的饱和蒸气时，产生的正负离子成为凝结中心而生成雾滴，形成粒子的径迹。

气泡室　　获1960年物理学奖，1952年美国物理学家格拉塞发明。高能粒子通过液氢、丙烷等过热液体时，电离的离子成为汽化中心生成气泡而显示粒子径迹。由于液体的密度大，因此所产生的离子信息数是云雾室的一千倍，气泡室已取代云雾室成为常用的粒子探测器。

回旋加速器　　获 1939 年物理学奖。美国物理学家劳伦斯于 1931 年制造出第一台回旋加速器，利用高频交变电场使带电粒子多次加速，并借助一稳定的强磁场使粒子在真空中做圆周运动，最终轰击靶原子核，产生核反应。回旋加速器用于核物理实验，并用来制造放射性同位素，可用于医疗的诊断与治疗等。

扫描隧道电子显微镜　　获 1986 年物理学奖。瑞士的罗勒和德国的比尼格·鲁斯卡于 1978 年开始研制这种新型电子显微镜，利用流过直径为原子尺度的探针的隧道电流可得到超高分辨率的物体表面的三维形貌，且不损伤样品。该显微镜于 1982 年研制成功，使放大倍数达到 3 亿倍，可直接清晰地显示单个原子的分布图像，还可在大气和液体中观察生物样品的表面结构。

2. 分析测试方法

气液分配气相色谱法　　获 1952 年化学奖。由英国化学家马丁和辛格于 1941 年提出，以液体分配剂为固定相，是气相色谱法的一种，1952 年得以实现。此法使 1926 年诞生的气相色谱法的分离效果大大提高，被誉为 20 世纪分析化学的一次大革命。1955 年美国市场上开始出售气相色谱仪商品，如今已广泛用于几乎所有有机化合物和部分无机物的分析。

X 射线衍射分析法　　获 1985 年化学奖。美国科学家卡尔勒和数学家豪普特曼合作开发的应用 X 射线衍射技术测定晶体结构的直接计算法，具有开创性价值。此法被广泛用于矿物、固体催化剂、材料的组成和结构的测定。英国生理物理学家威尔金斯就是用 X 射线衍射法实证了 DNA 分子是双螺旋结构，而同沃森与克里克共享了 1962 年生理学/医学奖的。今天此法已成为研究结构化学信息的重要手段以及材料科学和分子生物学研究的重要支柱。

核磁共振分析技术　　获 1960 年化学奖。瑞士物理化学家恩斯特于 20 世纪 60 年代初将计算机技术引入核磁共振波谱学，发明了傅里叶变换核磁共振波谱法，大大提高了核磁共振技术的应用范围，从氢原子核谱扩展到碳-13 等核。70 年代初他又发明了二维核磁共振技术，使核磁共振技术从研究有机小分子结构扩展到生物大分子的空间结构。

碳-14 同位素年代测定法　　获 1960 年化学奖，由美国化学家利比发明。由于生物体死亡后体内的碳-14 同位素就以恒定的速度衰变为氮-14，同时释放出 β 粒子。测量所放出的 β 粒子就可以确定含碳物质的年龄。1950 年利比用此法测定埃及金字塔的建造年代，与历史记载相符。该法可用于确定 3.5 万年前至今人类及自然界发生事件的年代，已用于考古以及冰河后期自然环境演变等研究。

原子钟　　获 1989 年物理学奖，由美国物理学家拉姆齐、德默尔特和保罗共同发明，是目前世界上最准确的时间计测方法，利用在射频交变磁场下原子的两个超精细结构能级间的电子跃迁发生磁共振，其跃迁频率恒定来计时。原子钟 300 年的累计误差只有千分之一秒。

3. 新技术、新工艺和新设备

无线电报通信　　获 1909 年物理学奖，意大利马可尼于 1894 年发明。1894 年实现了横跨英吉利海峡间的无线通信，1901 年又飞越大西洋，开创了无线通信时代。

半导体晶体管　　获 1956 年物理学奖。美国贝尔实验室的肖克利、巴丁和布拉顿于 1947 年 12 月 23 日制成第一只锗晶体管，其体积仅为真空电子管的几十分之一，所耗功率仅为真空管的万分之一。从此半导体器件迅速取代了真空电子管，开辟了电子器件的新时代。

集成电路　　获 2000 年物理学奖。美国基尔比和诺伊斯采用平面工艺，于 1958 年制成世界上第一块由 12 个器件集成的相移振荡和触发器电路，开创了微电子技术时代。目前其集成度已超过每个芯片 10 亿个器件。如今以集成电路为基础的电子信息产业已成为世界第一大产业。

激光器　　获 1964 年物理学奖，最早由美国物理学家汤斯提出。激光器可产生方向性极好的单色相干光。1958 年苏联的巴索夫又提出利用半导体制造激光器。如今激光技术已广泛用于激光加工、精密测量、医疗、通信、信息储存与打印、娱乐以及激光制导武器等领域。

聚合酶链反应技术　　简称 PCR，获 1993 年化学奖。美国生物化学家穆利斯于 1983 年提出设想，利用定向酶催化来扩增 DNA 分子，1985 年申请专利。如今该技术已可使微量的某一特异性的 DNA 分子扩增一百万倍，使极微量的 DNA 片段和分子得以复制和检测，被誉为分子克隆技术的一次重大革命。现已制成的 PCR 扩增仪已成功用于生物工程技术，包括人类基因组计划及亲子鉴定等用途中。

合成氨　　获 1918 年、1931 年化学奖。德国化学家哈伯首次将氮和氢合成为氨，为开创氮肥工业奠定了基础。德国的博施在 1908 年后用了三年时间，改进高压合成氨工艺，采用廉价的铁催化剂，使合成氨从实验室走向工业化。他于 1919 年建立第一个合成氨工厂，实现了该技术的工业化。

高压装置　　获 1946 年物理学奖。美国物理学家布里奇曼用钒钢为材料制成了密封好的高压装置，把压力提高到每平方厘米 50 万千克。后来的人造金刚石和人造翡翠等都是用他发明的高压装置制成的。

CCD 图像传感器　　获 2009 年诺贝尔物理学奖。美国科学家威拉德·

博伊尔和乔治·史密斯发明了半导体成像器件——电荷耦合器件(CCD)图像传感器。

4. 医学诊断与治疗技术

心电图仪　获1924年生理学/医学奖。荷兰病理学家埃因托芬在世界上第一个从病人身上记录到心电图,并从1891年开始研制心电图仪。他发明的用P、Q、R、S、T等字母标出心电图上的波峰和波谷的方法一直沿用至今。

脑血管造影术　获1949年生理学/医学奖,葡萄牙神经生理学家莫尼兹用了十年时间(1927～1937)创建。该技术从颈动脉注入显影剂,然后进行X光成像,可用于检查脑脓肿或血肿、脑血管栓塞或畸变,以及区别良性和恶性脑瘤,确定是否适合做手术。

心脏导管术　获1956年生理学/医学奖,德国医学家福斯曼创建。1929年他首先在自己身上试验,使橡皮导管经腋静脉进入右心室,并用X光观察照相的血管造影。该技术可用于诊断各种类型的先天性心脏病。

计算机X射线断层扫描仪　简称CT,获1979年生理学/医学奖。美国理论物理学家科马克首先解决了CT技术的理论问题,为CT的发明奠定了基础。CT检测是通过透过人体的X射线信号,经转换和电子计算机数据处理,形成检查部位的横断面图像,可以分辨普通X光照片无法区分的相邻组织和器官,已成为现代医学影像诊断学的主要手段之一。

磁共振成像技术　简称MRI,获2003年生理学/医学奖,由美国的劳特布尔和曼斯菲尔德奠定基础。该技术利用核磁共振的原理,使人体内的氢原子原子核与射频脉冲波产生核磁共振信号,经计算机数据处理,显示出组织器官和病灶的影像。该技术对人体无害,对软组织的显影比CT清晰。

器官移植　获1912年和1990年生理学/医学奖。法国外科医生卡雷尔首先发明世界上第一个人工心脏,使病人成活。20世纪60年代初,美国医学家托马斯开始研究骨髓移植。60年代末他证实供体和受体的骨髓细胞组织的抗原必须尽可能相配,成功地解决了骨髓细胞移植时受体的严重排斥反应问题,使23例白血病人中的12例得到治愈成活,给白血病患者带来生的希望。

肿瘤化疗　获1966年生理学/医学奖。美国哈金斯于1941年首创用雌激素治疗前列腺癌,后又于1962年合用雌二醇和黄体酮治疗乳腺癌,都取得了较好疗效,揭开了肿瘤化学疗法的序幕。

体外受精技术　获2010年诺贝尔生理学/医学奖。英国生理学家罗伯特·爱德华兹成功地进行了首例试管婴儿实验,被誉为“试管婴儿之父”。

四、诺贝尔科学奖成果与创新型人才培养

时代的发展呼唤越来越多的创新人才的出现，而 20 世纪以来科学发展中不同学科相互结合、彼此渗透的交叉趋势，既孕育了精彩纷呈的诺贝尔科学奖原创性成果，又造就了一批善于打破学科壁垒、把不同学科理论或方法有机融为一体的创新人才。诺贝尔科学奖获得者无疑是最杰出的创新人才，其原创性成果为促进科学事业的发展和造福人类作出了积极的贡献。在对一百多年来诺贝尔奖得主的知识背景的考察中发现，绝大多数诺贝尔奖得主都拥有广泛的兴趣爱好、良好的哲学与人文修养、既专又博的科学知识结构，它意味着知识背景交叉成为科学家打破习惯思维、扩大创新思维广度、取得原创性成果的源泉。

1. 从诺贝尔科学奖成果来看，知识背景的交叉形成了对科学广泛的兴趣，这种兴趣也构成了科学研究的动力

如前所述，驱使获奖者最终选定某一专业或课题的主要原因在于对科学的浓厚兴趣。正是这些兴趣，随着层次从起初的有趣到乐趣，再到志趣的逐步提高，促使科学家们在丰富和掌握知识的同时，培养了全面细致的观察力，提高了敏锐而灵活的思考力，发展了丰富的想象力，推动他们在科研活动中孜孜不倦地探索，作出了创造性的贡献。

诺贝尔获奖者在少年时代大都有广泛的兴趣，加之良好的家教和家庭影响又强化了这种兴趣。如 1985 年诺贝尔化学奖获得者杰罗姆 · 卡尔勒谈到自己对科学的迷恋，“可能开始于一次对科学博物馆的参观，那时我大约七八岁，是妈妈领我去的”，而“在当地图书馆里阅读到一些大众科学读物，也迅速地激发起我对科学的兴趣”。这种兴趣使科学家从小就对自然界产生了强烈的好奇心，并成为长大后去发现科学中的奇妙现象的动力。如因发现细胞中核糖核酸 RNA 的生物催化作用和 RNA 的自我拼接机制而获得 1989 年诺贝尔化学奖的美国化学家托马斯 · 切赫，从小受到热爱科学的父亲的影响，立下了长大也要当一名科学家的愿望。他在学习的过程中，广泛涉足科学的各个领域，对科学研究有着超乎寻常的兴趣，所以当他公布自己的研究成果后，尽管遭到当时生物学界权威的反对，但这反而更加激发了他对自己的研究课题的热情，他的努力最终使人们接受了他的新观点。

这种兴趣，用美国生物化学家保罗 · 伯格(1980 年诺贝尔化学奖获得者)的话来说，就是“研究工作本身也给了我难以用语言表达的乐趣——新的发现、开创新的事业和进入无人涉足的新领域，都使我感到无比激动和愉悦。……每一个愿意在已知的知识和经验之外的领域里冒险的人，都有可能获此殊荣。这种冒险极富挑战性和诱惑力，值得我们为之竭尽全力”，并使“自己的主要兴趣远远地摆脱了短

暂的和仅仅作为个人的方面，而转向力求从思想上去掌握事物”。

2. 从诺贝尔科学奖成果来看，广博而交叉的跨学科知识组合，以及多元文化的教育背景是孕育原创性成果的重要条件

不株守一隅，以自己的专业知识为中心点，将与专业知识相近、作用较大的知识作为“扭结”，建立一个适应性较大、并能在较大范围内左右驰骋的知识网，是诺贝尔科学奖得主成功的显著特点之一。这一特点使科学家在熟悉和了解相关学科的理论、方法的基础上，利用不同学科所培养出的差异性的思维方式，为不同学科的研究方法的相互借用和渗透提供条件，并从整体上去把握知识间的纵横联系，充分发挥知识间的相互启发、相互促进的作用，感悟和洞察自然界的奥秘。较典型的是诺贝尔生理学/医学奖获得者中具不同学科背景的人大多能将化学的反应原理、物理学的实验方法等直接或间接地移植和应用到生物学的研究中，这就使得具备高深的化学功底和精湛的物理实验技能成为最终获得诺贝尔奖不可或缺的基础。如计算机X射线断层扫描摄影仪(CT)的发明就是将物理学中的X射线技术与电子计算机结合、应用于医学诊断开出的绚丽花朵。其发明者科马克原是南非开普敦大学的物理系讲师，1955年他来到该市的格洛特·肖医院工作，每周去医院工作一天半的他很快对癌症的放射线治疗和诊断产生了浓厚的兴趣。他注意到，当时在治疗中对放射线剂量的掌握，要先由技术员把等剂量图叠加起来，作出剂量等高线后，再由医师反复调整，才能找出和确定满意的剂量分布。这样不但程序烦琐，而且等剂量图只适用于均匀物质，而对非均质的人体，误差很大。对这一问题的浓厚兴趣以及物理学家的特长使科马克很快意识到，要解决这一问题，须先搞清人体各部分对X射线的不同衰减系数，通过对这些数据的处理，可以将它们转换成构成人体的一系列断层图像，分析这些图像，又能与体内疾病联系起来。于是，他花了六年时间，解决了将数据信息转换成图像的数学计算，并用木环、铝圆柱体模型和人体模型实验，得出了计算人体不同组织对X射线吸收量的数学公式。经过十多年的努力，他终于解决了计算机断层扫描技术的理论问题。

几乎与他同时，英国工程师豪斯菲尔德(获1979年生理学/医学奖)虽与科马克从不相识，却不约而同地走上了同一条道路，成为实际制备CT的核心人物。他在用牛脑试验的基础上，于1972年第一次将CT用于一个女病人身上，脑部照片显示出一个阴暗的囊肿。他继续研制出10秒钟内能摄出高分辨率的躯体照片的技术，于是，第一代实际可应用的CT诞生了。CT的出现是诊断技术的重大突破，一般的X射线透视只能分出四个组织层次，而CT却能分辨出二十多个层次，可区分体内许多软组织，连血管中的血栓都能看到，为电子计算机技术在影像诊断中的应用开拓出一条新路。以后，又出现了核磁共振CT、正电子CT、ECT等新产品，

其家族成员正在日益扩大。这一技术获得了1979年诺贝尔生理学/医学奖。

另一方面，随着时间的推移，诺贝尔奖获奖人数逐年增多，即每一项获奖人数由原来的一个人到后来两三个人共同获奖，意味着广博的知识背景不仅对于个体的研究十分必要，而且对于两人、小组、跨国的合作研究也十分重要。DNA双螺旋结构的建立(1962年诺贝尔生理学/医学奖)就是一个典型的例子，其发现者克里克、沃森和威尔金斯三个人中，克里克和威尔金斯是研究物理学出身，只有沃森是研究生物学的，他们的成功是科学合作的成果。沃森在他的传记中讲到，除了在实验室做实验和分析实验结果外，他们还密切关注校园内一切相关的讲座，正是这些讲座使他们了解到，许多学者，如曾获得诺贝尔化学奖的鲍林，都选择了以DNA结构作为研究对象。这一重要信息，既显示了这一研究对象的强大生命力，又给了沃森等直接或间接的启迪和帮助，并最终给了他们获得这个惊人发现的灵感。

3. 从诺贝尔科学奖成果来看，合理的知识结构可以提高科学家的想象能力、联想能力和创造能力，使科学家不断用自己的方式去理解、体会，在科学研究中获取灵感和直觉

被尊称为“分子生物学之父”的生物物理学家德尔布吕克正是一个典型。他一开始以天文学为主修专业，在哥廷根大学读研究生时，从天体物理转向理论物理。1932年，26岁的德尔布吕克受玻尔的“光与生命”演讲的影响，萌生了投身于生物学研究的念头。1933年，他参加了德国柏林“基础物理学未来”讨论会，在会上得出了生物学中没有获得解决的问题最多、一些人将进入生物学领域的结论。而后，他毅然由主攻物理学改为专攻生物学，并推测应当从遗传学领域发现生命的本质，运用新的量子理论有可能认识遗传现象。为了观察遗传过程和掌握基因本身的性质，他决定以噬菌体为模式系统进行研究。有一天，他突然想到，噬菌体头部含有DNA，其他部分都是蛋白质，它是生命的最简单形式。因此以物理学思维即简单性原则和方法为出发点，噬菌体成为最好的研究对象。问题在于怎样才能确定噬菌体中DNA的部位。他苦思了很长时间，仍然找不到解决方法。后来，他和赫尔希反复研究，终于从物理学有关放射性同位素的原理中找到了灵感：用放射性同位素磷和同位素硫分别给DNA和蛋白质做上记号，然后让噬菌体在溶解的大肠杆菌中大量繁殖，这时，带有放射性同位素的噬菌体子代，一个个就像带上了一部部发报机似的，可以让人看到它的行踪。1945年，德尔布吕克和赫尔希等发现DNA才是生物的遗传物质，这无疑为以后生物学家、化学家和物理学家协同合作、探询遗传的本质开创了新纪元。由于各种知识都有其内在的统一性，一个具备了广博知识的人能从整体上把握知识间的纵横联系，充分发挥知识间相互启发、相互促进的作用。广博的知识对想象的丰富性也有很大影响。知识贫乏的人，不可能在广

阔的领域中思考问题,也就不可能在几个方面、几个领域进行创造性活动。正如贝弗里奇所说:"在其他条件相同的情况下,我们知识的宝藏越丰富,产生重要设想的可能性就越大。此外,如果具有相关学科甚至边缘学科的广博学识,那么,独创的见解就更可能产生。"物理学家转移到生物学领域,给生物学注入活力,带来了新思想、新技术,有利于生物学突破细胞层面,进入更深的层面。分子生物学的诞生和发展,正是不同学科的不同研究方法和思维方法在一起碰撞产生的奇异的火花。

目前,现代科技革命为不同学科间互相借鉴研究方法提供了广阔的背景,如微观物理学的研究方法对生物学的发展就有很大的启示作用,而计算机科学的发展又为这种借鉴提供了良好的工具。这些都应引起关注,对于21世纪创新型人才培养都有很好的指导作用。

4. 从诺贝尔科学奖成果来看,应构建合理的21世纪新型教育模式,以呼应学科交叉对交叉教育的要求

科学的高度综合引发的交叉趋势,在使科学研究从分析转向整体综合的同时,要求科研人员不仅要拿出自己学科领域最高精尖的技术,实现学科间高水平的综合交叉,还要打破学科间的门户壁垒,实现学科间的融合和知识结构的相应改革。许多诺贝尔奖获得者既是某门学科的专才,也是进行综合性研究的通才。因此,未来科技人才的培养必须以构建合理的知识结构为主要方向,贯彻博、深、精的要求,优化知识结构,拓宽研究思路,提高其在科学前沿和高新技术领域中进行开拓和创造性研究的能力,以努力实现从"学科学习为中心"的教育模式向"整体化知识"的通才教育模式的转换,构建结构合理的21世纪新型教育模式,以呼应学科交叉对交叉教育的新挑战。

(1) 在教育目标上,应强调建立一个既专又博的合理的知识结构对适应科技社会化、综合化的必要性,以培养"既有广阔得多的视野,又有对某些新的问题或新的设想、有高度的造诣且不受学科的历史界线束缚的人"为目标。作为人类知识在个人头脑中的内化,合理的知识结构是立体的也是开放的,其所具有的"整体大于部分之和"的功能,能使合理的知识结构和思维方式成为孕育原创性科学成果的土壤。而"独创性常常在于发现两个或两个以上研究对象或设想之间的联系或相似之点,而原来以为这些对象或设想彼此没有关系"。这就使得具有稳固、精深的专业知识和广博丰富的相关知识的人才的认识视野要比知识结构狭窄的人要开阔,他们能从不同角度、不同层次考虑问题,真正做到以专促博、以博促专。同时,科学研究所需的不断创新的精神和能力是突破老框框束缚的关键。培养这种创新精神,可以学,可以问,但没有专门的教科书可依靠,也没有旧路可以因循,必须自己努力地思索、不断地尝试,才能真正在科研领域里突破创新。

(2) 在教育结构上，改革现有的高等院校系科结构，建立跨学科的专业，进行课程改革，为培育通才性人才创造宽松的外部条件。作为同时具有知识传播、知识创新、人才培养和知识运用等重要功能的高等学校，应在深入调查研究和系统分析的基础上，以学群、学类和专攻领域的维度组织教学，把综合科学纳入教学计划，加强学科领域间的研究，有计划、有步骤地进行学科调整；同时可在制订教学计划时，强调综合科学的重要性，建立一批具有文理科互相交叉和渗透特色的课程，使综合性大学充分发挥学科交叉综合、教学科研结构合理及信息来源广泛的优势，使其成为培养既专又博人才的孵化器、高新技术的发源地、促进经济社会发展的思想库。

(3) 在教育方法上，提倡跨学科学习，进行跨专业研究。在学分制的基础上，增加选修科目，允许学生在系际、校际选修课程，甚至在必要时同意学生中途转系、转校。研究生毕业后一般不宜留校，避免几代同堂、近亲繁殖等不利于学术健康发展现象的蔓延。另一方面，应在传授知识的同时着重培养学生的创造性思考能力，使其能站在全球的角度以多向思维甚至是批判性思维方式分析和处理问题，通过鼓励创造性学习行为，发挥其创造性，激发其创造意识，保证教育的教化和再创造功能的实现。

第二节　诺贝尔科学奖成果与社会进步

一、诺贝尔科学奖成果加快了社会物质文明的步伐

诺贝尔奖颁发一个多世纪以来，那些曾获得诺贝尔科学奖的科学成就，名副其实地推动了社会生产和人类文明在20世纪的巨大进步。在诺贝尔科学奖激励下所产生的重大科学成果，已经引发了20世纪以来全世界重大的技术革命。科学技术真正成为了第一生产力，并深刻地改变着人们的生产方式、生活方式和产业结构，改变着人类社会的面貌，譬如核能、半导体、合成物质和药物、DNA、基因组、神经科学等。从经济上看，这些物质文明的成果大多不能立即或直接产生经济效益，但由这些成果转化而来的科技力量却是无法估量的，也是无法用经济价值所衡量的。

诺贝尔科学奖的成果加快了人类社会物质文明的步伐。20世纪以来，科学与

现代科技革命极大地推动了能源、环境、材料和信息等技术科学的进步,改变了人类的生产和生活方式。而今,电视、手机、飞机、火箭、宇宙飞船、电脑和网络等耳熟能详的事物中,无处不见20世纪以来诺贝尔科学奖成果带来的科技创造的辉煌成就。

1. 核能与人类终极能源

爱因斯坦的质能关系式 $E = mc^2$ 为核能的利用提供了理论基础。贝克勒尔、居里夫妇和卢瑟福开创的对放射性和原子核的研究,导致哈恩和迈特纳于1938年发现了核裂变。这些诺贝尔科学奖成果为核能的开发提供了具体的物理机制。

1942年意大利裔美国物理学家费米领导建成了第一座可控热中子裂变反应堆,为核能利用打下了基础。核裂变能量已成为人类使用的主要能源之一。我国第一座核电站——秦山核电站于1991年年底并网发电。预计到2020年,我国核电站总装机容量可达4000万千瓦。

可控核聚变有可能是人类的终极能源。核聚变的燃料是氢的同位素氘,它可从海水中提取,取之不尽且它的产物没有放射性。实现可控核聚变的主要困难在于,为了克服氘核之间的库仑排斥力并发生足够多的热核反应,聚变等离子体必须达到亿度以上的高温并在较长的时间内以较大的密度被约束住。

人类还在研发可替代能源。按当前的消耗速度,化石燃料及裂变燃料铀-235只能使用几十年或一百年。寻找可替代的新能源已刻不容缓。科学家在这方面将大有作为,可大力开发各种可再生能源,如太阳能、风能、生物能、水力、潮汐和地热能等。

2. 电气时代与电能普及

从1785年库仑定律建立起,经过伏打、奥斯特、安培、法拉第等科学家的努力和麦克斯韦的理论总结,人类终于搞清了电磁现象的规律,促成了电气时代的到来。1820年奥斯特发现电流磁效应,导致了电动机的诞生。1830年法拉第发现电磁感应,导致了发电机的诞生。1867年德国工程师西门子发明了自激励磁发电机,使发电能力大大增高,成本得以降低,促进了电能的使用。1879年历史上最伟大的发明家爱迪生发明了白炽灯泡,并建立了最初的电网为照明供电,这是电能最早的大规模应用。1885年人们根据塞尔维亚裔美国科学家特斯拉发现的交流电产生旋转磁场的原理发明了交流感应电动机,提倡三相交流输电,建立交流电网,进一步普及了电能的使用。

3. 核技术与核农学

核技术、电磁场、激光、光谱分析、声学技术等多种科学手段在现代农业中广泛应用于作物育种、生长、产品处理等各个环节,以及农业信息的获取和精密农业的建立,其中尤以核技术的应用最为成熟,已形成一个分支学科——核农学。

用各种辐射(放射性辐射、X光、激光、加速器粒子束、宇宙线等)照射植物种子,可引发突变,从中选择有用的突变体培育成新品种。我国用放射性辐射已育成多个优良品种,如“鲁棉一号”、大豆“铁丰18号”,它们的大面积种植已取得巨大的经济效益。用放射性同位素部分替代稳定核素参与植物生长过程,利用其放射性就可以研究生物生长机理,如养分的吸收、运送、同化和代谢过程,可以改善对作物的管理。利用钴-60和铯-137、γ射线或加速器粒子束辐照食品,可抑制发芽、杀虫杀菌、防止霉变、保鲜储存。用高能辐射可使大量害虫个体不育。昆虫辐射不育技术可使害虫逐渐灭绝。近红外光谱技术可分析农产品中的水分和各种养分含量,遥感手段可分析和掌握大田作物长势。X射线结构分析、量子力学和超快激光光谱学等物理学方法,是研究光合作用中光能的吸收和传递这一复杂过程必不可少的工具。用科学方法对光合作用的研究方兴未艾,搞清光合作用的物理和生化过程将从根本上促进农业的发展。

4. 遥感探测与资源环境

现代科技的发展为遥感技术奠定了坚实的基础,为它提供了多种辐射源、传感器和探测技术。遥感是20世纪60年代兴起并迅速发展的综合性探测技术。它通过安装在飞机、卫星上的传感器收集和记录目标物辐射(被动式遥感)或反射(主动式遥感)的电磁波,经过数据处理,提取有用信息(数据和图像),从而实现用非直接接触的方式对远处目标物进行测量和识别。遥感通常采用电磁波中的可见光、红外或微波中的一个或多个波段,经处理得到综合图像,以尽量多地反映目标物的性状。遥感技术广泛应用于资源普查、农作物估产、水文、森林、地质、海洋、气象、考古、城市规划建设、重大自然灾害监测和军事等领域。

从飞行器向目标物发射微波并接收其反射波,这种波不受日照及云、雾、雨等气象条件的限制,可全天候、全天时工作;微波的地物目标散射性能好,可获得高分辨率的可视图像;微波穿透植被能力强,具有较强的反伪能力。

5. 激光与人类活动

激光技术的原理亦基于爱因斯坦1916年提出的受激辐射概念。1958年,美国科学家汤斯提出了制造激光器的理论分析和设计方案。几乎同时,苏联物理学家巴索夫、普罗霍罗夫也奠定了微波激射器和激光器的基本理论。1960年,美国科学家梅曼制造出第一台激光器——红宝石激光器。激光可用于精密加工、机件热处理、医学手术、诱导化学反应、精密计量和定位、激光照排技术、光通信、分离同位素、信息存储、核聚变研究、光电对抗及软杀伤、直接摧毁空中目标(硬杀伤)、彩色激光电视及大屏幕显示。激光还可用于测距。利用激光脉冲功率高、方向性好的特点,测量激光脉冲射向目标再返回所需的时间,就可精确得出目标的距离。用激光测量月地距离，精度可达2厘米以内。激光干涉技术测长度的精度，可比所用激光波长小一个量级以上。

6. 信息科技与现代通信

信息技术涵盖信息的采集、变换、存储、处理、传送、接收和再现。电子学研究电子的运动、电磁波的传播和它们之间的相互作用。建立在麦克斯韦电磁理论基础上的电子学，是当代信息技术最主要的手段。1887年德国物理学家赫兹发现电磁波和1897年英国物理学家汤姆逊发现电子，标志着电子学的开始。在赫兹实验的基础上，意大利科学家马可尼于1895年进行了2.5千米的无线电报传送实验。1901年，跨越大西洋3200千米的无线电报实验获得成功，是远程通信的一件划时代的大事。此后，人类陆续发明了无线电广播和电视等。第一代电子器件——电子管是建立在热电子发射的基础上的。1904年，英国物理学家弗莱明发明二极管；1906年，美国的德福雷斯特发明三极管。20世纪上半叶的电子设备，如广播电视的发射接收装置、雷达、计算机等，全部使用电子管。1947年，肖克利、巴丁、布拉坦发明了晶体管。晶体管使电子设备具有了省电、小型化、可靠性高的优点，开辟了电子学的新时代。计算机是当代信息技术的核心设备，其发展经历了电子管、晶体管、集成电路和大规模集成电路等阶段。20世纪60年代出现了集成电路，它把晶体管和电阻、电容等元件做在一块半导体芯片上，是微电子学的开始。

现代科技最新成果的大量应用，使光通信、移动通信产业以空前的速度和规模发展，以诺贝尔科学奖成果为主导的现代科技发展必将使21世纪信息技术发生革命性的飞跃。

7. 新材料与材料科学

20世纪出现了许多用途广泛或性能独特的新材料。20世纪上半叶，在诺贝尔科学奖成果的推动下，塑料、合成橡胶、化学纤维等高分子合成材料得到迅速发展与广泛应用，在相当程度上代替了金属木材、橡胶及植物纤维等天然材料。陶瓷、玻璃等无机非金属材料以及玻璃钢、金属陶瓷等复合材料在20世纪中叶也有了新的发展。20世纪下半叶兴起的半导体材料、能源材料、环境材料、纳米材料、超导材料、生物及医学高分子材料等先进材料已成为发展信息、航空航天、生物、能源和海洋等高新技术的物质基础和技术进步的重要因素。

1911年，荷兰低温物理学家卡末林·昂内斯发现，汞在$T=415$ K时，电阻突然消失，称为超导现象。超导体不仅电阻为零，而且具有完全抗磁性(迈斯纳效应)。1986年，德国物理学家贝德诺兹和瑞士物理学家缪勒发现了高温超导现象。美国、中国和日本科学家把临界温度提高到100 K量级，进入液氮温区，使实现超导的成本大为降低。高悬超导磁悬浮力已超过20 kg/cm^2，只需0.5 m^2面积的磁极就可托起 500 L 的车厢。超导技术已用在磁悬浮列车上。软物质材料，包括液晶、高分子聚合物、表面活性剂、胶体悬浮液等，都具有广阔的应用前景。人工晶体用人工方法生长的单晶体在激光产生、非线性光学、光探测、辐射探测、换能器等方面都有重要应用。

8. 现代科技手段与现代医学

现代科技手段在现代医学中得到广泛应用，它们既用于诊断，如 X 射线透视、B 超、计算机断层成像（即 CT）、磁共振成像（即 MRI）；又用于治疗，如超声波粉碎结石、激光手术、伽马刀。

利用核磁共振现象和计算机技术对人体内部器官成像。由于正常组织和病变组织的密度和化学成分有异，因此可以显示出病变。它可给出隐藏在头骨、脊椎骨、软骨下的脑部、脊髓等软组织的高清晰图像。我国物理学家和生物学家就利用该技术在北京同步辐射装置（BSRF）上测定出了 SARS 的病毒蛋白酶结构。生物电磁效应通过对心、脑电图的分析，可以诊断某些心血管、神经系统疾病。国内外正在研发的“心磁图仪”和“脑磁图仪”利用超导量子器件，可大大提高对心、脑病灶的探测灵敏度。

9. 计量与全球定位系统

GPS 计时标准，从观测天体到使用各种物理方法，使人类的计时精度不断提高。全球定位系统 GPS 由 24 颗均匀分布在 6 个轨道平面内的卫星组成。卫星高度 2 万公里，安装了高精度的原子钟。它是一个全天候的自动定位和导航系统，通过接收 GPS 卫星发射的时间-频率信号，判断和计算接收者的位置。经过广义相对论修正（时钟快慢随引力场强度而变）的 GPS 定位精度可在 1 米以内。现在的 GPS 系统已经装备到家用汽车上。

10. 生物技术

生物技术的核心是以对 DNA 的重组为中心的基因工程，自 20 世纪 70 年代初兴起以来，受到高度重视。它可按需求对 DNA 进行人工剪切、拼接和组合，然后把重组的 DNA 转入受体进行复制和传代，而使外来基因高效表达，产生人类所需要的物质，创造性地利用生物资源。例如在植物基因工程方面，自 1983 年首次获得转基因烟草和马铃薯以来，世界上已获得百种以上的转基因植物，对农业发展具有重要意义。转基因药物的研制和生产将为人类的健康带来新的福音。大规模地培养生物组织和细胞，或改变细胞的遗传组成以产生新种，这就是用细胞工程获得产品的方式。例如，1960 年植物的快速繁殖技术在兰花上取得成功后，至今已在几百种植物上使用，实现了以工业化生产的方式进行植物繁殖。1978 年首例试管婴儿的诞生和 1996 年克隆羊“多利”的出现都是细胞工程的杰作。进入 21 世纪，人体全部基因的破译、排序基本完成，这项伟大的科学研究成果，将对人类自身产生难以估量的影响。

二、诺贝尔科学奖成果优化了人类的生存状况

科学技术作为第一生产力，日益从社会的边缘走向中心。诺贝尔科学奖成果引领的现代科技的发展，以前所未有的深度、广度和速度，通过改变人的劳动方式、生活方式、思维方式和交往方式等人类生存方式的各个方面深刻地影响着人类的生存和发展，给人类的生产、生活带来极大的便利。

（一）诺贝尔科学奖的成果给世界带来预期不到的影响

1895年，德国放射科技师伦琴发现的“X射线”使他于1901年成为诺贝尔物理学奖的第一位获奖者。出乎他的意料，这之后似乎只是在一瞬间，世界上的医院都推广使用了X射线。起先，X射线只用于显示骨骼；后来，借助于特殊的染料，它也能将器官的异常显示出来。于是，它又被用来诊断胃部和肺部疾病。如今，人们和X射线打交道时，再也不认为它很奇怪了。现在已很难想象没有X射线的现代医疗。可以说，X射线改变了医学，也改变了人们的生活和健康。

X射线不仅在医学上被广泛使用，而且也开始被应用到考古学上。1991年9月，在阿尔卑斯山脉的冰河中发现了大约5000年前的男性遗体，震撼了全球。科学家们使用X射线断层扫描仪，用立体成像分析测量的结果，运用电脑绘图处理技术绘出了立体像，再消除皮肤部分的电子资料，最终显示出了该遗体的颅骨情况。许宾特勒教授说：“没有想到X射线应用于超过5000年的人体，仍能像对现代人一样有效。”

据统计，继伦琴之后，至少有20多位诺贝尔奖得主的研究都是基于X射线的。没有X射线，现代的许多科学研究都无法想象。

1995年诺贝尔化学奖得主克鲁岑、莫利纳和罗兰证明了人造化学物质对地球上空的臭氧层构成的破坏作用，从而使世界各国对环保提出了新的要求，并采取了一系列措施来保护臭氧层、恢复被破坏的臭氧层。

（二）集成电路改变世界只用了40年

诺贝尔自然科学奖的每一项成果几乎都对人们的生活产生了巨大的影响，并且，它们走进并改变人们生活的速度正越来越快。集成电路改变世界只用了40年。

2001年6月1日，2000年度诺贝尔物理学奖的获得者基尔比来到北京并在清华大学演讲。他因为参与集成电路（IC）的发明，获得了2000年度诺贝尔物理学奖。长期以来，集成电路被视为信息时代最为重要的一项发明，在它的基础上衍生了几代电子装置和控制系统。1958年9月，基尔比的第一个安置在半导体锗片上

的电路获得了成功，被称为“相移振荡器”。1959年2月，基尔比申请了专利。

IC普遍又被称作“芯片”。自芯片发明以来，微电子技术成了所有现代技术的基础，带动了从台式机和主机到通信设备的全系列技术的发展。此外，从汽车到精密机械和诊断设备也均由处理器控制。芯片的发明使人们进入了现代计算机时代。今天，它又在为因特网、下一代高速数字通信、卫星传输和多功能无线手持装置的发展提供动力。芯片将继续发挥其重要的影响力，使电子设备具有更为齐备的功能、更为可靠的性能和更为有效的成本控制。

美国德州仪器公司首席执行官汤姆说：“当基尔比发明了集成电路时，他就创造了未来世界。”

基尔比自己说：“看到很多人为这一想法付出努力，我十分高兴。从最初的几个元件开始，今天的集成电路已经能够将数百万的晶体管置于一张硅片上，从而为触及人们生活方方面面的电子装置提供动力。虽然有些难以置信，但随着工程师们对这项技术新的发展方向的发现，会有更美好的事情等待着我们。”

我国科学家赵忠贤院士认为，在20世纪，诺贝尔奖对人类社会的影响大致可分为三个方面：首先，得奖人在信息技术、量子力学、半导体等方面的原始性创新发现，把我们的社会带入了信息社会；其次，得奖人给人类带来了一种新能源——核能，从有人类以来，人类基本都是采用植物、化石等能源，核能是人类以往从未利用过的一种新的能源；第三，基因的双螺旋结构的确定和其他生物、化学的原始性创新研究，使人类的健康和食品发生了大的变化。

（三）诺贝尔科学奖成果与人们的生活

试想一下我们一天的生活，不难发现有许多都和诺贝尔科学奖成果有关。如电视机、电话、电脑、数码相机、X射线透视、心电图、电脑断层透视、核磁共振成像、牙膏、牙刷、激光打印机、传真机、微波炉、手机、塑料垃圾袋、防盗摄像头、自动门、磁悬浮列车、全息照相术、聚乙烯塑料台布、啤酒、涤纶、氟利昂、DDT和霓虹灯，等等。

磺胺类药物和青霉素的发现使许多疾病得到有效控制，延长了人的平均期望寿命；卡介苗和链霉素的应用使结核病的死亡率大大降低；维生素、氨基酸和微量元素的发现，控制了营养缺乏性疾病；疫苗的普遍推行使人类消灭了天花和脊髓灰质炎；免疫学的发展导致了可的松激素的发明，解决了器官移植排异问题，拓展了外科领域，由缝合和摘除转变为修复和替代；疫苗和免疫技术的发明增强了人类抵御传染病的能力；人造器官和康复器械帮助了残疾人恢复功能和自信；洗衣机和缝纫机的出现解放了家务劳动，提高了生活质量，促进了男女平等。这些科技成果都给人类的健康生活带来了福祉。

以上众多的发明和技术要么是诺贝尔科学奖成果的直接产物，要么是在获奖研究成果的基础上派生出来的产物。总而言之，诺贝尔科学奖从诞生至今的一百多年，其科学成果实实在在地改变了整个人类生活，优化了人类的生存状况。

纵观百年诺贝尔科学奖得主及其成果，大多数人一生专注某一领域的研究，因此类似诺贝尔奖初创时期仅仅凭借一两个有意义的发明或发现而荣登奖项宝座的情况已越来越少见。有一些人即使取得了足以被授予奖项的成绩，但由于没有进一步从事这一领域的研究工作，而错失了获奖的资格。诺贝尔奖并未出现过将奖项颁发给大众未知领域研究成果的先例。尽管获奖论文本身晦涩难懂，但论文中的研究成果几乎都与大众生活息息相关，只是普通人并不了解诺贝尔奖成果到底与我们的生活有多大联系罢了。和科学相关的三个领域都继承了诺贝尔的遗志，绝大多数研究项目不再仅仅着眼于人类知识的扩充，同时也着眼于各种各样生活日用必需品的开发，在此基础上取得的成果也日益成为诺贝尔奖的主要颁奖对象。

部分改变人们生活的诺贝尔科学奖成果

血型分类和鉴别　　19 世纪末，输血已被用于妇产科和其他外科手术中。但是，由于当时对血型缺乏认识，因此常常出现医疗事故。从 1900 年开始，美籍奥地利病理学家兰德斯坦纳开始进行人类血型分类及输血的生理学研究，在当年发现了人体的 ABO 血型系统。他还发现，血型系统中的四种血型有一定的供受关系。兰德斯坦纳的这一发现，为外科手术提供了输血和受血的生理学基础。由于对 ABO 血型系统所作的贡献，特别是对系统中的四种血型的一定供受关系的发现所作的贡献，他被授予 1930 年的诺贝尔生理学/医学奖。

基因学说　　1900 年，摩尔根及其助手在果蝇遗传实验中，进一步证实了孟德尔因子的存在，证实了孟德尔已经发现过的遗传的分离定律和自由组合定律。此外，他还得到了另外两大重要发现：一是发现基因是在染色体上的；二是发现了遗传的基因链锁和互换定律。在果蝇遗传实验的基础上，摩尔根还建立了作为摩尔根理论主要基础的基因学说。摩尔根的遗传学成就不仅具有生物学意义，而且具有生理学意义。正因为如此，瑞典卡罗琳医学院在 1933 年把诺贝尔生理学/医学奖首次授给了一位生物学家。

光合作用　　美国生物化学家卡尔文在 20 世纪 50 年代中后期发现了与植物光合作用相关的"卡尔文循环"，即植物的叶绿体如何通过光合作用把二氧化碳转化为机体内的碳水化合物的循环过程，首次揭示了自然界最基本的生命过程，对生命起源的研究具有重要意义。卡尔文因此获得了 1961 年的诺贝尔化学奖。

DNA双螺旋结构　美国生物学家沃森和英国生物物理学家克里克在吸取女晶体学家富兰克林和英国晶体学家威尔金斯有关实验成果的基础上，终于在1953年发现了DNA的双螺旋结构。DNA双螺旋结构的发现，堪称现代生物学史上一项划时代的杰出成就。正是这一杰出成就，沃森、克里克和威尔金斯三人同获1962年的诺贝尔生理学/医学奖。

高分子合成　德国高分子化学家齐格勒和意大利高分子化学家纳塔共同获得了1963年的诺贝尔化学奖。他们最先在常温高压条件下合成了聚乙烯和聚丙烯等高分子化合物，从而使高分子合成工业进入一个全新的发展阶段。

维生素B12人工合成　霍奇金在1956年精确地测定了维生素B12的分子结构，从而实现了维生素B12的人工合成。维生素B12是抗恶性贫血的有效药物。由于霍奇金的这两项成果意义重大、影响深远，她因此也就摘取了1964年的诺贝尔化学奖桂冠。

分子遗传学　1952年德尔布吕克、美国遗传学家赫尔希和意大利生物学家卢里亚组成的小组进行了著名的噬菌体实验，证明DNA就是遗传信息的物质载体。这一杰出的实验成就直接导致了DNA双螺旋结构的发现，并因此奠定了分子遗传学乃至整个分子生物学的基础。因为这一成就，德尔布吕克等三人在1969年荣获诺贝尔生理学/医学奖。

三、诺贝尔科学奖成果间接推动了社会的变革

包括诺贝尔科学奖成果在内的现代科技的发展，是通过对人类生存方式的影响而间接推动社会的变革的。从本原的意义上讲，科学技术来源于生活，科学世界和生活世界不是彼此隔离的。

人类的生存方式即人为了生存同周围环境的物质和能量进行交换的方式。然而，和其他物种不同，人不仅仅是一种自在的存在，同时还是一种自为的存在。正是在从自为存在到自在存在的转变过程中，体现着人的本质特征，体现着人类独特的生存方式即劳动方式和随之产生的生活方式、思维方式和交往方式，等等。人类的生存方式内在地包含着世界观、价值观，内在地包含着人对自身、社会和自然界的思索。所以，人类的生存方式就是人在认识、改造自然的过程中形成的劳动方式、生活方式、思维方式和交往方式的统一，是人类世界观和价值观的统一。科学技术正是通过作用于人的生存方式的各个方面来推动社会向前发展的。从历史发

展的角度来看，科学技术的每一次革新都会给人类的生存方式带来革命性的变革，推动人类社会从低级向高级不断发展。

1. 包括诺贝尔科学奖成果在内的科技发展必然导致劳动方式的变革

劳动方式是人们为了获取自身所需而在人和自然之间形成的相互作用方式，主要表现为人对外部世界的认识、掌握方式。经过数千年的积淀，科学的认识方式终于从哲学的认识方式中独立出来。尤其是自然科学在生产领域的应用，使工业生产方式开始确立并居于主导地位，以往“天人合一”的田园生活成了美好的回忆。更多的产品被生产出来，人体器官的功能得到了延伸，部分地从劳动中解放出来。马克思对科技在生产中的作用给予了高度评价：“由于科技与生产的结合，资本主义社会在本世纪末不到 100 年的时间里所创造的生产力，比过去一切时代所创造的生产力还要多还要大。”而现代科技具有与以往不同的特征，人工智能的出现使人进一步从劳动中解放出来，直接引发了生产过程的重大革新，并使劳动分工和协作方式发生了重大变化，即发达的专业分工和高度统一的协作有机结合，劳动方式由此发生了深刻变革。流水线和自动线的发明开启了近代的批量生产方式；数控机床和机器人的发明开始了柔性制造时代；快速成型、精密铸锻及现代物流技术等发明创造了精准制造方式；环境友好材料与环境友好工艺的发明开始了绿色制造方式，等等。这些都是诺贝尔科学奖成果带来的生产方式的根本性的变化。

2. 包括诺贝尔科学奖成果在内的科技发展改变了人们的生活方式

科学技术源于生活，尽管现在科学技术已发展成为一个相对独立的领域，但并没有因此与人们的生活世界脱离，而是在更高的程度上渗透到人们的生活世界中，使人们的生活方式发生了质的飞跃。一般而言，生活方式主要包括生活条件、生活资料和生活内容。尽管由于时代的差别，地域的不同，民族、宗教、社会制度的差异，人们的生活方式千差万别，但大体上人们的生活方式和科技发展是保持同步的。在科学技术的启蒙时期（漫长的农业时代），生产力水平十分低下，人们所获得的生活资料极为有限，仅仅能够维持生存和简单的再生产，而且劳动所占用的时间使得人们无暇顾及生活的精神方面。与这种前科学时代相联系的人类的生活方式呈现出消极依赖自然，低层次的满足，生活内容单调、孤立、封闭，生活节奏缓慢的特点。进入工业文明之后，科技以前所未有的速度向前发展，蒸汽机的发明、能源的开发和利用深刻地改变了生活方式的物质基础，生活资料的丰富改变了以往的匮乏状态，人们更多地转向享受资料和发展资料，生活节奏开始加快，人们的生活方式呈现出一种全新的面貌。现代社会正处于从工业文明向信息文明转变的时期。科技发展给人的生活提供了更广阔的发展空间，人们不仅注重生活条件的舒适，而且更多地关注生活品位和生活质量的提高，生活方式更加多样化、个性化。

火的使用使人类开始熟食生活；玉器、青铜器的发明促进了人类文明礼仪的发展；纺织的发明增强了人类的御寒能力；空调、暖气等的发明使人的生活更为舒适；交通工具的发明拓展了人的生活空间；通信工具的发明拓展了信息获取和传播的效率；计算机和网络的发明改变了人的学习、生活方式和经济模式，等等。这些都是诺贝尔科学奖成果带来的生活方式的根本性的变化。

3. 伴随劳动方式和生活方式的变化，包括诺贝尔科学奖成果在内的科技发展也使人们的交往方式发生了革命性的变革

交往是指人与人之间、民族与民族之间、国家与国家之间的交流往来及其相互作用的过程。很显然，无论是何种形式的交往都和科技发展密切相关。农业文明时代，人们的交往方式仅仅限于“走乡串户”，信息的传送通常是“快马加鞭”，由此造成人们生活的地域化特征；工业文明时代，新式交通工具和通信设施的完善使人们的交往方式跃出狭窄的地域范围而日益走向全球；信息时代的到来，手机、计算机和因特网的普及，使人们坐在家里就可以尽知天下大事，获取任何相关领域的最新信息。这一切都应该归功于诺贝尔科学奖成果以及科技日新月异的发展和变化。

4. 包括诺贝尔科学奖成果在内的科技发展导致了人们思维方式的革新

思维方式是主客体相互作用中形成的主体观念把握客体的特定方式，是思维的多种要素、形式和方法通过组织和优化而形成的稳定、定型的思维结构和习惯性的思维程序。唯物史观告诉我们，必须从物质实践出发来理解思维。科学技术正是通过作用于人类社会的物质生活，引起物质生活的变化而使人的思维方式发生深刻变化的。以往的农业社会和工业社会，科学知识的增长速度相对比较缓慢，与此相适应，社会生活出现的问题也比较单一。人们多是以静止、平面、单向、匀速的思维方式去思考问题。但是，随着科学技术的发展，尤其是信息社会的到来，使知识和信息呈现出爆炸性增长的态势。各种信息瞬息万变，各种问题相互交织、异常复杂。如果再固守传统的思维方式，我们解决问题的能力就会大打折扣。这就需要现代人摒弃传统的思维方式而代之以系统性、开放性、创新性的新型思维方式。而科技发展又为思维方式的转换提供了物质前提和手段，比如，互联网的建立使每一个认识主体所面对的信息均来自四面八方，不仅有过去的、现在的、将来的，还有虚拟的和现实的，这就要求主体逐渐养成多维的思维方式。

5. 包括诺贝尔科学奖成果在内的科技发展也改变了世界政治经济格局

卫星侦查、GPS、无人机的发明标志着制空时代的到来；巡航舰、航母、潜艇等水面水下作战平台的出现标志着制海权时代的到来；弹道导弹、巡航导弹、智能鱼雷的发明标志着人类进入了精确打击时代。军事技术的信息化、网络化是新军事变革的核心和时代特征。核武器的出现和战略平衡曾使美苏出现了近 50 年的冷

战对峙。军事高技术优势引发单边主义和霸权主义兴起。随着苏联的解体、华约的解散，各种力量进行重新分化和组合，世界政治逐渐形成多极化格局。在和平与发展两大潮流的推动下，世界政治趋向全球化。海空航运、集装箱运输、信息化和网络化推进了全球自由贸易和经济全球化。工业化、高排放造成环境污染、全球气候变暖，要求全球共同应对，节能减排，合作发展清洁可再生能源，清洁、安全、先进的核能，发展资源节约、环境友好社会。试想一下，哪一项变化不是科技发展导致的？哪一项变化不是诺贝尔科学奖成果所引发的？

综上所述，包括诺贝尔科学奖成果在内的科技发展通过作用于人们的劳动方式、生活方式、思维方式和交往方式使人类的生存方式发生了质的飞跃。伴随着这些，社会发生了根本性的变革。

第三节　诺贝尔科学奖成果与人类精神追求

一、诺贝尔科学奖成果激发了人们的科学研究热情

有一本通俗读物叫《量子物理史话》，书中揭示的人类对物理学漫长的探索历程是那么辉煌又那么悲壮。赫兹、玻尔、薛定谔、海森堡、波恩、泡利、爱因斯坦……这些名字时至今日依然响亮，他们对于真理的追求、热爱，在今天的空气里似乎也能闻得到。他们创造的科学成果，是那么令人激动，激发了一代又一代人对科学研究的热情。

1. 完美的人格激发科学研究的热情

通过对诺贝尔科学奖成果的研究，我们发现人们对科学研究有着极大的热情。居里夫人是放射性时代的开创者，她两次荣获诺贝尔奖，在科学上的贡献对人类文明的发展起了巨大的推动作用。但爱因斯坦在一次讲演中的重点不在此，而是大谈居里夫人在做人方面的奉献精神，高度赞扬其高尚的道德品质，认为她在这方面的贡献和影响比其在才智成就方面还要大。因为在爱因斯坦看来，科学、科学研究“取决于品格”。事实上，观察分析每一例诺贝尔科学奖成果的取得，会无一例外地发现，这些诺贝尔科学奖得主都是依靠其优秀的品质、高尚的人格才能成就伟大事业的。因此，通过一个个诺贝尔科学奖成果，挖掘出他们对科学的追求以及体现出的高尚的人格，可以激发我们对科学的追求，激发我们对科学研究的热情。

2. 科学研究需要有好奇心并持之以恒

“做实验时发生爆炸，头上缝了八针，但是缝好之后，他又继续回到实验室做同一个实验；举行婚礼时，宾客都准备好了，他却穿着白大褂迟到一个小时才出现……”这样一位痴迷而执着的学者，就是2001年诺贝尔化学奖获得者、日本理化学研究所理事长野依良治教授。他在寄语上海交通大学师生时说：“科学研究需要有好奇心、有热情并持之以恒。”

许多化合物在空间结构上具有互为镜像的对称性，正如人的左右手一样，称为手性。互为手性的分子，如果用作药物，其中一个可能具有疗效，而另一个可能无效甚至有害。长期以来，制造单一的手性分子而不生成另一种，或者叫不对称合成，是非常困难的。野依良治进行深入而广泛的研究，开发出了性能优异的手性催化剂。目前，很多化学制品、药物和新材料的制造，都得益于野依良治的研究。手性药物的疗效是原来药物的几倍甚至几十倍，毒性大大降低。2000年世界范围内销售的药物中，约1/3是手性药物，销售额达到1230亿美元。

据介绍，野依良治教授是BINAP分子的发明者，这种分子的结构像蝴蝶，非常美丽。很多人都曾经想要合成这种分子，可是因为实在太难，都放弃了。野依良治从1965年就开始了不对称催化反应的研究，从1974年着手研究BINAP，一直坚持了六年，到1980年合成成功。之后他又做了大量实验，试图把这个理论应用到工业化生产，于20世纪90年代初开始应用。花六年做一个分子，能不能做出来很难预料，做出来之后有没有用也不能确定，但野依良治认为它很漂亮，坚持去做，就做出来了。好奇心、热情、坚持，这三点在他身上都有着很好的体现。

3. 对科学必须要有激情

巴尔的摩无疑是美国生物学研究中最重要的人物。他是美国加州理工学院院长，当代最有影响的生物学家之一。他在37岁时就与另外两位科学家一起分享了1975年诺贝尔生理学/医学奖，获奖原因是他在肿瘤病毒与细胞遗传物质相互作用方面的研究。这一成果大大增进了人类对逆转录酶病毒（例如艾滋病毒）的了解。

巴尔的摩认为，生物学在现在的科学研究中有很重要的地位，基因组的序列向我们提出了无数的问题，对这些问题的探究足以推动科学的发展，会导致很多令人难以置信的发现。“生物学在21世纪有一个光明的未来。正因为如此，各个领域的科学家们都被吸引进来研究这一方向，这个领域中的现象是如此的丰富和有趣，而且不仅限于生物学本身，甚至牵涉到社会学、语言学、行为学……”巴尔的摩还说：“能否成为伟大的科学家，一个很重要的方面是你必须热爱它，而我们大多数人缺少的恰恰是对科学本身的狂热与激情。”

4. 科学研究要有好胜心

科学人员做研究的动力不外乎是因为对科学世界的好奇，对工作的敬业和为了证明自己能够赢别人的好胜心。这些现实的动力去支撑他们克服困难。他们都做出了划时代的工作。例如，神父孟德尔顶住压力，用老鼠杂交的实验奠定了遗传学的基础；下村修则是因为长崎遭到核弹袭击导致短暂失明后，倍感光的重要，发现了绿色荧光蛋白。他们当时都不知道自己研究的重要性，只是因为强烈的好奇心和好胜心驱动了他们对科学的探索。而发现 DNA 双螺旋结构的沃森则是赤裸裸的“野心”，是对科学的追求导致了他划时代的发现。这些伟大的科学工作者并不是抱着“极其崇高的目的”才去做科研的，而是凭着一股对科学的热情、执着，一股好胜心，创造出了一个又一个诺贝尔科学奖成果。

必须指出的是，尽管诺贝尔科学奖是最具典型性的科学奖励，而且有重要的象征意义，但它只是科学社会承认的一种方式，是社会激励系统的一个部分；虽然科学精英在科学的发展过程中具有突出的作用，但科学的事业是需要诸多社会公众共同参与的事业，不是少数科学精英能够独力承担的；而且科学精英的造就依赖于广大科学工作者的支撑，离开各个层次科学研究人员乃至技术服务人员的努力，没有他们不同程度的贡献所集成的知识与技术平台，科学精英的杰出成就将成为无源之水、无本之木，要生长出具有获得诺贝尔科学奖水平的顶尖科学家也是不可能的。因此，我们不但要注重对作出突出贡献的科学家工作的社会承认，而且要充分考虑到激发广大科学工作者研究热情和创造力的重要性。诺贝尔科学奖成果的取得、诺贝尔科学奖成果背后的故事，都是激发青年学者投身科学研究热情的最好典故。

神奇的富勒烯

众所周知，碳的同素异形体有三种：金刚石、石墨和无定形碳。1970 年，日本科学家小泽预言，自然界中碳元素还应该有第四种同素异形体存在。经过世界上各国科学家 15 年的不懈努力和艰苦探索，终于在 1985 年由美国莱斯大学的柯尔、克罗托和斯莫利在模拟宇宙长链碳分子的生长研究中，发现了与金刚石、石墨的无限结构不同的、具有封闭球状结构的分子 C_{60}。这种结构对于物质的物理和化学性质研究具有广泛且重要的意义。他们因发现 C_{60} 获 1996 年诺贝尔化学奖。

由于是在富勒的启发下，他们三人推测出了 C_{60} 的球形结构，因此 1985 年他们在《自然》杂志上发表文章时，特意给 C_{60} 取名为 Buckmin sterfullerene，即巴克敏斯特富勒烯，简称 Fullerene，即富勒烯，或用富勒的名字称为 Buckyball 即巴基球（因 C_{60} 酷似英式足球，所以又称为 Soccerene，即足球烯）。

C_{60} 的结构研究表明，C_{60} 是一个由 12 个五元环和 20 个六元环组成的球形 32 面体，它的外形酷似足球。六元环的每个碳原子均以双键与其他碳原子结合，形成类似苯环的结构。它的 σ 键不同于石墨中 sp^2 杂化轨道形成的 σ 键，也不同于金刚石中 sp^3 杂化轨道形成的 σ 键，是以 $sp^{2.28}$ 杂化轨道（s 成分为 30%，p 成分为 70%）形成的 σ 键。C_{60} 的 π 键垂直于球面，含有 10% 的 s 成分，90% 的 p 成分。C_{60} 中两个 σ 键间的夹角为 106°，σ 键和 π 键的夹角为 101.64°。

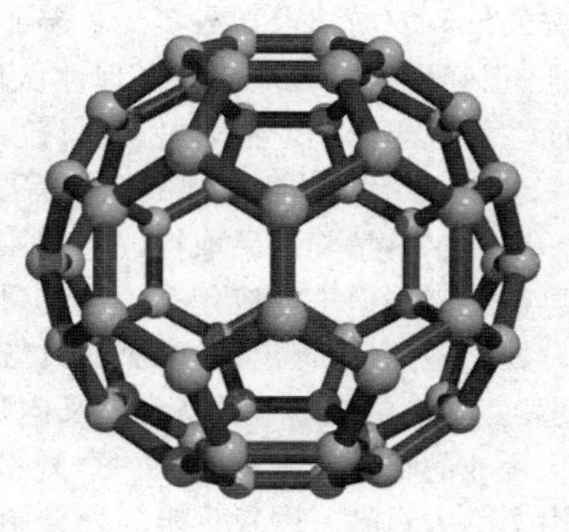

C_{60} 的共轭 π 键是非平面的，环电流较小，芳香性也较差，显示不饱和双键的性质，易于发生加成、氧化等反应，现已合成了大量的 C_{60} 衍生物。

富勒烯及其衍生物具有许多优异的性能，具有超导、半导、强磁性等，在光、电、磁等领域有潜在的应用前景。例如，掺杂有碱金属的 K_3C_{60} 和 Rb_3C_{60}，具有超导性，有较高的超导临界温度，分别为 18 K 和 28 K。最近，美国朗讯公司贝尔实验室将氯仿（$CHCl_3$）和溴仿（$CHBr_3$）掺入 C_{60} 中，使超导临界温度大大提高。将来如能将 C_{60} 掺杂物的超导临界温度提高到室温，人类就得到了极理想的超导材料。

碳纳米管是潜在的超强材料。据理论计算，它的强度是钢的 100 倍，而重量仅为钢的 1/7，如能做成碳纤维，将是理想的轻质高强度材料。碳纳米管还具有极强的储气能力，可用在燃料电池的储氢装置上。

现在富勒烯家族成员不断增加，除 C_{60}、C_{70} 和碳纳米管外，还相继分离出了 C_{76}、C_{84}、C_{90}、C_{94} 等；同时，富勒烯化学和物理性能的研究也不断深入扩展，已对化学、物理、医药、材料等学科的发展产生了影响，并具有潜在的、诱人的应用价值。

二、诺贝尔科学奖成果展现了求真务实的价值取向

1. 诺贝尔科学奖成果的取得需要求真务实

求真务实，必须首先坚持认识的客观性。科学的对象是客观世界。承认对象

的客观实在性，避免主观任意性，是科学认识的前提。哲学家培根就曾经把“要追求真理，要认识知识，更要信赖真理”看作是“人性中最高尚的美德”。其次，具有渴求和崇尚真理这一特质。诺贝尔科学奖的成果，丰富了科学的内容，促进了社会文明的发展。人类从愚昧野蛮走向光辉灿烂的文明世界的漫漫征程始终贯穿着求真务实的价值取向。求真务实要求辩证地思考一切。联系与发展是客观世界的基本特征，正确反映客观世界的真理性认识也必然具有辩证的性质。科学精神容不得片面性和思想僵化，科学的发展得益于辩证的科学精神。

2. 诺贝尔科学奖成果的取得需要有献身精神

诺贝尔科学奖成果取得的过程中布满荆棘，同时意味着勇敢的献身精神。马克思曾经借用但丁的诗句来说明这种献身精神：“在科学的入口处，正像在地狱的入口处一样，必须提出这样的要求：‘这里必须根绝一切犹豫；这里任何怯懦都无济于事。’”苏格拉底以他的从容就义向真理奉献忠诚；亚里士多德以他向柏拉图的唯心论挑战的行动向真理表白：“吾爱吾师，吾更爱真理。”他们为科学精神发扬光大作出了巨大贡献。因发现幽门螺杆菌而获得 2005 年诺贝尔生理学/医学奖的马歇尔，为了弄清楚其致病机理，不惜用自己的身体做实验；还有把导管从胳膊插入自己心脏的福斯曼(获 1956 年诺贝尔生理学/医学奖)等，这些诺贝尔科学奖的成果的取得，都得益于为科学而奋斗的献身精神。

3. 科学技术的发展，新的诺贝尔科学奖成果的不断涌现，导致了人类世界观的不断更新

与科学技术的发展相适应，人类对自身与自然的关系的认识大体经历了以下几个阶段。

(1) 第一阶段。幼年时期的人类因为生产力总体水平低，科学正处于萌芽状态，所以主要是依赖自然，靠自然的恩赐生存。在自然面前，人类首先产生的是恐惧感、敬畏感，自然界中的生生死死、日出日落、四季变换等都是神秘莫测的。与此相联系，人类形成了人是自然界的奴仆的观念。

(2) 第二阶段。随着近代科学技术的迅猛发展，人认识和干预自然的能力空前提高，大自然在人类眼中不再是令人恐惧的神秘对象，而是可以被征服和改造的。人类怀着“人定胜天”的信念，展开了征服自然的活动，许多人间奇迹被创造出来了，物质财富也急剧增加。所有这些曾经使人天真地相信，人类可以无限地向自然界索取，可以任意驱使自然为人类服务。与此相联系，形成了“人类是自然界的统治者”的观念，这是人类认识的第二阶段。

(3) 第三阶段。人与自然界之间存在着错综复杂的相互作用。在人类不恰当地运用科学技术的力量向自然界索取和征服自然的同时，也受到自然界的报复和

惩罚。尤其是掠夺式地对待自然界，使得生态平衡被破坏，环境问题、资源问题、人口问题日益突出。人类开始把视野投向广阔的自然界，生态科学和环境科学应运而生。随着生态科学和环境科学的不断成熟，人类开始改变观念，树立"生态世界观"，即从人类统治自然界的观念变为人类与自然协调发展的观念。人们认识到人类是自然界的一部分，与自然界休戚与共，不能高居于自然界之上，而要与自然界共存共荣。这种观念的转变，标志人类对自身与自然关系认识进入第三阶段。这是人类更加成熟的标志。

4. 科学技术的发展，新的诺贝尔科学奖成果的不断涌现，导致了人类价值观的悄悄改变

由于科学技术的飞速发展和广泛应用，劳动形态正在发生革命性变化。主要表现在以下方面。

(1) 新的劳动工具、新的工艺技术的产生，已经不是在经验的基础上，而是直接建立在科学理论的基础上。没有热力学理论就没有高效率的内燃机；没有电磁感应理论就没有发电机和电动机；没有原子物理学就没有原子能发电和核反应的其他应用；没有空气动力学就没有飞机和火箭；没有电子学就没有电子计算机和自动化的企业。内燃机、电动机、电子计算机等，都不是自然物，也不是经验的产物，而是一定科学理论指导的产物。

(2) 脑、体结构发生了重大变化。体力劳动者在不断减少，脑力劳动者在不断增加，并逐渐取代体力劳动者而占据主导地位。像美国、日本、德国等发达国家，从事脑力劳动的人数已经远远大于从事体力劳动的人数，而且还有继续增加的趋势。

(3) 劳动对象由于科学的渗入，已经变得和以前不同了。首先，科技的运用把传统的劳动对象——各种形式的天然资源(如石油、煤、含有各种金属的矿石)的利用提高到了新水平。在传统的劳动对象中，开发了过去不知道的，未曾利用过的新资源，甚至许多原来不被利用的废物都变成了有用之物。其次，由于人们获得了对物质性能与内部结构及其规律的新知识。人们可以有目的地改变物质结构，创造出自然界没有的、具有预先给定性质的新物质，如合成纤维、超导材料等。再次，科技发展极大地扩展了劳动对象的范围。地壳深处及海底的矿藏现在已经被人类所利用，就是地球之外的资源，将来也会成为人们利用的对象。

(4) 由于劳动各要素的变化，引起了劳动结构及产品结构的重要变革。企业正在实现由劳动密集型向技术密集型转化，知识型产业部门在整个国民经济中所占比重越来越大。以上事实充分说明人类劳动形态的性质已经或正在发生变化，即由体力消耗为主转变为以智力为主的劳动形态。这种变化正在逐渐改变人的价

值观念。首先,人们对原有东西的看法正在发生变化。譬如自行车、电视机等在刚刚出现的时候,是稀罕之物,但现在则成了普通人家的日常用品。其次,现在人们评价一件产品价值的大小,不再看重为生产它所付出的体力和经验的多少,而是这产品中凝结了多少知识因素,包括生产过程中所采用的技术和需要的知识。知识越来越受到社会的重视,知识的价值越来越大。尊重知识、尊重人才已经成为社会的时尚。

三、诺贝尔科学奖成果激励了人们拼搏奋斗的人生理想

诺贝尔科学奖成果的取得是科学精神的集中体现,诺贝尔科学奖成果激励了人们拼搏奋斗的人生理想,成就了"创新—求实—献身"三位一体的科学意识。它同奥林匹克精神一样,是一种挑战意识,前者是向人类大脑智力的挑战,后者则是向人类自身体力的挑战;前者的奋斗精神是指向"大自然",后者的奋斗精神则是指向"小自然"。诺贝尔奖的这种"三位一体"的科学精神和拼搏奋斗意识,在历届诺贝尔科学奖中都得到了体现。重大基础性创新成果,诺贝尔科学奖几乎从未放过。诺贝尔奖精神崇尚求实。科学研究是一种高度创造性的劳动。科研新成果是否具有科学性,必须经过实验的检验。诺贝尔奖的颁发,一般都在科学发现后的十几年,目的是让科学实验有足够的时间去检验科学创新的成果。从另一视角看,诺贝尔奖精神提倡献身,科学家没有献身精神,就无所作为。为提炼"镭",居里夫人不顾个人安危;为科学,波义耳终身不娶,开普勒终身受穷;为测量子午线长度,米兴牺牲在战火中,等等。正如马克思所言,在科学的入口处,犹如置于地狱之口。科学家不奋斗则自毁。作为一种公平竞争的社会活动,诺贝尔科学奖巨大的荣誉,把全世界的科学才子,不分国别、不分种族、不分宗教信仰,统统团结在"为理想而献身"的旗帜下,为人类的物质文明和精神文明而献身。这种精神激励了一代又一代科学家和青年学生为科学、为事业不断奋斗,努力拼搏。

思考与建议

1. 举例说明诺贝尔科学奖成果给生活带来了怎样的变化?
2. 试说明诺贝尔科学奖成果怎样推动社会的发展。
3. 通过对诺贝尔科学奖成果的了解,对你激发学习科学知识有什么帮助?
4. 通过对诺贝尔科学奖成果的了解,谈谈怎样树立正确的人生观和世界观?

参考文献

[1] 张晶.诺贝尔自然科学奖的技术创新成果统计[J].自然辩证法研究,2002,5.
[2] 张大庆,韩启德.超越双螺旋:DNA对科学与社会文化的影响[J].医学与哲学,2003,7.
[3] 眭平.科学发现的种子及辐射效应[J].科学学研究,2004,1.
[4] 曹伟.百余年诺贝尔物理学奖成果研发成功的方法论途径分析[J].自然辩证法研究,2006,2.
[5] 郝凤霞,张春美.原创性思维的源泉[J].自然辩证法研究,2001,9.
[6] 李君才.浅议科技发展对人类观念的影响[J].甘肃理论学刊,1992,3.
[7] 徐金凯,罗文章.科技革命与人类的自身进步[J].湖南社会科学,1996,5.
[8] 胡才珍.试论第二次科技革命与人类社会生活的变化[J].湘潭师范学院学报,1996,2.
[9] 扈红英,白炳琴.科技发展和人类的生存方式[J].河北科技大学学报:社会科学版,2003,2.
[10] 徐祥运.科技进步与人类社会的全面发展[J].东莞理工学院学报,2007,4.
[11] 胡晓伟.科技引领人类文明发展步伐[N/OL].天津日报,2008-5-30.
[12] 王玉平.以物理学为基础的现代科技在十大领域帮助人类生存发展[N/OL].大众科技报,2006-2-28.
[13] 张学全,李斌,张继民.梦幻成真一百年[N/OL].新华每日电讯,2000-12-15.
[14] 路甬祥.百年科技改变人类[N/OL].陕西科技报,2000-9-21.
[15] 叶帆.试析科技与社会互动的现实表现及启示[J].科学·经济·社会,2004,2.
[16] 劳水新.获诺贝尔奖的技术发明[J].发明与创新,2004,12.
[17] 王恒,朱幼文.诺贝尔科学奖百年百人:物理学[M].北京:中国城市出版社,2000.

第三章 诺贝尔科学奖与科学精神的内涵

爱因斯坦常说:“如果你想知道科学家是如何进行研究的,不要听他们所说的,要看他们所做的。”对于科学研究,大部分人看到的是一个合乎逻辑的过程。在科学论文中,理性沿着一条康庄大道前进,从黑暗走向光明,没有一丁点错误,没有混乱,只有完美的推理。然而,当人们更仔细地察看“科学家所做的”,就会惊讶地发现,科学研究其实包括两个方面——有个俏皮的作者把它称为“白天的科学”和“夜晚的科学”。

“白天的科学”使用的论证过程像齿轮般紧密啮合,在光亮和荣誉中向前发展。相反,“夜晚的科学”盲目地游荡。“夜晚的科学”像一家制造可能性的作坊,生产出将会成为科学的建筑材料。在这种作坊中,假说仍是不明确的预感和模糊不清的感觉,现象也只是一些互不相关的孤立事件。在一个充满信息的迷宫中,各种思想起伏不定、四处奔走,试图寻找某种出乎意料的密切关系,寻找成为“白天的科学”的契机。引导思想的并不是逻辑,而是本能和直觉,还有那种要把事情弄清楚的激情。

——诺贝尔生理学/医学奖得主　弗朗索瓦·雅各布

第一节　科学精神的基本内涵

科学作为人类活动的一种，其最重要的一点就是科学精神。正如科学史学家萨顿所强调的那样："科学像所有社会组织起来的活动一样，是一项精神事业。也就是说，科学不能仅被看作是一组技术性的和理性的操作，同时还必须被看作是一种献身于既定精神价值和受伦理标准约束的活动。""科学最宝贵的价值不仅在于它可以带来物质的利益，而更在于其科学的精神，后者是一种崭新的思想意识……这都是人类精神文明中最宝贵的部分。"

科学精神作为科学传统的一部分，是人类在从事科学活动时所获得的精神财富，是科学家共同具有的价值观的集中反映。同时，科学精神又以一种精神文化的形式注入整个社会，成为人类进入理性社会的标志和现代文明的一个重要象征。科学精神是科学文化的核心，其本质是非功利地探索知识、追求真理。诺贝尔科学奖百年不衰的重要原因就在于它鼓励人类在科学精神的引导下探索自然界的深层规律，它以促进人类深入理解自然为目标，不功利性地追求直接的应用价值。

科学精神是人类精神中不朽的旋律。它激励着人们驱除愚昧，求实创新，并不断推动着社会的进步。无论是西方近代的文艺复兴，还是中国现代的五四运动，都充分展示了这种可贵的精神极其巨大作用。人类迈入21世纪之后，又发出了对科学精神的强烈呼唤。当人们争相把科学精神奉为一种崇高所在之时，却又不同程度地缺乏对科学精神的清晰认识和全面把握，因而缺乏对科学精神追求的理性自觉。

一、什么是科学精神

科学精神是20世纪以来出现频率很高的词语，已成为研究热点。因为弘扬科学精神是社会发展的重要内容，科学的精神价值与它所带来的物质方面的巨大成就对人类的文明进步具有同样重要的意义。弘扬科学精神首先需要了解科学精神的基本概念和内涵。

1. 科学精神是一个多元化概念

科学精神有不同的侧面和不同的表述，说法种种，以下是几个比较常见的定义。

(1) 从价值观角度将科学精神定义为:人类在进行科学研究和技术开发的过程中所形成的世界观和价值观。

(2) 从行为方式角度将科学精神定义为:为了追求科学真理而顽强不懈地工作,甚至为此而献身的决心和行动。

(3) 从科学活动角度将科学精神定义为:科学精神是对科学之本质的理解和追求,其内容是由理性精神和实证精神所支撑的"求真"。

(4) 从科学家角度将科学精神定义为:科学精神是科学家群体行为规范所体现的一种理想的精神气质,它不能依靠任何学术定义规定而只能通过了解科学规范而理解。

关于科学精神的要素与内涵,不同的学者有不同的理解和表述。中科院席泽宗院士将科学精神归总为三条:公正、客观、实事求是。《科技导报》的蔡德诚提出六条:客观的依据、理性的怀疑、多元的思考、平权的争论、实践的检验、宽容的激励。北京大学的孙小礼教授认为:实事求是、敢于创新、勇于实践、百家争鸣是最基本的。中国社会科学院李惠国研究员认为科学精神包括:实证精神、分析精神、开放精神、民主精神、革命精神。而著名化学家胡亚东则认为科学精神的要素只有一个,即独立思考。

应该说,上述观点都是对科学精神的正确理解,之所以存在不同表述,关键在于科学本身就是一个多元化的概念。每个人可以从不同角度看待科学,比如科学是一种系统化地描述世界的知识体系;科学是探索知识的过程和社会活动;科学是一种与社会政治、经济、文化处于互动之中的社会建制等。因此,对科学精神内容的理解必然要受到对科学理解的影响。而且由于科学对社会的影响越来越大,科学作为一种社会建制本身,就可以分化出更多的特征和功能。这样,科学精神的内容也在不断扩展和增加,由最初的理性精神、探索求实精神,又扩展出创新精神、协作、公正和宽容精神等。

总结上述对科学精神的全方位考察,我们给科学精神下了一个较为全面的定义:

科学精神是从人们探索自然的历史中逐渐演变来的,是科学方式方法、科学思想、科学家的气质及行为规范等凝结在人的精神层面的综合结果。

2. 科学精神是一个历史的概念

科学精神一般译为 scientific spirit。在西方,科学精神一词早有使用,从波普尔、默顿到库恩分别在不同时期阐述了科学精神的内涵。在我国,科学精神出现的时间也比较早。1916 年,任鸿隽在《科学》月刊上发表《科学精神论》;1917 年,美国奥柏林大学教授M·M·梅加夫在向中国留学生发表的演讲中提出:"传统主义"维持社会稳定,"科学精神"推动社会发展,两者构成影响社会的张力;1922年,梁启超在南通讲演《科学精神与东西文化》;1935年,中国科学化运动协会提出的口号是:"以科学的方法整理我国固有的文物,以科学的知识充实我国现在的社会,以科学的精神创造我国未来的生命";1935年8月,竺可桢发表题为《利害与是非》的演讲,他指出,中国近30年来提倡"科学救国",但只看重西方科学带来的物质文明,却没有培养适合科学生长的"科学精神"。他说:"科学精神就是'只问是非,不计利害'。这就是说,只求真理,不管个人的利害。有了这种科学的精神,然后才能够有科学的存在。"到了20世纪90年代,科学精神又开始频繁出现。

科学精神是从科学史、科学活动过程、科学与社会的关系中抽象出来的关于科学本性、科学方法论的一般描述。界定科学精神取决于对某种特定价值的倾向。不同价值观就会有不同的有关科学精神的说法,而这种精神会随着科学活动的历史发展不断地丰富其内涵和扩大其外延。反过来,科学精神一经形成,就会指导科学家的科学工作,成为求真的思想武器和行动指导。它强调的是求实、求真精神,强调的是理性精神,不迷信权威,大胆怀疑,坚持真理。同时,它还表现为社会奉献精神和团结合作精神。

正是有了这些精神,科技工作者才能够不断地排除错误的干扰,精益求精,逐步寻找到真理,获得真知,从而用科学技术最大限度地为人类造福,并以此来自觉抵制各种迷信思想和伪科学的侵蚀,促进社会精神文明的进步。

3. 科学精神是一个系统化概念

从现代系统科学的观点出发,我们认为科学精神是一个系统化概念。我们可以将科学精神看作是由若干要素和子系统构成的相互联系和相互制约的、具有内在结构的系统。其中科学精神要素的选择应:① 从纵向上,要反映出科学产生并赖以生存和发展的东西;② 从横向上,要反映出科学活动和科学内容的各个侧面及其联系;③ 从社会文化背景上,要反映出在科学发达国家和地区的文化传统中较为突出的东西,而在科学落后国家和地区的文化传统中较为欠缺的东西。

按这个标准,科学精神的要素应该有多个层次,其核心层包括三个最基本的要素:求实(求真)、创新、奉献。求实是科学精神的基础,创新是科学精神的灵魂,奉献是科学精神的外在表现。这些要素不仅是科学赖以产生和发展的基础,也反映了科学活动的各个侧面,既是科技发达国家和地区文化传统中表现较突出的部分,也是科技欠发达国家和地区文化传统中亟待加强的部分。它的具体化则衍生出更多的内容要素,构成外围层。外围层也可以分为更多的要素,比如,求实精神可以引申出实证、探索、理性和坚持真理等几个侧面;创新精神可以引申出怀疑、批判、争鸣和竞争精神;奉献精神可以引申出公正、宽容、无私和协作精神,等等。科学精神的系统结构如图 3.1 所示。

从这样的分析可以清晰地看出，科学精神的要素有些实质是属于同一类的，只是表述不同，应归为同一个层次。通过系统思考，可以理清思路，避免很多对科学精神要素在理解上的争议性。

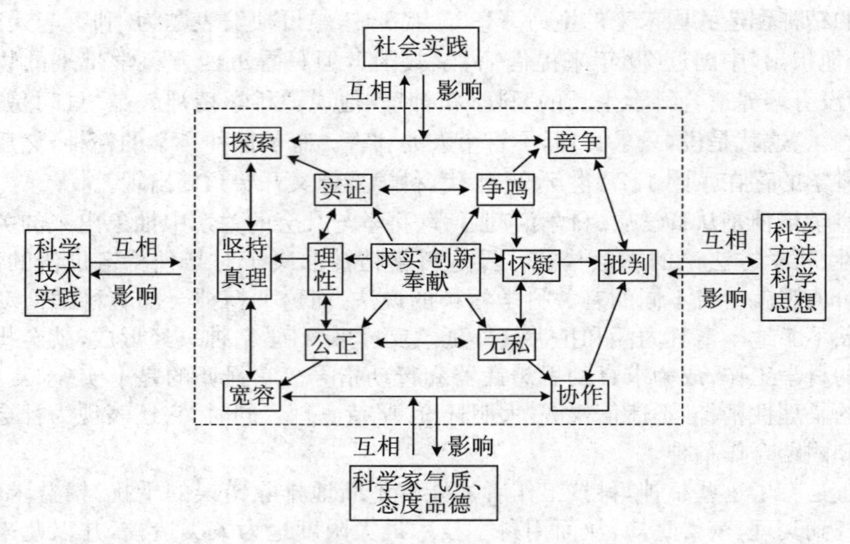

图 3.1　科学精神的要素及其系统结构图

二、科学精神的基本内涵

巴甫洛夫说："无论鸟的翅膀多么完善，如果不依靠空气支持，就决不能使鸟的身体上升。事实就是科学家的空气。没有事实，科学家就永远不能飞起来。"歌德还说："在研究自然时，我们所要求的是无限的、永恒的真理。一个人如果在观察和处理题材时不抱着求实、认真的态度，他就会被真理抛弃掉。"

（一）求真与求实精神

1. 求实需要坚持认识的客观性

工人出身的德国唯物主义哲学家狄慈根指出："科学就是通过现象寻求真实的东西，寻求事物的本质。"科学的对象是客观世界。承认对象的客观实在性，避免主观任意性，是科学认识的前提。承认事物是客观的，只有用客观的、辩证的思想和思维研究、认识自然界，才能找到事物发展的规律，才能找到真理，才能追求认识的真理性。求实是科学精神的基础，求实还要有精益求精的精神。如果瑞利丧失了千分之五的误差，他也不会发现氩气。正是由于具有渴求和崇尚真理这一特质，科学精神才导致了科学的昌盛促进了社会文明的发展。从蒸汽机到电动机，从热气球到宇宙飞船，从钻木取火到使用核动力……人类从愚昧野蛮走向光辉灿烂的文明世界的漫漫征程始终贯穿了求真求实的科学精神。求真求实精神要求辩证地思考一切。联系与发展是客观世界的基本特征，正确反映客观世界的真理性认识也必然具有辩证的性质。科学精神容不得片面性和思想僵化。科学的发展、诺贝尔科学奖成果的取得得益于辩证的科学精神。

2. 求实是人类的本性

早在古希腊时期，亚里士多德就认为，求实是人类的本性，为求实而从事学术并无任何实用目的，即不为任何其他利益而寻求智慧，这是求实的最高境界。他强调，高级学术并不是一门“制造学术”。古希腊哲人倡导的这种精神通过文艺复兴在欧洲复苏而绵延数百年，至今仍是西方理解科学的主导观点，其本质是非功利地探求知识，追求真理。爱因斯坦等物理学家的表述足以说明这一点。他说：“我从来不把安逸和享乐看作是生活目的的本身”，“人只有献身于社会，才能找出那实际上是短暂而有风险的生命的意义”。彭加勒也说：“我们所做的工作，与其说像庸人认为的那样，我们埋头于此是为了得到物质的结果，倒不如说我们为了感受这种审美的情感，并把这种情感传给能体验这种情感的人。”正是这种信念的驱动，一代又一代的科学精英的创造力长盛不衰，为人类的科学事业作出了一系列重大的贡献。因为科学大师们深深地懂得，科学思想和科学理论往往并不能同社会对技术的需要直接挂钩，它们同实际应用也常常存在着很大距离，而且科学理论往往具有超前性，即在眼前看来不一定是“有用的”，但是在几代人之后有可能导致某种实用结果。另外，有些科学理论的提出和证明其意义甚至只是理论上、认识上或智力上的，也许永远不可能“有用”。因此不能用功利主义观点来评价科学理论的意义。过分强调功利性就限制了科学潜在生长的可能方向，威胁了科学研究作为一种有价值的社会活动的稳定性和连续性。在诺贝尔科学奖的历史上，这样的事例不胜枚举，如爱因斯坦的相对论在创立之初，就在授予他 1921 年诺贝尔物理学奖时，评审委员会也一再强调获奖是因为阐明光电效应原理，而与相对论无关。鉴于人们认识水平的局限，相对论并没有得到最高荣誉。至于狭义相对论在开发原子能的应用方面以及广义相对论在现代宇宙学领域中伟大的实践意义，则更无从谈起。

3. 求实需要献身

“真理比世界上任何东西都更富有诗意……更能够体现出人类的圆滑天性和聪明才智，更富于幻想色彩。”因此，作为旨在寻求真理、揭示大自然奥秘的科学探索工作，既是一个理性和崇高的事业，又是一项艰巨而长期的历史使命。它不仅需要献身于它的人付出艰辛的智力劳动，经受无数次反复的考验；而且还要遭受许许多多的挫折和意想不到的恶作剧的戏弄，忍受无尽的精神困扰或生活的清贫；与此同时，还需要一种实事求是的严谨态度。可以说，在每一个诺贝尔科学奖成果的背后，诸如超导电性、拉曼效应、正电子、兰姆位移、共振态、脉冲双星等的发现；无线电报、威尔逊云室、回旋加速器、电子显微镜、集成电路等的发明；核模型理论、量子电动力学、弱电相互作用理论等的创建；超导和超电流领域里开创性贡献的取得；DNA 双螺旋结构的确立以及 RNA 化学结构的查清；青霉素的发现、幽门螺杆菌致病机理的发现；氟的研究、C_{60}的发现、导电塑料的发现，等等，都有一个独特的故事。而这些故事的共同之处，则是其中科学家们殚精竭虑、持之以恒的思索，淡泊名利、志存高远的风范，兢兢业业、踏实严谨的态度和坚持不懈、铁杵磨成针般的劳作。

实事求是的研究精神必须贯穿于科学工作的全过程。认识了自然规律，还必须尊重和服从于规律才能不受自然的惩罚；反之，不求实而是屈从于学术权威、传统观念、长官意志或政治干涉，轻则会导致“进了宝山而空手归”，如已经为狭义相对论的创立搭好了脚手架的彭加勒，由于受世俗观念的束缚而始终没有跨出成功的一步，重则就会上演苏联“李森科”式的骗局。不严谨、不从严要求，就会导致切尔诺贝利核电站核泄漏那样的灾难。

（二）开拓与创新精神

如果说求实精神深刻反映了人们对客观规律的探索与尊重，那么创新精神则充分体现了人类特有的主观能动性。从实际出发，尊重客观规律，并不是要人们墨守成规。科学精神倡导创新思维和开拓精神，鼓励人们在尊重事实和规律的前提下敢于“标新立异”。创新思维离不开一定的科学知识和经验。具有丰富知识和经验的人，往往要比缺乏知识和经验的人更容易产生新的联想和独到的见解。但是，创造性的思维能力比知识更为重要。爱因斯坦十分推崇创造性思维，特别是想象力，他说：“想象力比知识更重要。因为知识是有限的，而想象力概括着世界上的一切，推动着进步，并且是知识进化的源泉。”创新精神反映了科学认识与发展的规律。没有创新，就没有发展。正因为有了科学的创新精神，人类才得以不断进步，社会历史长河才得以生生不息。无论是求实还是创新，都必须以实践为基础。从一定意义上说，实践是科学精神的根本，科学精神深深植根于实践之中。实践精神要求尊重实践并积极参与实践，以实践为科学认识的来源、动力、标准和最终目的。离开了实践，就既不能发现真理，也不能发展真理，科学精神也就无从谈起。正如陶行知先生所说的：“行动是老子，知识是儿子，创造是孙子。”

1. 开拓与创新首先需要好奇心

科学既产生于人类的社会生产实践，又源自于人类天然的好奇心，即来自于人类把自然作为一个统一的整体来理解的理性要求。大自然中姹紫嫣红、千差万别、千变万化、令人眼花缭乱的各种现象激起了人们的好奇心和寻求其中奥秘的强烈欲望。如苏联著名的物理学家米格达尔曾指出："最高尚的、与科学精神最相适应的动机是好奇心，希望知道大自然是怎样组成的。在这种情况下，对别人的成就所感到的高兴会不亚于自己获得成就的快乐。"而在薛定谔看来，好奇心是一种刺激。对科学家首先就要求他必须是好奇的，他必须能感到惊奇并渴望发现。当涉及世界作为整体这样的普遍问题时，好奇心就显得尤为重要了。因为，世界只给我们一次，我们没有其他可相比的问题。因此，波普尔宣称：科学是人类心灵的壮丽探险，是探索未知、追求真理的艰难历程。没有这种好奇心和求知欲，探险就失去了内在动力，就不可能发现问题，不能把握住取得科学发现或进展的机遇。如果伦琴在进行阴极射线实验时，对观察到的奇异荧光——一种新的性质的特殊射线无动于衷，举世瞩目的惊人发现——X 射线就会在他的鼻尖上溜走；如果普朗克对神奇的黑体辐射现象不屑一顾，他就不可能迎来量子物理学的诞生日。

2. 开拓与创新还要有自由的思想

爱因斯坦把科学家的自由分为两种，即外在自由和内在自由。外在自由主要是指：一是有发表和交流科学思想的自由，二是有从事科学活动足够的时间和精力。内在自由也称为内心自由，"这种精神上的自由在于思想上不受权威和社会偏见的束缚，也不受一般违背哲理的常规和习惯的束缚。这种内心的自由是大自然难得赋予的一种礼物，也是值得个人追求的一个目标。"自由探索不仅体现了科学家追求真理和求是的执着精神，而且体现了在追求过程中所采取的自由开放和独立思考的学术态度。正是这种自由探索的求知精神，使得苏联的著名物理学家卡皮察在认真考察了"氦Ⅱ"(当温度降低到绝对温度 2.2 摄氏度以下时，液态氦所转变的另一种形态)系列的奇异性质后，经过深思熟虑，大胆地得出了一个结论，任何"超导热性"都不存在。在此基础上，卡皮察又进行了几十次极为精细的实验来论证这个结论，终于在 1937 年发现了氦的超流现象。1978 年，卡皮察因低温物理方面的基本发明和发现，荣获诺贝尔物理学奖。怪不得爱因斯坦反复强调，应当始终把发展独立思考和独立判断的一般能力放在首位，而不应当把获得专业知识放在首位。

（三）怀疑与批判精神

1. 合理怀疑是科学理性的天性

在科学理性面前，不存在终极真理，不存在认识上的独断和绝对"权威"。马克思在其女儿要求他填写一份调查表中，把“怀疑一切”作为自己最喜爱的座右铭。这种怀疑，绝不是“怀疑主义”意义上的怀疑，而是对掩盖事物真相的假象的怀疑，是对似是而非的论调的怀疑。怀疑的过程就是发现问题的过程。怀疑精神是破除轻信和迷信，冲破旧传统观念束缚的一把利剑。缺乏怀疑精神容易导致盲目轻信。正如古人所云：“大疑则大悟，小疑则小悟，不疑则不悟。”怀疑精神是批判精神的前导，批判精神是怀疑精神的延伸。没有合理的怀疑，就没有科学的批判；而没有科学的批判，就没有科学的建树。新思想是在对旧思想的否定中诞生的，真理是在同谬误的斗争中发展的。没有哥白尼对托勒密“地心说”的怀疑和批判，就没有“日心说”的创立；没有对“物种不变论”的怀疑和否定，就不可能有达尔文进化论的创立；没有对牛顿经典物理学的绝对时空观的怀疑和超越，就不可能有爱因斯坦狭义相对论的出现。当然，科学的批判精神并不是形而上学地绝对否定，而是辩证地扬弃。科学精神体现了科学性与革命性、建设性与批评性的统一。

2. 科学就是不断推陈出新的过程

驱动世界前进的是人类力图与众不同的热情，科学本身是一个不断探索、推陈出新的过程。能否发现并阐明自然规律，不是由个人身份决定的，关键在于是否能够以实事求是的态度和慎思明辨的求知方法去探索。科学创造活动的出发点就是合理的怀疑精神，要依据事实思考，勇于怀疑一切现有的权威意见。科学理论不是神圣不可触犯的宗教教条，去伪存真是科学研究的精髓，怀疑一切才是科学精神的核心。崇拜偶像、蔑视理性是无知的产物。现代科学的发展早已显露出迷信的荒谬。“科学无禁区”人所共知。对于长期对立、争论不休、很难统一的学说，不能简单地褒扬一说、贬抑一说。几种学说的争论不仅能活跃学术思想，而且会大大促进科学理论的发展。就是错误的假说，也不能一棍子打死，应吸取其合理的内容。当然，怀疑同社会主流观念相联系的各种学说总是要付出代价的，受到冷嘲热讽自然不可避免。由于固守世俗偏见的保守势力存在，常常使得开展科学争论十分困难，但真理和谬误只有经过充分自由的讨论才能分辨明白，除此之外别无选择。

科学的魅力来自未知而不是已知，科学的真谛在于否定而不是肯定。我们现阶段已经习惯地称为“标准”的理论，在新的认识中就可能是不全面的，甚至是错误的。诺贝尔科学奖历史上关于原子内部结构理论的发展，就是一个不断推陈出新的范例。

3. 科学认识过程的复杂性和曲折性

科学认识的过程和对象十分复杂，单凭直观、感觉是不能把握事物的本质和发展规律的。科学认识是求知、求是、求真的过程，这个过程中贯穿着批判思维和创新思维的交互作用。人们对任何科研成果都应该持怀疑和批判的态度，也就是说，

"对于科学知识,无论是新的还是旧的,都应该持续地仔细检查可能的事实错误或论证矛盾。任何合理的、批判性的评论都应当立刻公布于众。这项规范在科学共同体内使证实的程序制度化,要求全体科学家有严密的智力训练和严格的批评标准。"科学精神要求对一切学说保持开放态度,将它们置于科学理性的审查之下,要求人们立足于已有知识,但不囿于传统的理论框架,充分发挥理性精神和创造力,大胆提出解决问题的猜测性假说,并付诸严格的、规范的实验检验。对真理的追求使科学家不唯上,不唯书,不屈从于外来压力和长官意志,也不迷信大牌权威和现有理论,既要敢于批评他人的错误,也要勇于自我批评,始终保持清醒的头脑。

科学认识的阶段性和局限性,导致了科学的活力具有一种自我改正的机制。因为理论本身也是可错的或不完善的,是需要不断修正和充实的。即使是那些已被证明为比较成熟的理论,也不应该成为束缚、甚至禁锢思想的教条,而应作为进一步探索研究的指南。没有终结真理,只有标志探寻真理道路的里程碑。科学中内在的这种批判精神,正是促使科学不断发展的动力之一,也是使其区别于非科学、伪科学的本质特征。构成理论进展的良性循环模式是:批判启发、促进着新的发现和创造,创新又必须经受批判性检验。这就"迫使科学家们要有不同形式的'创造性的'行为和'富有想象力'的思想"。科学如果失去创新,就不可能有新的理论和假说诞生,科学将永远停留在一个水平上。例如,苏联著名的物理学家塔姆提出的核子理论,是批判性地吸取恩里科·费米构建的β衰变理论,并以此机理为基础经过创造性思维而建立的。在费米看来,中子在转变成质子的过程中放出一个电子和一个中微子,而塔姆的理论却认为,是核力将核子——中子和质子束缚在原子核内的。核力,是以核子吸收和放出微粒子为条件的,但不是电子和中微子,而是另一些粒子,其中有一种叫π介子。塔姆这个关于核力和核子吸收和放出粒子的学说,后来又在日本卓越的物理学家汤川秀树的工作中得到长足的发展。汤川解释说,核力是通过与核子有强相互作用的某种粒子间的交换来实现的。1949年,美国首次用加速器产生了π介子。至此,汤川的介子预言真正得到了实验的论证,汤川也因此荣获了该年度的诺贝尔物理学奖。又如,1956年,当精确的实验结果把"$\tau-\theta$"疑难尖锐地摆到物理学家们面前时,正是李政道和杨振宁敏锐地审查了从未被人怀疑过的宇称守恒定律的适应范围,大胆提出了弱相互作用中宇称不守恒的假说,从而导致了物理学理论的一个突破性进展。

(四)献身与协作精神

1. 平等精神

献身与协作精神,首先要有平等精神。平等精神强调的是真理面前人人平等,科学共同体成员之间没有权威存在。正如丁肇中教授所说的，在学术讨论会上，什么人都可以发言，不管是阅历丰富的教授还是年轻的学生。知识领域在每一时代都有居于主导地位的学说、范式，它们的权威性来自于知识内在的积累和经验的不断证实，不是外部人为因素所导致。在科学共同体范围内，作为知识权威化身的人的权威是不需要的，这种权威会扼杀科学的进步，解除人的权威需要付出额外的代价。

协作精神强调的是科学家在科研过程中需要通过合作与交流得到提高。因为每个人的智力都是有限的，任何个人都不能完成科学发展的全部任务。科学发展的进程表明，随着科学研究逐渐深入，难度也在增加，许多问题的解决都需要跨学科知识。各个学科间移植、渗透、一体化、综合化的趋势愈发明显，内在地要求合作与交流成为自觉的行为。在诺贝尔科学奖的历史上，沃森和克里克建立的DNA双螺旋结构模型，是协作精神的典范。个人智慧与集体力量的有机融合，构成了促进科学加速发展的动力机制。除此以外，科学发展所需要的高昂经济投入，也决定了只有合作才能提高效率、节约资金。平等精神与合作精神并行不悖，有平等才谈得上合作，没有平等，也就无所谓合作。

2. 团队精神

科学是人类共同的事业，是人类作为整体探索自然与自身奥秘的历史进程，它需要人们在时代的课题面前协同努力，在历史的长河中前赴后继。如标志着20世纪初科学革命重大事件之一的量子力学的创立，绝非是哪一个人的功绩，而是来自于不同国度的许多科学家共同努力的结果。科学家群体通过交流、切磋、争论和启发，使一些创造性的火花燃放出明亮的火焰，熔铸成日益坚实可靠的成果。当然，在哥本哈根学派这个科学团队中，学术带头人起着核心、灵魂和舵手的作用。其关键人物是尼尔斯・玻尔。他善于吸引、团结和组织一批年轻而有才华的青年科学家，诸如海森堡、玻恩、狄拉克、德布罗意、薛定谔，等等。他们带领其他科学家一道去寻找科学发现的新大陆，使物理学真正成为了一门国际性的科学。《玻尔传记》的作者，美国作家R・穆尔写道："能够改变世界历史进程的人是为数不多的，然而，尼尔斯・玻尔却使历史进程发生了一次改变。原子时代的到来，很大程度上有赖于他的科学研究，以及他发挥的影响。从对于同时代的人和整个世界生活发挥指导作用这一点来说，很少有人能够比得上他。"

又如，恩里科・费米在1926年至1938年领导的一个学派进行了一系列重要工作，诸如建立了定量的β衰变理论，用中子作为炮弹轰击元素产生了40种放射性元素，提出了慢中子理论，研究了"超铀元素"，等等，轰动了国际物理学界，为意大利物理学恢复了世界名誉，带来了意大利物理学的又一次复兴。费米学派之所以能够产生和成长于一个社会生产力和科学均不发达的国度里，并能够在很短时间内取得如此丰硕的研究成果，其主要原因在于：首先，该学派结成了科学家和政治家之间的联盟。神通广大的科比诺在整个过程中一直保护着学派，使他们能够克服周围敌对势力（包括社会上、学术上）的反对和打击，安心从事物理学研究。这不仅表现在人员和职位的设置上，科比诺总是尽最大努力为学派争取最多和最好的职位；而且表现在科比诺总是凭借自己的权利和杰出的活动才能，为学派争取尽可能多的研究经费；同时科比诺亲自参与学派研究方向的指导和决策，不惜一切努力扶持年轻的科技工作者，尽可能为他们提供各种机会。其次，费米学派的成功在很大程度上还取决于特别善于积极开展国际学术交流。如注重派遣学派成员出国学习，注意参加和组织国际学术会议，积极利用国外知名杂志发表文章等。再如，另一个大物理学派——拉比学派，其领头人拉比用自己发明的分子束磁共振方法和同事们一起合作测量了许多原子核的磁矩和电四极矩，并且证明了中子和质子间存在着前所未料的张力。拉比还带头提出倡议，促进了美国和国际科学合作的许多最成功的探索，诸如建立欧洲原子核援救中心等。此外，还有在贝尔实验室工作的三位科学家巴丁、肖克莱、布拉顿，他们为了共同的研究内容而通力合作，形成了一个优化的智力系统，终于因对半导体的研究和晶体管效应的发现而共同荣获了 1956 年的诺贝尔物理学奖。在接到获奖通知时，布拉顿激动地说："我的好运大部分应归功于我适逢其时，以及有合适的人与我共同的工作。"

互助协作的团队精神还体现在来自家庭环境的影响和激励，并由此出现了许多精英世家，即夫妻、父子、母女或兄弟都是诺贝尔奖获得者。如玻尔父子（1922 年、1975 年物理学奖）、汤姆逊父子（1906 年、1937 年物理学奖）、布拉格父子（1915 年共获物理学奖）、奥伊勒父子（1929 年、1970 年生理学/医学奖）、西格巴恩父子（1924 年、1981 年物理学奖）、科恩伯格父子（1959 年生理学/医学奖、2006 年化学奖）、居里家族（皮埃尔·居里夫妇获 1903 年物理学奖、居里夫人获 1911 年化学奖、约里奥·居里夫妇获 1935 年化学奖）、科里夫妇（1947 年生理学/医学奖）。

倡导平等、协作是科学精神的品质。在科学真理面前，人与人是平等的，科学并不因为某人年龄较长，或有权力、有地位，或者曾经取得过什么成就，就会偏袒他。因此，从事科学的人们都知道应该互相尊重，决不看低别人。同时，科学家并不是孤立的研究者，几乎每一个领域都有许多科学家在探索，他们之间既有竞争又有合作。随着现代科技的迅猛发展，很多成就都是协作的结果。

3. 献身精神

献身精神是科学得以发展和永生的重要条件。科学研究的主体为求真而研究，不以科学发现以外的因素为目的，排斥私欲的恶性膨胀和财迷心窍以及见利忘义的行为，这是一种最高远的境界。当科学家认定自己所从事的是人类最伟大的事业，并愿意为之而献身时，科学就被注入了永不衰竭的生命活力。

勇往直前、不怕牺牲、勇于献身是科学精神的最高表现。正是科学家的无私奉献，才谱写了科学不朽的诗篇，才换得科学的永恒。“科学是要求人们为它贡献毕生的，就是有两次生命也不够用。”道尔顿一生淡泊名利，为了科学，他要求自己坚持永远，而找不到时间去结婚。诺贝尔一家为了研究炸药先后献出了几代人的生命……

恩格斯在《自然辩证法》中指出：“自然科学当时也在普遍的革命中发展着，而且它本身就是彻底革命的，它还得为争取自己的生存权利而斗争……塞尔维特正要发现血液循环过程的时候，加尔文便烧死了他，而且还活活地把他烤了两个钟头；而宗教裁判所只是把乔尔丹诺·布鲁诺简单地烧死便心满意足了。”

这段著名的论述提到了自然科学史上两件大事：意大利的布鲁诺因拥护和宣传哥白尼的“太阳中心说”而被活活烧死于罗马百花广场。另一位西班牙解剖生理学家塞尔维特则殉道于日内瓦的火刑场。

塞尔维特不仅是位医术高明的医生，还是一位著名的神学家。他在花了10年心血完成的《基督教复兴》的著作中，坚持宣扬自由思想和自由研究的原则，并批判天主教的陈腐教义。就在这部著作中，他将自己关于“肺循环”（小循环）的研究作了阐述，并极为接近地提出了“体循环”（大循环）的过程。他大胆提出：“生命精”通过吻合而从动脉流向静脉。

1553年10月27日，塞尔维特被绑在火刑柱上。他的头颈上套着花环，那是被硫黄浸过的，花环的铁链上扣着他的著作，脚下堆着其他的著作和湿稻草及青树枝。行刑的牧师最后一次问塞尔维特是否愿意放弃自己的学说，塞尔维特保持庄严的沉默。

昏暗的烈火和浓重的烟雾，不仅吞噬了一位杰出的科学家，而且使医学史上具有划时代意义的血液循环发现推迟了半个多世纪。

（五）科学精神与人文精神的结合

1. 科学与人文的关系

所谓人文，说到底就是指“一切从人出发，以人为本”。要以人性、人文理念来观察人类社会发展的方方面面，观察社会上方方面面的人，以及人们在成长、发展中的各种人际关系、人间关怀和人与人之间的良性互动问题。

科学精神的实质内涵，恰恰是能帮助人们进行客观观察、独立思辨和明智判识的最有力的思想武器。著名科学家杨叔子先生说："没有人文的科学是残缺的科学，而没有科学的人文也是残缺的人文。"

试想如果每个人在观察、思考、判断任何事、任何现象、任何问题时，都能自觉或比较自觉地寻找客观的依据，都能抱以理性的怀疑，在坦陈己见时也能认真地去听取别人的见解和争辩，懂得真诚地尊重别人不同见识的权利、而且最后大家又都能在实践检验的结果面前心悦诚服地服从实践检验的结论，那么我们的社会，我们的人民，都将是人人既有自信自尊，又懂得尊重事实、尊重实践的有悟性、有理性的人，同时又是有道德、有礼尚，懂得真诚与人合作共事、注重团队精神的社会公民。不难看出，正是在这一层面上，科学与人文鲜明地体现出了它们二者间在实质内涵上的相融相通性。科学与人文的融合成了现代文化和现代文明的标志。

2. 科学精神与人文精神相得益彰

对科学精神的传统理解存在两方面的偏差。其一，仅仅从功利的意义上来理解科学精神，把科学精神归结为工具理性。科学精神一度被演化为与自然绝对对立的力量，被理解为无限制地攫取和破坏自然的工具。其二，仅仅从自然科学的观念出发来理解科学精神，忽视了从人文科学和社会科学的角度来把握科学精神。把科学精神理解为单纯追求精确性与事物的客观性，漠视人的存在与发展，从而导致把科学精神与人文精神对立起来，或者把人文精神排除在科学精神之外。科学精神是一种时代精神，不能脱离具体的社会实践和科学的发展来理解它。要把科学技术的发展同自然环境协调起来，同人的全面发展统一起来。自然科学与社会科学的发展及相互渗透，也促使人们对科学精神有了更进一步的了解。当代社会实践和科学的发展，拓宽了科学精神的内涵，赋予科学精神以新的时代特征。爱因斯坦曾深刻地指出："我们时代为其在人的理智发展中所取得的进步而自豪。当然，我们一定要注意，切不可把理智奉为我们的上帝；它固然有强有力的身躯，但却没有人性。……理智对于方法和工具具有敏锐的眼光，但对于目的和价值却是盲目的。""关心人的本身，应当始终成为一切技术上奋斗的主要目标；关心怎样组织人的劳动和产品分配这样一些未解决的重大问题，用以保证我们科学思想的成果会造福于人类，而不致成为祸害。"这些告诫给予我们以深刻的启示：科学精神应该包含正确的价值取向或目标，必须坚持科学发展与人的全面发展、社会的可持续发展相一致的观念——科学发展观。加强科学精神教育，有助于人们正确树立对待自然、社会与人生的科学态度，有助于人们自觉接受正确的世界观、价值观和人生观,有助于形成创造性的思维和能力,有助于培养勇于开拓进取的精神。所以陶行知先生说得好:“千教万教教人求真,千学万学学做真人。”

科学精神是一种理性精神,科学的理性精神与科学的人文精神是相通的。一个揭示自然规律,一个关照人类自身;一个追求真理,一个探索善与美,两者相辅相成、相得益彰。

第二节 诺贝尔科学奖得主与科学精神

沿着一百多年来500多位诺贝尔科学奖获得者的心路历程,探索诺贝尔科学奖得主成功的秘诀,我们会发现,尽管他们出生于不同的国家,性别不同,性格也不一样,取得成功的具体研究方法也不同,但他们都有一种共同的精神气质,那就是科学精神。

一、科学思想要突出创新精神

创新是科学的本质,创新也是科学的灵魂。回顾百年来诺贝尔科学奖的历史,每一项奖励可以说都是科学家重大的原创性创新的结果。从1901年第一届诺贝尔奖获得者说起,物理学奖获得者伦琴于1895年在实验中发现了X射线并对其性质进行了深入的研究,动摇了当时的原子不可分、不可入的观念,为电子论的创立提供了有力的实验证据,并为多个科学领域提供了一种崭新的、行之有效的研究手段,使其在诸如光电效应研究、晶体结构分析、材料无损探测、人体疾病的诊断与治疗等方面得到广泛应用。

在科学上,只有敢于打破常规、标新立异,才能有新的突破。比如,1997年诺贝尔物理学奖得主、美籍华人朱棣文用光子使原子减速,让原子“慢些走”;1998年诺贝尔物理学奖得主、美籍华人崔琦却在全世界第一次把电子集中起来变成了一种特殊的“液体”;1999年,来自瑞典斯德哥尔摩的消息称,美国科学家甘特·布洛贝尔就是因为发现了蛋白质内控制蛋白质在细胞内传输和定位的信号——“地址签”而获得了当年的诺贝尔生理学/医学奖。这三项成果都找到了问题的切入点,表现出独特的思维方式和标新立异的创新意识。

又如1921年诺贝尔物理学奖获得者爱因斯坦,正是他对牛顿经典力学的大胆怀疑,勇于创新,才创立了狭义相对论和广义相对论,深刻地揭示了空间、时间随着物质运动速度而变化的关系,否定了一成不变的绝对时空观,带来了现代物理学的革命。量子论揭示了微观客体的波粒二象性;$E=mc^2$ 质能关系式,为原子能的利用提供了理论基础。相对论和量子力学一起,被人们称为现代自然科学的两大理论支柱,引领着人们向微观领域和宏观领域进军。

自然界是无限的,大自然的奥秘是无穷的。到目前为止,人们对大自然的认识还很有限。人类生存的需要和持续发展的需要,都要求人们不断探索、不断开拓,有所发现、有所发明、有所创造、有所前进。人类对自然界探索和认识过程中获得的重大发现和发明,只是一定历史条件下、一定实践基础上认识的结晶,是人类认识史上、科学史上的里程碑,但不是终点站。获得对客观世界的事物及其发展规律的认识和重大理论的突破,是原始性创新。原始性创新是技术发明、新产品设计、新体制创生、新方法形成的基础。同时,理论创新、技术创新和体制创新也是辩证统一的。

诺贝尔科学奖获得者的每一个原创性创新的重大成果中体现的创新精神,是人类实践本质、能动特性和创造特性的集中体现。人的本质的实现和人格的完善,都需要这种创新精神。各行各业的人们,都离不开这种创新精神。

迟到的诺贝尔奖

印度人苏布拉马尼扬·昌德拉塞卡聪慧过人,19 岁时便奇迹般地演算出一个惊人的结果:当恒星质量超过某一上限时,它的最终归宿将不会是白矮星。这与当时天体物理学界的观点针锋相对。那时的科学家坚信,恒星的白矮星阶段被认为是一切恒星演化过程的最终阶段。后来,昌德拉塞卡以优异的成绩获得奖学金,到英国剑桥大学求学。

昌德拉塞卡在剑桥大学学习期间,逐步充实和完善了自己的观点,并且有幸于 1935 年登上皇家天文学会会议的讲台,宣读了自己的论文。当时天体物理学界的权威爱丁顿在昌德拉塞卡发言结束时,气冲冲地走上台来,当众把他的讲稿撕成两半,宣布这位年仅 24 岁的年轻人的理论错误百出,并说他得出的是一个“非常古怪的结论”。台下听众的讽刺声此起彼伏,讥笑声连成一片,主持人连让昌德拉塞卡答辩的机会也不给。

在与爱丁顿持续了几年的争论中,昌德拉塞卡变成了孤家寡人,竟然没有一个重量级的科学家出面支持他。面对如此孤立无援的局面,昌德拉塞卡只好放弃公开争论,默默地把自己的观点写进他的一本书里。

直到 30 年后,这个后来被称为“昌德拉塞卡极限”的发现才终于得到天体物理学界的公认。1983 年,当昌德拉塞卡从瑞典国王手中接过沉甸甸的诺贝尔奖奖章时，他已经是一个满头白发的老人了。面对半个世纪前遭受的羞辱和冷遇，昌德拉塞卡一点没有怨恨。相反，他发自肺腑地说："假定爱丁顿当时同意了我的观点，这种结局对天文学是有益处的。但我不认为对我个人有益，因为爱丁顿的赞美之词将会使那时的我在科学界的地位发生根本改变，然而我的确不知道，面对那种诱惑的魔力，我究竟会变得怎么样。"

可不是吗，又有多少年轻人在功成名就之后，还能使青春活力长久地保持下去呢？而不被注目的生命，常常最接近于自然的状态，最富于主观能动性和创造性。所以，在人生的旅途上，请记住：看淡一切虚浮的光环，泰然面对困境和打击，不受外界干扰，始终保持好你平和的心境。

二、科学方法要坚持理论思维和实证精神的有机统一

恩格斯指出："一个民族想要站在科学的最高峰，一刻也离不开理论思维。"可以说，一个科学家要攀登科学高峰，也时刻需要理论思维。所谓的理论思维，主要是指人们运用概念、判断、推理等抽象思维形式把握思维对象的本质和发展规律的理性认识形式和理性认知活动。它是科学家们对事物的认识从现象深入到本质的过程，体现着逻辑与历史的统一、抽象与具体的统一、形式和内容的统一、理论与现实的统一，是科学家的学术研究走向成熟的必由之路。理论思维的实质在于使主观和客观相一致，用逻辑的简单性表述客观事物的规律性，并运用客观规律作出科学的预见，以便于指导观察、实验等实践活动。只有进行辩证思维，才能突破理论禁区，超越理论权威，填补理论空白，实现理论创新。理论思维体现着科学的理性精神，把对追求客观世界的理解的欲望、好奇与认为客观世界可理解的信念，化解为对客观世界的理性批判和理性建构。

强调科学研究中理性精神和辩证思维与强调科学研究中的实证精神是一致的。实证精神是一种客观的态度，是一种求实精神，它要求科学家的科学认识必须建立在充分可靠的经验基础上，以可检验的科学事实为依据，要使自己提出的科学假说或理论具有可靠性、科学实验具有可重复性，同时这也是科学的普遍性要求。正如爱因斯坦十分强调的那样，物理学中没有任何概念是先验的必然的，或者是先验的正确的，唯一能决定一个概念"生存权"的，是它同物理事件（实验）是否有清晰的和单一而无歧义的联系。

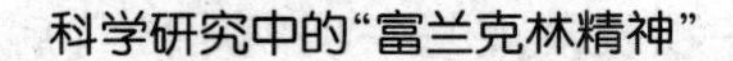

科学研究中的"富兰克林精神"

"如何测量油膜的厚度?"对于学习普通物理课程的大学生来说,他们首先会建议使用X射线衍射仪。尽管X射线衍射的方法原则上适用于解决这类问题,但由于油膜分子层极薄,只有很少的分子会和射入的X射线发生作用,因此油膜分子层仅能给出微弱的物理信号。假如要增强信号,则可以使用功率强劲的同步加速X射线衍射仪,可是普通实验室并不配备如此贵重的仪器。然而,早在200多年前,著名科学家富兰克林就已经设计了测试油膜厚度的简单实验方案。富兰克林在微风拂动的时候,走到方池塘边,轻轻地向水中倒了一勺橄榄油,他一边倾倒橄榄油一边观察水面是否变得平静,这是由于漂在水面上的油膜的黏滞阻力作用有助于平息水面的波纹。当他看到整个池塘的水面都平静时,他停止倾倒橄榄油并测量出橄榄油的体积和池塘水面的面积,将二者相除就得到了油膜的厚度,它约为几个纳米。这个结果与通过现代精密仪器的测量结果处于同一个数量级之中。

在已有的简易实验条件下,科学家们凭借自身的科学知识储备与逻辑分析能力,实施了在良好实验条件中都无法操作的实验,我们将这种实验称为"富兰克林实验"。富兰克林在实施"富兰克林实验"时完美地表现出了某种科学精神,可称为富兰克林精神(Franklin's spirit),即科学家利用相对简易的实验条件很好地解决某个具体科学问题而体现出的科学精神。

富兰克林精神揭示了科学发现的逻辑本质,为解答科学中的重大问题提供了更为广阔的方法论视角。所以,它从解决具体科学难题时的科学精神,逐渐演变成为一种先进的科学方法论。从科学史角度来看,科学家运用富兰克林实验解决了许多具体的科学实验难题,极大地促进了科学的进步。诺贝尔奖的获奖成果就是典型代表。很多获奖者都有效地运用了富兰克林精神。如获得1991年诺贝尔物理学奖的法国科学家热纳被誉为"当代牛顿",他认为富兰克林精神是科学精神的典型代表,并用终其一生的科学实践活动生动地诠释了富兰克林精神的真谛;2010年诺贝尔物理学奖得主安德烈·海姆和康斯坦丁·诺沃肖洛夫关于石墨烯材料的研究;2010年诺贝尔化学奖得主理查德·海克、根岸英一以及铃木章关于"有机合成中钯催化交叉偶联"的研究都成功借鉴了富兰克林精神的方法论。

三、科研过程需要百折不挠的进取精神

科学研究是一种探索性的活动。探索过程是一个艰难曲折的过程,往往要经

历许多艰险、困难、挫折和失败的打击。科学家的生活并不是不间断地、有效地进行着发现和发明，其实每一项发现或每一项发明的背后，都充满了难以估量的紧张、单调的工作，多次的失败和失望。

马克思曾指出，在科学上没有平坦的大道，只有不畏劳苦沿着陡峭山路攀登的人，才有希望达到光辉的顶点。科学探索活动中，需要有不怕困难的自信、战胜困难的坚毅、披荆斩棘的开拓、勇往直前的进取甚至不怕自我牺牲的献身精神。自信是力量之源，是成功的起点。无自信，看什么都难，干什么都难，那也什么事都难干成。坚毅是成功者必备的意志品质。只有坚毅才能排除前进道路上的一切困难，才能做到败不馁，才能把挫折当做意志力的运动场，把阻力转化为动力，才会正视失败，从失败中吸取教训，才能进一步探索、开拓、不断进取、走向成功。

把导管从胳膊插入心脏的诺贝尔奖得主

1952 年，德国一位 25 岁的助理外科医生福斯曼报告了一项惊人的实验结果——将一条长达 65 厘米的导管从人的左肘静脉插入，再经上腔静脉，最后可将导管插入右心房。这证明了将导管沿静脉插入心脏是可行的，并且没有危险。

完成这一实验的就是福斯曼本人。他在报告中写道："我带着插在心内的导管，由护士陪伴着从研究室的手术间徒步走了很多路，再爬上楼梯走进X射线检查室拍片…… 即使这样，也并未使我感到任何不适。"在此之前，福斯曼请同事帮忙在自己的身体上进行实验，当时仅仅将导管从肘静脉向上推进了 35 厘米，便因同事害怕而中断。但是，福斯曼并未动摇，第二次他干脆自己独自实验，终于开创了心脏导管技术。

福斯曼进行此项实验是为了解决当时心脏内注射的种种弊病。那时，为抢救心搏骤停的病人，常需要通过胸壁穿刺进行心脏内药物注射，但这种操作常因损伤心肌或冠状动脉而引起患者心包填塞，甚至死亡。福斯曼决心另辟蹊径，在前人动物研究的基础上进行安全的内注射自体实验。此后，他又在自己身上进一步进行了经心导管向心脏内注射造影剂的实验，使心脏影像更为清晰。

但是，在当时，福斯曼的这项全新的有助于心脏病诊治和心血管机能研究的开创性贡献并未得到认可，反而受到种种非难和攻击，被迫中断了研究，甚至被排挤出了原研究单位。直到 10 年后，美国的库南德和里查兹继续了这项研究并改进了福斯曼的方法，才真正奠定了右心导管检查在心血管疾病诊断上的地位，促进了心导管技术的普及和应用。由于这项重大贡献，他们三人分享了1956年的诺贝尔生理学/医学奖。

四、科研目的是要有追求真理的奉献精神

科学活动的重要任务是获得真理的认识，是为人类揭示出前人没有发现的新事物，解释前人解释不了的新现象，阐明前人没有阐明的事物发展的规律性，展示前人不知晓的事物的新用途。追求真理体现着科学的学术价值和认识价值。追求真理也成为科学家们的一种崇高目标和价值追求。科学活动的根本目的和最崇高的社会价值在于为人类造福。科技活动是人类认识客观世界和改造客观世界的一种社会活动。科技活动作为社会活动的组成部分，最终都必须符合社会发展、社会进步和为人类造福。

美国著名科学社会学家默顿曾在阐述科学的社会规范时，把无私利性作为一种重要的规范，即强调从事科学活动、创造科学知识的人不应该以科学牟取私利；科学家从事科学活动的目的是发展科学知识，是探索真理、发现真理和发展真理，而不是为了自己的一己私利。

爱因斯坦评价牛顿等科学巨匠时说："科学家的一生是为了寻找永恒真理而斗争的舞台上的一幕，只有这样，我们才能理解他们。"居里夫人为了科学、为了人类贡献了她的生命。爱因斯坦在悼念居里夫人时说："我对她人格的伟大愈来愈感到钦佩。她的坚强、她的意志的纯洁、她的律己之严、她的客观、她的公正不阿的判断——所有这一切都难得地集中在了一个人的身上。她在任何时候都意识到自己是社会的公仆，她的极端的谦虚，永远不给自满留下余地。"

诺贝尔科学奖获得者绝大多数并不是为获诺贝尔奖之名，更不是为得诺贝尔奖奖金之利而去做科学研究的。当然，今天诺贝尔科学奖像科学一样已属于全人类，就是为获得诺贝尔奖而奋斗也无可厚非。但只为争得诺贝尔奖之名利会舍弃为追求真理、造福人类的远大目标而奋斗的人，是较难为科学作出更大贡献的。诺贝尔科学奖与功利主义格格不入，在勇于探索真理的道路上不能急功近利。

幽门螺杆菌的重大发现

2005年10月3日，瑞典卡罗林斯卡医学院宣布本年度诺贝尔生理学/医学奖授予澳大利亚科学家巴里·马歇尔和罗宾·沃伦，以表彰他们对幽门螺

杆菌的重大发现。

1979 年 4 月，时为澳大利亚珀斯皇家医院研究人员的沃伦在一份胃黏膜活体标本中，意外地发现无数细菌紧黏着胃黏膜上皮。在长期的实践中，沃伦观察到在慢性胃炎标本中总是出现这种细菌，他意识到这种细菌可能和慢性胃炎等疾病有密切关系。然而，沃伦的观点和当时人们公认的“正统”的医学理念是不相符或者说是相违背的。当时的医学界普遍认为胃酸会将人吞入的细菌迅速杀灭，而健康的胃是无菌的。于是，质疑声此起彼伏，但沃伦的看法并没有因众人的质疑而动摇。

1981 年，一位叫巴里·马歇尔的年轻人来到珀斯皇家医院工作。通过对沃伦研究课题的接触，他对这种不知名的细菌表现出了极大兴趣，并全身心投入到研究中。为了获得这种细菌致病的证据，马歇尔和另一位医生自愿进行人体实验。他们在服食培养的细菌后，都发生了胃炎。内窥镜检查显示，他的胃部炎症病灶周围满是幽门螺杆菌特有的螺旋状细菌影像。马歇尔患病过程中承受了胃痛、恶心和呕吐。但在后来的治疗中，他们以恢复健康的方式证明了幽门螺杆菌研究的实际意义。接下来，沃伦和马歇尔又用内窥镜对 100 例肠胃病病人进行研究，并发现所有的十二指肠溃疡病人的胃内都有这种细菌，即现在所谓的幽门螺杆菌。幽门螺杆菌的发现，实实在在地弄清了胃溃疡等疾病的“元凶”。诺贝尔奖评审委员会说：“现在已经得到普遍证明，超过 90％的十二指肠溃疡和超过 80％的胃溃疡都是由幽门螺杆菌引起的。”这一发现革命性地改变了世人对胃炎等疾病的认识，让人们不再仅从生活习惯和生活压力中寻找胃病的原因，而是着眼从临床的角度使用新的抗生素进行治疗，大大提高了胃炎、胃溃疡和十二指肠溃疡患者彻底治愈的几率。

第三节　诺贝尔奖精神

在诺贝尔奖持续颁发一个世纪之后的今天，如果抛开 20 世纪里两次世界大战带给人类的毁灭性打击，以萌芽于 20 世纪末的知识经济中，科技与社会全面融合的成就，去验证 19 世纪末《费加罗报》一篇文章的预言：“20 世纪带给我们的将是科学进入社会和私人生活，科学将赋予我们行为的准则。它将是一种光辉灿烂的前景……我们希望把 19 世纪的那些愚蠢的仇恨、无意义的争斗和可笑的诽谤统统带走，抛进世纪的深渊。”历史的事实促使我们去反思：科技与社会、科学文化与人文文化以及支配科学活动和社会活动的科学精神与人文精神之间的相互作用。因此，沿着百年诺贝尔科学奖发展的历史轨迹，详细解读诺贝尔奖精神是十分重要的。

一、诺贝尔奖精神的内涵

我们在了解诺贝尔和诺贝尔科学奖成果之后，不得不思考这样一个问题：百年来，诺贝尔科学奖为什么经久不衰，影响之深、之广？细细思考，其中最重要的原因就是诺贝尔的人格魅力、诺贝尔奖得主不屈不挠的人生实践以及由诺贝尔科学奖成果引领的百年科学进步史。如果进一步提炼和升华，那就是诺贝尔奖精神。

诺贝尔奖精神的本质或实质，从直接渊源来看，它是由诺贝尔本人所躬行及其遗嘱所确定的，并经诺贝尔奖奖项设置与运作、诺贝尔奖得主及其成果，以及诺贝尔奖得主受教育学校的教育理念等因素，而得以继承和发扬光大的科学精神和人文精神。即诺贝尔奖精神是科学精神和人文精神的具体体现，它既是这两者的融合，又是人类精神在特定时期反映到个案中的典范。

从诺贝尔奖精神形成的文化根源及其结果来看，它是科学文化与人文文化互动关系演进到特定历史时期的特殊结果，又是文化创新的一种典型表现形式。努力建设先进文化与努力发展先进生产力，都是我们全面建成小康社会、实现社会主义现代化、实现“中国梦”的战略任务。党的十八大报告强调：“建设社会主义文化强国，关键是增强全民族的文化创造活力”，为此，必须大力推进文化创新。这种文化创新与现代教育特别是高等教育创新又是极融洽和相互强化的，并且它们共同推动了科技创新的发展。

随着诺贝尔奖陆续揭晓，全球科学界的视线始终凝聚在这一世界性的奖项之上。诺贝尔奖是迄今为止全球最具影响力，而且知名度和权威性最高的奖项，它融科学奖与人文奖于一体，已走过了百年的辉煌。从科学文化与人文文化、科学精神与人文精神相互作用的视角审视社会，诺贝尔奖精神的实质，就是以真善美为根本内涵的科学精神与人文精神融于一体的价值理念。这种价值理念在当今世界有着广泛的社会意义。

诺贝尔奖精神，体现了一种博大的人文关怀。我们提倡弘扬诺贝尔奖精神，并不是以拿诺贝尔奖为目的，而是让我们最优秀的人才充分发挥他们的聪明才智，极大地提高整个国家的科技水平，加强对基础科学的创新研究。中国“杂交水稻之父”袁隆平先生不仅用自己杂交水稻研究的杰出成果解决了中国人民的吃饭问题，还为人民几十年后的吃饭问题担忧，提出了富有想象力的解决办法。他虽然没有获得过诺贝尔奖，但是他的这种精神就是诺贝尔奖精神的集中体现。

诺贝尔奖精神，体现了一种严谨求实的科学态度。尽管科学奖颁发的领域不同，但诺贝尔奖获得者的共同之处是都有深厚的科研学术功底、相应的实验设备条件和严谨求实的科学态度。他们在科研过程中都表现出一丝不苟、全情投入的科学精神和非功利性的自由探索的热情。能在瞬息万变、追潮逐浪的世界里淡定独处，自觉摒弃外在的干扰和杂念，以追求单纯的科学为目标，努力探索科学的奥秘，这本身就是一种付出。

诺贝尔奖精神，体现了不务虚名、献身科学的崇高理想。获得诺贝尔科学奖的科技成果对于人类社会贡献的分量既包括科研成果本身的价值，也包括其对于相关学科发展方向的后续影响。多数情况下，成果都是在取得十几年甚至几十年后才得奖的。科学探索的目标是未知世界，无论是科学家本人还是科学界，往往无法准确预测某项成果多年后的发展轨迹和产生的影响。在实现科学发展、建设小康社会等方面，崇尚科学精神、弘扬科学文化将是一个过程。我们全社会都应提倡实事求是、理性思考，摒弃喧嚣浮躁、争名夺利。

二、诺贝尔奖精神的具体体现

（一）诺贝尔一生及其遗嘱所蕴涵的科学精神与人文精神

1. 诺贝尔的科学发明事业始终贯穿着科学精神

诺贝尔是一位科学家、发明家。他终生致力于科学研究发明和发明成果的广泛应用，坚信人类社会的发展进步的根本出路在于科学技术的发展。他一生共拥有 355 项发明专利，并因研制、推广和应用硝酸甘油炸药而于 1868 年获得瑞典皇家科学院的莱阿斯蒂克奖的金质勋章。

作为发明家和科学家的诺贝尔，一方面以求真、务实、开拓、创新和锲而不舍的科学精神穷其毕生智慧和精力于发明创造和科学实业，其创造发明的广泛应用，直接加速和推动了人类社会发展的进程。另一方面，受父母思想和行为等因素的影响，诺贝尔“以促进人类进步和福利事业、以纯粹的理想主义为目的”，因终生献身于科学事业而获瑞典乌普萨拉大学荣誉哲学博士学位，并以设立诺贝尔奖的方式来体现其对人类生存、发展和进步的终极关怀，即人文精神。这种科学精神和人文精神相统一的思想贯穿于诺贝尔一生的实践之中，并最终通过其遗嘱而得到确定。

纵观诺贝尔的一生，就是不断进行科学发明的一生，在他身上一位伟大科学家的科学精神得到了具体体现。

首先，他注重试验，每一项科学发明都是反复试验的结果。这体现了他作为科学家的尊重事实、追求真理的科学精神。特别是对硝酸甘油锲而不舍的研究，体现了其不断进取的科学精神。

其次，他注重创新发明，在征服硝酸甘油的历程中，他先后从事了雷管、黄色炸药、胶质炸药、无烟炸药等重大技术发明，实现了一次又一次的重大技术创新。创新是科学的灵魂，这种精神是诺贝尔奖精神的显著特征。

尽管因体弱多病和父亲事业的大起大落而没有受过如其兄长般系统的学校教育，但凭借自身的聪明才智和坚韧毅力，并在父亲所请名师的精心传授和指导下，诺贝尔不仅在语言（精通瑞典语、俄语、德语、英语、法语、意大利语）和自然科学知识学习方面成绩优异，而且通过周游世界使自己很快跨入了科学家的行列。其中，诺贝尔父亲的言传身教，对其选择科学研究作为自己毕生从事的事业起到了决定性作用。他曾思考，人类都是兄弟，应该和睦相处，为什么要有战争呢？并向其父追问："为什么要制造用于战争的武器呢？我选择科学研究的道路，是为了人们幸福，是为了对文明的发展作出自己的一点贡献。"他父亲声情并茂并经深思熟虑地回答："阿尔弗雷德，我也不想制造武器。如果没有武器也能安心过日子那该多好，那是我的理想。但是，现实是，许多国家都以某种形式拥有武器……我们生产的武器不是为出去打仗的，而是为了发生战争时，用它来保卫国家和人民，并最终导致和平。"父亲的有力回答既消除了诺贝尔从事科学研究的疑虑，也更坚定了他追求真理、追求完美、追求至善的理想、信念和决心。此后，在发明和改善硝酸甘油、达纳和胶质等系列炸药的过程中，他凭借"不愧是具有钢铁般意志的诺贝尔的儿子"，他的"意志像是钢铁铸成的，越锤炼越坚强"，即便是遭遇连续不断的爆炸事故、他人对其发明权的窃取、弟弟的意外身亡以及在英国维权之诉的失败等接踵而至的重大打击，也丝毫不动摇其矢志不渝的理想和信念。哪怕是在临终前的数小时，诺贝尔在给挚友索尔曼的信中所表明的思想依然是那么执着："非常遗憾，我的健康状况极其不佳，甚至写这样短的信也感到勉强。但是我想尽快回到我们俩人感兴趣的研究（即硝化纤维火药问题）中去。"这是他以自己毕生的实践来贯彻和落实科学精神与人文精神的真实写照。

2. 诺贝尔为人类谋福利的理想是人文精神的生动写照

他曾经说过，"博爱是我奉献给上帝的一炷香"。诺贝尔始终认为：有钱不能使人幸福，幸福的源泉只有一个——使别人过得幸福。在事业有成时，诺贝尔诚心诚意赞助慈善事业，对每个人、每个人的恳求都非常关注。他仔细阅读一封封求助信件，认真考虑其困难并为解决困难提供足够资金。于是一个百万富翁急公好义的传闻不胫而走。然而来自不同阶层、不同年龄、不同国籍的求助者日益增多,求助者的正当要求他要认真考虑,而那些欺诈、勒索和专靠乞讨过日子的人的非分要求却叫他心寒。那时,他感到无能为力。作为一个有着科学精神的慈善家,诺贝尔担心自己的捐助失去了公正的原则,缺乏有效的方法和适当管理。他明白,只有将自己的援助纳入慈善机构或创立一个新的机构,才能使自己的资助得到有效的利用,为人类发展出力。这便是诺贝尔遗嘱诞生的最直接、最根本的原因之一。

1896 年 12 月 10 日,诺贝尔因脑出血在意大利圣雷莫与世长辞,留下了一份著名的遗嘱。诺贝尔遗嘱的内容在今天虽广为人知,然而,诺贝尔为何要将其全部财产设立为基金,而不由其亲属继承?正如瑞典一流报社赞誉阿尔弗雷德伟大遗志所说的那样,"迄今为止,在作为个人以促进人类进步和福利事业,并以纯粹的理想主义为目的而留给人类的赠礼之中,这恐怕是空前的。"除了父亲的思想和行为之外,还受母亲的助人为乐,以及当时世界和平运动的核心人物、《放下武器》的作者——贝尔塔・苏特纳夫人的深刻影响,同时也为实现自己的崇高理想,诺贝尔最终决定将其全部财产作为奖励金,用以推动人类进步事业的发展。如果说与父亲的交流,只是消除了诺贝尔从事武器研制(发明创造)工作的疑惑的话,那么亲眼见到最爱的母亲自己省吃俭用,却将他每月所给的大笔费用的绝大部分用于救济那些不幸的人,"可以说母亲的博爱精神和实际行动,对他以后决定设立'诺贝尔奖'的想法起到了巨大的影响。"而与贝尔塔・苏特纳夫人的会谈,直接资助她的和平事业,以及写给她的信函:"我想把我的一部分财产作为奖金,奖给为促进世界和平尽力的人们。""不用说,这就是后来作为遗言写下来的诺贝尔的最初想法。"因此,尽管诺贝尔曾有从事文学艺术创作的理想并确实创作过一些别人评价不高的作品,但科学理想和科学精神却较早地得到了他的践行,而人文理想和人文精神在其身上的践行,是一个逐步积累和升华的过程。同时,他用遗嘱通过设立科学奖和人文奖奖项的方式,确定了此后的诺贝尔奖精神的基调,即科学精神与人文精神的融合。

诺贝尔不仅是科学家、发明家,同时也是一位实业家。诺贝尔认为科学发明的最终目的是为人类谋求福利。为了使自己的发明成果更好更直接地服务于人类,诺贝尔在科学研究发明的同时进行了大量的炸药生产。除了研究事业,诺贝尔还经常奔波各国经营产业。在诺贝尔的努力下,诺贝尔的工厂从瑞典发展到德国、美国,黄色炸药的销量从 1867 年的 11 吨,发展到 1870 年的 424 吨,到 1874 年 3120 吨。诺贝尔公司发展到 19 世纪 80 年代已成为世界性的企业(跨国公司)。他的近百座工厂或公司分布在全世界 20 多个国家,对世界的经济发展作出了巨大贡献。这正如曾在诺贝尔基金会工作过的瑞典传记作家埃里克所讲述的那样:"在黄色炸药进入世界市场之后,以前由于时间和费用而不敢想象的矿业、工业和交通运输方面的某些极为重要的工程,现在马上就要动工了。仅以诺贝尔生前的几项大型工程为例，就有圣戈特哈铁路的隧道工程；纽约东河地狱门的暗礁爆破清除工程；铁门地段的多瑙河疏浚工程；以及希腊 295 英尺[①]深、约 4 英尺长的科林恩运河开凿工程。”

实业家的风格似乎有悖于科学家、发明家的本质。其实不然，诺贝尔将从事科学研究和技术发明，不仅看作是个人对自然奥秘进行自由探索的最崇高的使命和追求，而且把征服、改造自然以及协调人与自然的关系当成是为人类谋福利最有效的手段。同时，这种集科学家、发明家和实业家于一身的情形，从价值理念到责任承担和履行、从理想追求到躬行实践，都更加突出反映了诺贝尔身上科学精神与人文精神相伴相生、如影随形、相融相合的本质。所以，今天对世界科学、文学及和平事业有着伟大贡献的诺贝尔奖，可以说是在诺贝尔发明才能、文学兴趣、仁者风范和企业管理等作用条件相辅相成下产生的，是诺贝尔身上人文精神与科学精神相融的结果。

（二）诺贝尔奖的奖项设置及其运作中体现着科学精神与人文精神的融合

如果说诺贝尔是科学精神和人文精神的躬行者，那么诺贝尔奖的设置及其运作则是这种精神的继承者和发扬光大者。

1. 诺贝尔奖奖项设置体现着科学精神和人文精神的统一

如前所述，依据诺贝尔的遗嘱，最初设立和颁发的诺贝尔奖奖项包括两大类共五项：由物理学奖、化学奖、生理学/医学奖组成的科学奖；由文学奖、和平奖组成的人文奖（1969 年增设的经济学奖，也属于人文奖类别）。作为迄今为止世界上最具权威、知名度最高的奖励，虽说诺贝尔奖中无论是科学奖还是人文奖，它们所涉及的学科都非常有限，但是它们通过奖励这些学科领域中“最近的成就”以及“最近才认识其意义的较早的成就”，体现了这两类精神。因为这些成就全部是当时的科学精英和人文英才们，运用先进的科学方法或表现手法所揭示或反映的科学思想、科学理论或人文理想。它们都体现着其所处时代的科学精神和人文精神的具体风貌。

诺贝尔奖的设置体现了科学精神与人文精神相融。其一，诺贝尔奖作为一项福利事业，在人文关怀上表现了其人文精神，它给予科学家、人文学者以经济支持，帮助他们摆脱了贫困，以便更有效地投入科学实验、科学研究和文学创作。德国科学家赫兹，当年进行电子冲撞实验时，所在学校无力承担他需要的经费，赫兹预支了自己两年的薪金从事科研，生活近乎潦倒。诺贝尔物理学奖奖金的颁发解了他的燃眉之急，并为他获奖后的科研提供了有利的经济支持。1939 年获得诺贝尔文

---

① 1 英尺≈0.305 米。

学奖的芬兰文学家西兰帕，生活一直比较清苦，靠预支稿费生活。在获奖当年，他的妻子因操劳过度离开人世，并欠下出版公司债务 250 万芬兰马克。文学奖的颁发给他极大的安慰。

其二，诺贝尔科学奖奖励在物理、化学、生理学或医学界有着重大发现的科学家。它要求对原创性工作给予奖励，坚持了科学的理性原则、实践原则和创新原则，体现了科学精神。

其三，诺贝尔奖所奖励的科学家、人文学者都是时代精英，他们的获奖项目都一定程度揭示和反映了科学思想、科学理论和人文理想，体现了所处时代的科学精神和人文精神风貌。

2. 诺贝尔奖的具体运作体现了科学精神与人文精神的相融

诺贝尔奖的具体操作是遵循遗嘱精神而执行的，即体现了真实、公平、公正、民主的原则。

一是，早在 1900 年 6 月 29 日，瑞典政府为诺贝尔奖的具体实施制定了《诺贝尔基金会章程》、《诺贝尔基金会皇家科学院颁奖特别条例》、《诺贝尔基金会卡罗琳外科医学院颁奖特别条例》、《诺贝尔基金会瑞典文学院颁奖特别条例》，并由国王奥斯卡二世签署，通过法律的方式确定下来。1905 年 4 月 20 日挪威议会诺贝尔委员会又正式通过了《诺贝尔基金会关于诺贝尔和平奖颁发和挪威研究所建立的特别条例》，1936 年 10 月 30 日又颁布了《诺贝尔医学研究所章程》。

从这些章程中我们了解到，诺贝尔基金会、诺贝尔委员会和诺贝尔研究所等对其组织机构的设置、工作职责的划分都有明文规定，并且章程对诺贝尔奖评议的推荐人资格、评审程序以及基金会管理和奖金的分配等问题都规定了严格的制度。诺贝尔奖的具体运作就是严格按照这些制度章程操作的。

二是，诺贝尔奖作为一项私人奖励，任何阶级、政党、集团、民族、政府、国际组织都无权干涉评奖活动，或对它提出改革要求，甚至诺贝尔基金会也不拥有评奖活动的独断权。

评选诺贝尔奖的时间一般是从前一年的 8、9 月份开始，先由各颁奖机构向有资格提出候选人的人员发出推荐邀请书，授奖当年的 2 月前，各诺贝尔委员会收回各方面推荐的候选人意见书。候选人的提名，必须以正式书面形式交到委员会，材料中必须有充分的资料，如原著、译本等。每年推荐的候选人很多，获奖者可以说是百里挑一。

颁奖机构的评议和表决，都是在秘密的环境进行的，所有关于获奖候选人的提名、筛选等工作都必须严格保密。9 月至 10 月初，各委员会将最后的“推荐书”提交给颁奖机构，由颁奖机构的全体院士进行最终的投票表决。直到 11 月中旬以前，各颁奖机构才评出当年获得本项诺贝尔奖的人。

可以说作为一种文化活动，诺贝尔奖的运作克服了种种文化的“狭隘性”，具有“共文化性”。这种“共文化性”本质上就是“保持不同文化特点和价值取向基础上的一种统摄”。“共文化性”体现了人类共同的文化精神即科学精神与人文精神，正是这种精神使诺贝尔奖经历了两次世界大战，经历了战后的冷战，历经磨难而不死，终于随着冷战的结束而迎来了和平与发展的局面，使其精神得以发扬光大。

3. 诺贝尔奖精神体现在诺贝尔奖得主及其获奖成果之中

20世纪以来，就对世界科学、文学、和平乃至经济学所产生的全面而深远影响而言，没有哪一个奖项的影响能超过诺贝尔奖。不仅如此，诺贝尔奖全面而深远的历史影响还将持续到未来。20世纪诺贝尔奖的颁奖目录就是一部20世纪科学与人类文明的历史，即使它不是历史的全部，也是历史的缩影与见证。

同时，就个人而言，一位科学家或人文学者要想作出最重要的发现、发明、改良，或创作出有理想主义思想的最优秀的作品，并从世界上数以千万计的科学家或人文学者的集合体中脱颖而出，最终摘取一年一度的世界科技和人文奖励中的王冠——诺贝尔奖，除了要具备超群的才智以外，他（她）不仅在心理动机、科学态度和理想信念方面必须表现出纯洁、坚定和崇高的品质，而且其行为还必须遵循基本的科学规范、技术规范和学术准则。诚如中科院院长白春礼院士所说：“科学家首先内心要有创造的欲望和激情，有时他可能从事如‘苦行僧’般的科学研究，才能真正达到‘无悔追求’、‘无私奉献’的境界。丁肇中教授在许多场合提到‘格物致知’精神……这就需要锲而不舍的科学精神。”在获得诺贝尔奖以后，科学家或人文学者虽说已经成为学界的“超级精英”，但其一切行为活动更应遵循并体现上述精神。并且，不论是科学奖还是人文奖得主，他们体现的不仅仅是其所在领域的单一的科学精神或人文精神，而更多的是此二者的融通，爱因斯坦就是其中的典范。同样的，科学家或人文学者的成果，唯有在新颖性、创造性、适用性或理想性等方面，符合诺贝尔奖评审机构的要求，才能通过层层筛选并成为最终的赢家。因此可以说，诺贝尔奖得主及其获奖成果最集中地体现了诺贝尔奖精神，即科学精神和人文精神，或者说诺贝尔奖精神体现在一个个“大师精神”之中。相反，如果企图以伪造实验数据、篡改他人成果内容或剽窃他人成果等方式窃取诺贝尔奖，不但是对其本人人格的侮辱，更是对诺贝尔奖精神甚或人类精神的肆意践踏。这种行为也必将遭到世人的谴责、唾骂等相应惩罚。

投身于世界和平运动的诺贝尔科学奖得主

在获得诺贝尔奖的科学家中，许多科学家积极投身世界和平运动，如爱因斯坦（1921年获物理学奖）、哈恩（1944年获化学奖）、玻恩（1954年获物理学奖)、维格纳(1963 年获物理学奖)、鲍林(1954 年获化学奖)、鲍威尔(1950 年获物理学奖)、约里奥·居里(1935 年获诺贝尔物理学奖)、汤川秀树(1949 年获物理学奖)等。在 1939 年第二次世界大战期间,爱因斯坦和美国一批科学家曾写信给罗斯福总统,督促美国要赶在德国之前研制出原子弹,以利于世界人民反法西斯战争。而当 1945 年 8 月,两颗原子弹落到日本的广岛和长崎,造成 24 万人死亡。为了防止威胁整个人类生存的核战争,爱因斯坦又在 1946 年发起并组织了"原子科学家紧急委员会",以唤起科学家的社会责任。1955 年,爱因斯坦又和罗素(1950 年获文学奖)共同起草了《科学家要求废止战争》,阐明核战争的巨大危险性,督促各国政府寻求和平手段解决国际争端。哈恩也在这一年发起并发表了由 50 多位诺贝尔奖得主签名的《迈瑙宣言》,号召所有国家放弃使用武力解决政治争端。

同时获诺贝尔科学奖和和平奖的科学家

在诺贝尔奖获奖者中,有既获科学奖又获和平奖的双栖精英,如美国化学家鲍林。鲍林因其研究化学键的性质和复杂分子结构方面的杰出成绩于 1954 年获诺贝尔化学奖,一举成为蜚声科学界的精英人物。获奖后的鲍林,一边投身自然科学研究,一边积极推进世界和平事业的发展:1946 年,和爱因斯坦等科学家一起成立"原子科学家紧急委员会";1955 年,与 51 位诺贝尔奖获得者联合发表宣言,反对苏美发起氢弹武器;1958 年,向联合国秘书长递交《科学家反对核试验宣言》,美国的 2000 名科学家和其他 49 个国家的 8000 名科学家签名支持;1962 年,给赫鲁晓夫和肯尼迪写信,督促停止两个超级大国的核试验;1963 年,在鲍林等人努力下,美苏英三国签署了部分禁止核试验条约。

在鲍林所从事的和平事业进程中,他曾多次遭到美国参议院国内安全小组委员会的传讯、当局的威胁。但他坚强不屈、无所畏惧,因其为人类和平事业作出杰出贡献,获得了 1962 年诺贝尔和平奖。

获得诺贝尔和平奖的科学家

在著名科学家中,也有获诺贝尔和平奖的。如挪威的海洋学家南森、美国农学家博劳克、苏联核物理学家萨哈洛夫和英国物理学家罗特布特拉就分别获得了 1922 年、1970 年、1975 年、1995 年诺贝尔和平奖。

正是诺贝尔奖所蕴含的科学精神和人文精神影响了一代又一代的科学家、人文学者,也正是在一代又一代的科学家、人文学者身上诺贝尔奖精神得以具体体现并发扬光大。

4. 诺贝尔奖精神与获奖者受教学校的教育理念交相辉映

尽管诺贝尔奖的评审标准所针对的是具体研究成果的性质、特征及其效用,表面上看这似乎与获奖者受教育的学校的教育理念毫无相干。然而,科学家或人文学者之所以能够作出最重大发现,取得最先进、最优秀的成果,并最终获取诺贝尔奖,是因为他或她处于能孕育和产生这类伟大成果的特殊环境中,是因为这类特殊环境(包括学校)具有充足的、能培育诺贝尔奖获得者这类杰出人物的丰富养料——学校的教育理念,以及浓厚的人文文化底蕴等。也就是说,诺贝尔委员会表面上承认的是获奖者及其成果,而其实质却是对培育获奖者的教育理念、人文文化氛围的充分肯定,而教育理念和人文文化中最深刻的内在核心正是科学精神和人文精神。所以,诺贝尔奖精神与获奖者受教育学校的教育理念不仅是融通的,而且是交相辉映、相互强化的。对此,人们认为,剑桥、哈佛之所以成为诺贝尔奖得主的摇篮,是因为这两所学校的教育理念都突出表现为:自由教育思想的传统及由此形成的超然物外的求知精神,只追求真理和科学而不问其实际功利的品格,多学科(自然科学、社会科学和人文科学)汇通交叉的知识底蕴。还有人认为,正因为剑桥、牛津大学在人才培养方式上具有以下特色:极其重视激发学生学习的积极性和主动性,培养其独立学习、研究的能力和创新的意识;早期介入研究课题,通过科研出人才;浓郁的人文环境和优良的文化传统;以及独特的学院制,才使其成为世界级顶尖人才的摇篮。所以说诺贝尔奖精神体现在一个个"大学精神"之中。此外,美国科学家认为,美国之所以盛产诺贝尔奖得主,除了因其科研经费雄厚以外,还由于它具有浓郁的鼓励竞争和创新的学术氛围。

三、弘扬诺贝尔奖精神的意义

(一)我国弘扬诺贝尔奖精神的现实意义

虽然诺贝尔奖的设置及其具体运作还存在一些不足,但体现人类科学精神和人文精神融合思想的诺贝尔奖精神又是动态开放、变化发展的。随着人类文明的进步,它也会不断地对自身进行调整和改进。因此,无论是对一个国家、地区或民族的科技、教育与社会发展,还是对全球性科技与社会的融合,乃至对整个人类文明的进步;不论是对发达国家的进一步发展,抑或是对发展中国家进行现代化的社会经济和文化建设,弘扬诺贝尔奖精神都具有极为重要的现实意义。具体落实到我们国家,其意义可以表现为以下几个方面。

首先,它有助于推进中国特色的社会主义文化建设。中国特色社会主义文化建设包括思想道德建设和科学文化建设两个基本方面。思想道德建设要解决的是整个民族的精神支柱和精神动力问题,是文化建设的核心,决定着文化建设的性质和发展方向;科学文化建设,要解决的是整个民族的科学文化素质和现代化建设的智力支持问题,是物质文明和思想道德建设的重要条件。弘扬诺贝尔奖精神有助于培育有理想、有道德、有文化、有纪律的公民;发展面向现代化、面向世界、面向未来的、民族的、科学的、大众的社会主义文化;特别有助于人们树立崇高的理想,追求崇高的精神境界;有助于弘扬"主旋律":"以科学的理论武装人,以正确的舆论引导人,以高尚的精神塑造人,以优秀的作品鼓舞人"。其次,它有助于加强社会主义精神文明建设。这是前述内容的拓展和深化。由于科学精神与人文精神是科学文化和人文文化中最深刻的内在核心,它们最集中地体现了优秀文化的本质特征和深刻内涵。再次,它有助于推进我国社会主义现代化建设。最后,它有助于推进素质教育并促进人的全面发展。

(二)全社会都要弘扬诺贝尔奖精神

我国弘扬诺贝尔奖精神,既是各级政府部门的职责,更应是科技工作者和教育工作者的责任。它在我国所体现出的意义,不仅仅是我国大陆的科技人员什么时候能够实现诺贝尔科学奖零的突破,或者能够培养出多少位可以获得诺贝尔科学奖的科学家,其中的关键还在于如何通过提高教育和科普水平,进而促进国民素质、创新精神尤其是公民科技素质的全面提高。世界经济论坛于1996年发布的世界竞争力报告中明确指出,当前国家之间的竞争已经从原来的产品竞争、加工竞争和结构竞争转向国民素质的竞争,并且知识型劳动者将是信息或知识社会的主力军,而国民科技素质又是国民素质的重要组分。由于能够获得诺贝尔奖的"超级精英"毕竟是科学家全体中的极少数,只有将科学精神和人文精神内化到公民的个性、思想观念、思维方式和行为方式中去,进而形成雄厚的群众性基础,才能多出和快出诺贝尔奖级的成果。因此,我们的科技工作不能急功近利、拔苗助长。

(三)高校在弘扬诺贝尔奖精神中的作用

高等学校的教师和青年学子一定要成为科学与人文和谐发展的人。大学教育应该始终贯穿"以人为本"的思想,永远不要忘记我们培养的是"人",而不是"工具"。高校不仅应是传授科技专业知识的场所,还应是人文精神熏陶的园地,要教育学生懂得做人是立身之本,而掌握知识是服务祖国、人民和社会的重要手段。

我们评价一个人,除了看他的知识和能力之外,还要看他的人品怎样,为人如何。同样，评价一所大学，除了看她所拥有的教授、博士生导师、院士的数量以及现代化的实验室和美丽的校园环境之外，还要看这所学校的校风怎样，学风如何。一个学校的校风、学风，就是她的办学宗旨、学术追求、科技视野、研究氛围、人文情怀、学习气氛和开放胸襟，这些也就是一所高校的科学精神和人文精神。因此，对高校和科技工作者而言，自然科学与人文社会科学如同“车之两轮、鸟之两翼”，二者相辅相成，缺一不可。

科学精神与人文精神本质上是相通的。如果我们从哲学的角度看，科学精神是一种辩证的、求实的、追求真理的哲学沉思；从社会人文的角度看，科学精神是人类在对自然的认识和改造过程中体现出来的求真、至善、臻美的文化精神；从道德的角度看，科学精神是一种独立、诚实、无私、实事求是的品质。科学精神很大部分反映的是个人的人文素养。很难想象，一个人文精神和道德素质很差的人会有良好的科学精神。接受知识需要理性，理性是可以培育的，是可以由老师传授的；而科学创造的灵感很大程度上有赖于悟性，悟性属于非理性的范畴，是老师教不来的。科学工作者只有拥有深厚、扎实的科学人文底蕴，才能激发出丰富的创造灵感，才能在科学研究中拥有异乎寻常的大思路、大智慧、大视野。

高校要培植和发扬科学精神和人文精神，一是要思想开放；二是要活跃学术空气。一所高校要有活力和创新的能力，就必须有开放的精神、开阔的视野以及与外界交流的能力。学校要有兼容并蓄的精神，创造宽松的学术氛围和研究环境；鼓励科技工作者大胆探索，允许失误；并为科技工作者在学术讨论中营造科学的、坦率的、平等的、宽容的环境，在校园内培育一个健康向上的人文学术氛围。一个学校良好校风和学风的形成，需要经过很长时间甚至是几代人的不懈努力，一步一个脚印直至形成一个好的传统。进入 21 世纪后，认识世界的重大发现和改造世界的重大成果都将有赖于自然科学与人文科学的结合。这就要求高校在人才培养方面，需要从人的综合素质和社会文化进步的高度，促进受教育者的科学教育与人文教育融合，人文气质与科学精神合璧，才能得到全面的发展和提高。

因此，在科技与社会融合趋势日益加强的知识经济时代，弘扬诺贝尔奖精神将具有越来越重要的现实意义。

思考与建议

1. 什么是科学精神？科学精神的内涵是什么？
2. 什么是诺贝尔奖精神？从哪几个方面领会诺贝尔奖精神的实质？
3. 弘扬诺贝尔奖精神的意义是什么？

参考文献

[1] 王滨. 科学精神启示录[M]. 上海:上海科技出版社,2005.
[2] 张九庆. 自牛顿以来的科学家[M]. 合肥:安徽教育出版社,2002.
[3] 陈其荣,等. 理性与情结[M]. 上海:复旦大学出版社,2002.
[4] 王国领,赵兴太. 科学精神与诺贝尔自然科学奖[J]. 辽东学院学报:社会科学版,2006,2.
[5] 杨瑞华. 诺贝尔奖精神及其诞生的文化动因与启示[D]. 长沙:中南大学,2004.
[6] 王晓勇. 科学精神与诺贝尔奖[J]. 自然辩证法研究,2001,9.
[7] 王鸿生. 科学精神三要素及其人文意蕴[J]. 科技导报,2001,1.
[8] 张颖春. 科学精神的概念及其内涵[J]. 天津商学院学报,2004,5.
[9] 程民志. 科学精神:诺贝尔物理学奖得主成功的支柱[J]. 黄山学院学报,2007,3.
[10] 眭平. 科学发现的种子及其辐射作用[J]. 科学学研究,2004,1.
[11] 赵冬. 从基础教育到研究训练:诺贝尔科学奖获得者的教育背景探析[J]. 科学技术与辩证法,2000,3.
[12] 彭桓武. 从爱因斯坦两段语录说起:彭桓武先生谈科学研究与创新[J]. 中国科学院,2005,2.
[13] 曹伟. 百余年诺贝尔物理学奖成果研发成功的方法论途径分析[J]. 自然辩证法研究,2006,2.
[14] 张大庆,韩启德. 超越双螺旋:DNA 对科学与社会文化的影响[J]. 医学与哲学,2002,7.
[15] 邢润川,孔宪毅. 从诺贝尔自然科学奖百年走势看科学实验与科学理论的关系[J]. 山西大学学报:哲学社会科学版,2002,2.
[16] 张昱. 从富兰克林精神看 2010 年诺贝尔物理和化学奖[J]. 山西大学学报:哲学社会科学版,2011,1.
[17] 迟阿鲁. “疯子”兼战俘竟获诺贝尔奖[J]. 中国社区医师,2010,4.
[18] 蒋美仕. 诺贝尔奖精神:融科学精神和人文精神于一体[J]. 自然辩证法研究,2002,4.

第四章 科学研究的发展历程

当居里夫妇发现的镭用于破坏有病的细胞以治疗恶性肿瘤；当爱因斯坦的相对论从根本上改变了人类的时空观念；当弗莱明发现的青霉素救治了一个又一个被细菌感染的疾病患者时……我们看到了来自科学的无限魅力。

科学是美丽的。

科学带领人们从混沌走向清晰，从懵懂走向理智，从愚昧走向文明。科学帮助我们认识了世界、认识了自己；指导我们如何健康地生活；教会我们如何与自然和谐相处……

生命的奥秘如何解释？浩瀚的太空是什么样子？宇宙的演化有什么规律？千百年来无数哲人智士苦苦思索的众多难题，科学给了他们确切的答案。科学的魅力就在于能告诉我们关于宇宙万物、生老病死等自然世界之大道，能从各形各色的事物中发现他们之间存在的历史或现实的关系。科学的美是深刻而真实的。

科学的美妙让我们如痴如醉，你对科学了解越多，就越想走近她，热情拥抱她，就越能发现和欣赏她的美丽。

第一节　科学的起源与发展

一、科学的涵义

什么是科学？在人类的历史上曾经有各种不同的理解。英文的 science，法文的 science，德文的 wissenschaft，含义并不完全一样。它们都来自拉丁文 scientia 一词，但或多或少有所转义。拉丁文的 scientia 继承了希腊文 episteme 的含义，其意思是“知识”、“学问”，它又来自于 scio，意思是“我知道”。印欧语系中其根源指的是区别或分隔，同梵语中的 chyati（切开）、希腊语 schizein（劈开）、拉丁语 scindere（劈开），都有亲缘关系。出自它的各个欧洲语种的对应单词，都秉承了拉丁语义项，但又或多或少有所偏离。英文偏离最多，science 通常并不指一般意义上的“知识”（英文里有另外一个专门的词 knowledge），而是指像物理、化学这样一些“自然科学”（nature science）；法文和德文偏离得少一些，其中德文基本上保存着与 scientia 一样的意思（构词形式上与英文的 knowledge 完全一样），并不特指自然科学，也包括文、史、哲等人文学科。因此，可以说德文的 wissenschaft 比较好地保存了希腊文 episteme 和拉丁文 scientia 的原始含义。

至此，便提出了西文语境下的两种“科学”概念：广义的科学指“知识”、“学问”，可以用德文 wissenschaft 来表示；狭义的科学指“自然科学”，可以用英文 science 来表示。

古代的哲学家和科学家对科学的涵义也有各自独特的理解。亚里士多德认为科学知识的性质是一种“获得关于可以论证的事物的知识”，以区别于“意见”。希波克拉底说：“我将尽力治好您的病，但我是学者，追求的是知识（而不是财富和权势）。”康德在《自然科学的形而上学基础》一书中指出：“任何一种学说，如果它可以成为一个系统，即成为一个按原则而整理好的知识整体的话，就叫做科学，它包含：① 感官材料；② 普遍必然性的形式，即通过概念、范畴（因果性、必然性与偶然性）整理的知识。”黑格尔说：“一堆知识的聚集，并不能构成科学。”梅森（科学史家）说：“科学就是人类历史上积累起来的有关自然界的相互联系着的技术、经验和理论知识的不断发展的活动。”丹皮尔在其著作《科学史》绪论中给科学下了这样的定义：

科学可以说是关于自然现象的有条理的知识，可以说是对于表达自然现象的各种概念之间的关系的理性研究。

科学一词传到中国是在 16 世纪西学东渐时，中国学者将 science 对应于“格物致知”，简称“格致”。1885 年康有为首先把“科学”一词介绍给国人，1894～1897 年严复译《天演论》时，把 science 译为“科学”。中国古代也有非常丰富和发达的实用型知识，以解决和安排中国人民的衣食住行，但这些知识与西方的“科学”有根本的区别，不是一个知识类型。这种情况早就被有见识的中国人注意到。梁启超指出，中国人过分把科学工具化、功利化，是“把科学看得太低了、太粗了”。他还说，“就是相对地尊重科学的人，还是十个有九个不了解科学的性质。他们只知道科学研究所产生结果的价值，而不知道科学本身的价值，他们只有数学、几何学、物理学、化学等概念，而没有科学的概念。”

中国人系统引进西学是 1840 年鸦片战争之后的事情，动机是师夷长技以制夷，而夷之长技不外乎“坚船利炮”。所以第一代出国留学者学造船、学兵器者居多，但后来发现，夷之长技不仅是“坚船利炮”，更有支撑“坚船利炮”的一整套知识体系。这套知识体系最初被译成“格致学”，在 19、20 世纪之交被正式定名为“科学”。这个译法来自日本，取“分科之学”的意思，以区别于中国传统的文史学不分的博通之学。

在这个背景下诞生的中文“科学”概念，特指在近代西方发展起来的作为“坚船利炮”之基础的近代自然科学，既不包含西方的人文科学，也不必然涉及古希腊的纯粹理性科学。

尽管科学的概念不能用定义的方式一劳永逸地固定下来，但可以把有关科学的各种涵义当作一个具有内在联系的系统来把握，通过揭示各种涵义之间的联系，全面地、综合地认识科学的本质①：其一，科学作为人类的基本活动，属于社会实践范畴，是形成和产生科学知识、运用科学知识的实践活动；其二，科学作为系统化的知识体系，属于认识范畴，是科学认识活动的最终成果；其三，科学这种知识体系可以物化为社会生产力，标志了人类改造自然、控制自然、驾驭自然的能力；其四，科学作为一种社会建制，指出了科学活动具有自身的职业化的组织和研究机构，并与其他的社会子系统相互作用，是一项重要的社会事业；其五，科学作为一种方法，表征了科学认识活动所遵循的途径和运用的各种方式与手段；其六，科学作为一种文化，指出了科学在社会实践过程中所创造的精神财富和物质财富。

---

① 刘金玉，等. 科学技术发展简史[M]. 广州：华南理工大学出版社，2006.

二、科学的起源与发展历程

科学可以分为四个层面[1]:① 器物技术层面,是科学的应用部分;② 解释层面,包括基本概念、实事、定律、理论,是科学的基本内容;③ 社会层面,包括科学的社会建制和文化环境,是科学的社会基础;④ 精神层面,包括科学思想、科学方法,是科学的灵魂。后两个内容是自然哲学、科学哲学、科学社会学的研究内容。现代自然哲学和现代科学哲学是两个与自然科学联系最紧密的学科。自然哲学主要讨论自然界的物质性、系统性以及自然系统的组成、结构和功能、自组织现象、层次结构和演化发展规律等。科学哲学主要讨论科学方法论,包括研究科学知识的性质、组成和结构、科学探索的程序、方法和规划以及科学文化的传统、变革和价值。

(一) 科学的起源

1. 科学与哲学

哲学方法论对科学发展和科学家的影响是深刻的,每个科学家都自觉或不自觉地被这些规则指导,当然,有时也被这些规则束缚。在科学异常时期,科学家往往寻求哲学的支持,以削弱传统对心灵的束缚。

文艺复兴以来,物理学、化学、生物学等各门实验自然科学从自然哲学的母体中分离出来,成为独立的学科领域。有人形容说,自然科学脱胎于哲学,就像母亲生下一个儿子,儿子一天天长大,最后长成一个很有成就的独立个体。此时,在很多问题上,儿子和母亲开始有不同的看法,有时候争论甚至争吵。然而,当母子静下心来认真思考对方的意见的时候,儿子认为母亲的教导还是有道理的,而母亲也从儿子的问题中吸收了大量的新科学信息。毕竟,儿子和母亲是有血缘关系的,自然科学和哲学就在这种既相互影响又相互斗争中发展。

17 世纪牛顿力学的出现,20 世纪相对论和量子力学的产生,都是以研究当时的传统哲学为先导的。思想试验(科学基础的哲学思考)对于牛顿力学、相对论和量子力学的产生都起到了关键作用。伽利略、爱因斯坦、玻尔的著作中有大量的思想试验报告和哲学分析,其目的是弄清危机产生的根源,突破旧的世界模式,建立新的宇宙图像,并在哲学层次上总结、提炼出新的原理,这是实验室做不到的。观察、思考、建立理论模型、检验,再观察、修正模型、哲学提升直至接近真理,科学就是在不断地改错中建立起了自己的理论体系,而科学家也有足够的思想准备,接受新体系的诞生。杰出的科学家不仅注重本学科的科学发明和科学理论的建立,更

① 陈洪. 科学的沉思和沉思的科学[M]. 上海:上海科学技术出版社,2008.

注重支撑这些知识的哲理精神，优秀的科学家需要有哲学思考的自觉性。

近代科学、现代科学从16世纪下半叶逐渐从哲学的母体中分离出来，力学、物理学、化学、生物学等成为独立的学科，并发展出独特的研究方法。这些方法包括实验、解剖和观察等，统称为科学实验方法。经过三百多年实验资料的积累、各学派的自由争论、资料的去伪存真，人类对于自然界的认识不断深化。至19世纪上半叶，自然科学取得了一系列伟大成就，被誉为19世纪科学三大发现的“能量守恒定律”、“细胞学说”和“进化论”使人类对自然过程相互联系的认识有了很大提高。20世纪中叶以后，电子计算机的出现使各学科研究结果的定量处理成为可能，科学实验的对象也从“单一目标”发展到“系统目标”，即研究对象的组成元素更多，元素之间的相互关系更复杂。

2. 科学与宗教

现代科学为什么发源于欧洲而不是其他地方，人们从社会、经济、政治、文化等方面寻找原因。现在越来越多的研究者认为，基督教文化是催生现代科学发展的重要原因之一。

现代科学的发展得益于近代数学的发明和使用，而逻辑是数学的生命。“逻辑学”的雏形产生于古以色列人的有神论。古以色列人的宗教是从提出“神存不存在”开始的，并通过辩论加以理解和阐明。在辩论过程中，逻辑推理成了不可或缺的工具，辩论也成为古以色列人生活的一部分。这个传统一直延续到古希腊，由于民主和审判的发达，辩论时双方普遍使用辩论技术，完整的逻辑学便逐渐产生了。逻辑学的兴起，特别是逻辑与数学的结合形成了完美的“形式逻辑学”，更是大大地推动了科学的发展。

> “形式逻辑学”中的同一律、矛盾律、排中律都与古以色列宗教有关。例如同一律，古犹太教在“约”中明确规定神殿尤其是主殿的尺寸与做法；又如矛盾律，在神和人立“约”之后，必须分清“违约”和“没有违约”，这两种情况是不可能同时存在的；再如排中律，在实施“约”的过程中，遵守和不遵守之间不可能有第三个命题，即没有遵守和违背之间的中间地带，遵守和违背也不能并存，而且也没有既不遵守又不违背的情况。

中世纪形成的基督教文化融合了希伯来文化、希腊文化、罗马文化、欧洲文化而成为一种独特的混合文化。从某种程度上看，这种文化创造了一种开放的人文环境。基督教长期发展与演变的历史，使它的思想观念、方法论等逐步地渗透到“文艺复兴”以后的科学研究中，并成为一种传统，以其特有的方式影响着科学家。

主要表现在以下方面①。

第一,为科学研究确立前提。相信宇宙万物是按一定规律运动的,科学家把自然现象看作是一种自然秩序的表现,总是带着事先接受的观点或模式观察自然。这些观点中最基本的叫做"自然秩序理想"或"自然划一原理"。这种"自然秩序"从何而来?唯物主义者认为来源于物质本身,基督教徒认为来源于上帝,即来源于一位"全知全能"、有智慧的造物主。

> 牛顿第一定律是一个"自然秩序的理想",有了这个定律,牛顿可以把整个机械运动及其规律性展现为一个可理解的自然秩序的一部分,无论是唯物主义或是基督教徒都无法否认牛顿第一定律的正确性。牛顿第二定律则指出如何解释这种秩序。牛顿指出:"力"是产生和维持这种秩序的原因,来源于"万有引力",唯心主义者和唯物主义者也无法否认。但对运动初速度的来源,牛顿认为来源于上帝的"第一推动",唯物主义者认为可能来源于"宇宙大爆炸"。

第二,人类科学知识的来源有两条途径:观察(经验)和猜想(理性),这两种方法缺一不可。猜想变成科学知识不但需要科学实验,更需要坚定的信仰,于是,宗教和科学发生了联系。基督教的神学世界观认为,人是按照神的形象创造的,人用神所赋予的理性认识万物(即理性主义)。文艺复兴至近代,"经验主义"和"理性经验主义"开始崛起。"理性经验主义"认为,人可以从观察大自然开始(经验),通过归纳和演绎(理性)提出假设,然后用实验来证实、修正或推翻这个假设,这一过程称为"理性经验主义"。很明显,当今"实验科学"尤其是"理论科学"所采用的方法,依然包含着基督教文化中倡导的"理性主义"。

总之,基督教文化是科学发展过程中经历的一个阶段,近代科学在某种程度上是在这种文化背景的催生下发展起来的。

(二) 科学的发展历程

1. 科学精神的起源

今日所谓科学,不单是一种自然知识,从对待自然界的态度、研究自然界的方法到所形成的各种关于自然界的理论,以及在这些理论指导之下对自然界的改造,都已形成了一套特定的体系。这个体系主要是在近代欧洲成长起来的,常常被称作近代科学。世界上各种古老的文明都有关于自然界的理论,或是神话的,或是经

---

① 陈洪.科学的沉思和沉思的科学[M].上海:上海科学技术出版社,2008.

验的，但都没有形成像近代科学那样的体系，因而也没有像近代科学那样在世界历史上发挥如此大的作用。近代科学的诞生得益于许多条件，其中也包括中国人的伟大发明所起的作用，但它的思想根源来自古希腊。两千多年前古希腊人所创造的光辉夺目的文化成就为现代文明奠定了基础。

古希腊人开启了西方哲学之门也开启了科学之门，因为哲学一开始主要关注的是自然界的问题，是自然哲学。公元前 500 年左右开始，古希腊人中出现了一大批才智卓越的哲学家和科学家，他们是以后许多学科的鼻祖。在这些光辉灿烂的群星中，有最早期的自然哲学家泰勒斯，有人文哲学家苏格拉底，有体系哲学家柏拉图、亚里士多德，有数学家欧几里得，有物理学家阿基米德……这些天才人物不仅在一个领域做出他们的开创性工作，而且在许多领域均有建树。像亚里士多德，他几乎在每一个知识领域都发表了卓越的见解，是一位不折不扣的百科全书式的学者。古希腊科学是近代科学的真正先驱。几乎在每一领域、每一问题上，古希腊人都留下了思考。

当然，古希腊科学是有缺陷的，这主要表现在它不重视对自然现象的实际的、细致的考察，它注重的是说明和理解自然，而不是支配和改造自然。因此，它本身未构成物质性的力量，这是与近代科学根本不同的。但是，如果我们坚持认为科学与技术是不同的两回事，认为科学的最根本目的是认识和理解自然，而不顾及它是否为人类提供物质力量，那么，古希腊科学的缺陷就只是时代性的。古希腊人对待自然的理性态度更应该引起关注，因为科学精神就源于此。

理性科学的始祖——古希腊哲学家泰勒斯

泰勒斯是古希腊及西方第一个自然科学家、哲学家和思想家，被喻为“科学的始祖”。在泰勒斯以前，人们都认为太阳只如同我们用眼睛看到的一样大，直径不过一尺①左右。但泰勒斯通过测量，计算出太阳的直径是地球绕太阳转一圈这个大圆的 1/720。这个结果尽管不是很准确，但它是在 2500 年前计算出来的，已经相当难能可贵了。他是世界上第一个正确解释日食成因的人。他说，日食不是由于危害太阳的妖魔作祟，而是一种正常的自然现象，它是要经常且不断发生的，只要有太阳、地球和月亮，到一定时间就免不了会出现日食。不仅如此，他还计算了下一次日食将出现的时间。当他向人们预言下一次日食出现的时间时，没有一个人相信他。但是，公元前 585 年 5 月 28

① 1 尺≈0.333 米.

日这一天，果然发生了日偏食，反对他的人吓得哑口无言。人类第一次从对日食的迷信和巫术的愚昧思想中得到解放，日食不再是神秘而不可理喻的了。泰勒斯还计算出一年的时间是365天，这种精确程度不能不令我们佩服。

泰勒斯的贡献主要集中于天文学和数学。但如果站在更高的角度来观察他对人类的贡献，他理性思维的头脑和敢于冲破宗教迷信束缚的科学精神则更有意义。

2. 近代科学的诞生

近代科学诞生的时代也是世界历史发生巨大变革的时代。恩格斯说："这个时代，我们德国人由于当时我们所遭遇的民族不幸而称之为宗教改革，法国人称之为文艺复兴，而意大利人则称之为五百年代(即16世纪)……"经过11世纪以来的第一次学术复兴，西方世界继承了希腊的学术遗产，建立了以亚里士多德-阿奎那思想体系为基础的学术传统。但是，日益发展的资本主义生产方式解放了生产力、开阔了欧洲人的视野。希腊学术，特别是柏拉图主义的进一步发掘，为欧洲人提供了开辟一门新的科学传统的机会。就是在16和17世纪，先进的欧洲学者们抓住了这一机会，创造了改变整个人类历史进程和人类生活的近代科学。在这个伟大的转折时代，由中国人的四大发明所推进的技术上的进步，成为欧洲近代科学生成与发展的动力。

近代科学是在一场科学革命中诞生的。由哥白尼所发动的天文学领域的革命是整个近代科学革命的第一阶段。哥白尼的时代，由于航海事业的大发展，对于精确的天文历表的需要变得日益迫切，但用以编制历表的托勒密理论越来越烦琐，这种客观情势使人们热切期待着天文学理论的变革。正是适应社会需求，哥白尼提出了自己的革命性理论。经过30年的天文观测，哥白尼于1539年写出了天文学史上的伟大著作《论天球的旋转》，系统论述了他的日心地动学说。日心地动学说的体系与当时的宗教思想、占统治地位的亚里士多德物理学以及常识心理均相抵触，一开始遭到了许多人的反对，直到牛顿发现万有引力定律之后，才逐步为天文学家所公认。

哥白尼革命直接导致对新物理学的寻求，正是在将天空动力学与地上物理学相结合之后，有别于亚里士多德物理学的新物理学在伽利略和牛顿手中诞生了。在近代科学的开创者行列里，伽利略最为突出，是他创造并示范了新的科学实验传统、以追究事物之量的数学关系为目标的研究纲领以及将实验与数学相结合的科学方法，正是他的工作将近代物理学乃至近代科学引上了历史的舞台。爱因斯坦评价说："伽利略的发现以及他所应用的科学推理方法，是人类思想史上最伟大的成就之一，标志着物理学的真正开端。"从伽利略时代以来一个世纪的物理学工作，在牛顿手里得到了综合。从个人素质上讲，牛顿也许是有史以来最伟大的天才。在数学上，他发明了微积分；在天文学上，他发现了万有引力定律，开辟了天文学的新纪元；在物理学中，他系统总结了三大运动定律，创造了完整的新物理学体系；在光学中，他发现了太阳光的光谱，发明了反射式望远镜。一个人只要享有其中的任何一项成就，就足以名垂千古，而牛顿一个人完成了所有这些工作。

第一个向上帝挑战的人——哥白尼的"太阳中心说"

哥白尼是波兰天文学家，其所处的时代是中世纪。当时，教会统治着一切，托勒密的地球中心说受到推崇，成为教会借以巩固神权统治的官方学说。如果谁敢怀疑教会的观点，就会受到迫害，甚至会丢掉性命。

1499年，26岁的哥白尼担任意大利罗马大学的天文学教授。在天文学课堂上，哥白尼认识到托勒密的地球中心说理论存在许多解释不清的问题，如为什么根据观察所得知的星辰移动的速度不同于日月？为什么有的星体似乎在空中游移不定？一连串的问号在他的脑海中产生。于是，哥白尼开始了艰苦的研究。当时还没有发明望远镜，他只能依靠自己的肉眼来观察天体的运动。他居住在教堂的塔楼上，把书房屋顶开了几条缝隙。当他在黑暗中坐在书房里时，就能看到星体掠过这些缝隙。于是，他便把星体在空中的位置记录下来，并用图表标明它们正在按多快的速度移动。

哥白尼以数学和观测为基础，用科学实验的方法，经过近40年的研究，终于创立了"太阳中心说"。他认为，太阳是宇宙的中心，地球是围绕太阳旋转的一颗行星。他出版了著作《天体运行论》，修正了几个世纪以来一直为人们所接受的一些谬误，从科学上推翻了托勒密的地球中心说，给神权统治以沉重的打击，从神学的束缚下解放了自然科学，为近代科学的发展奠定了基础。

3. 产业革命推动近代科学的发展

产业革命主要是指从纺织机器的改革到蒸汽机的广泛应用这一历史过程，从18世纪60年代起至19世纪40年代止，前后经历了七八十年的时间。在这个过程中，近代科学技术发展进入高峰时期，数学、物理学、化学、生物学和医学、天文学、地学都获得了巨大的进步。例如，关于太阳系起源的康德-拉普拉斯“星云说”；物理学中能量守恒与转化定律；电磁学中麦克斯韦方程组；化学中的原子-分子论、元素周期律以及由无机物合成有机物；生物学中的细胞学说和进化论、遗传学的进展；地学中以赖尔为代表的关于地壳变迁的理论，等等。这些成果揭示了自然界统一性和整体性以及运动变化的规律，在僵化的形而上学自然观上打开了一个又一个缺口，为人类再一次从更高的层次、以更充实的资料为基础，从总体上把握自然提供了可靠的依据，也使辩证唯物主义自然观的建立和形而上学自然观的破产成为历史的必然。

18 世纪下半叶，欧洲各国对科学技术都非常重视，各国的科学社团和科学共同体都迅速发展和完善。许多科学社团和科学共同体成了国家政体的一部分，许多国家还从政策上扶持科学技术，制定了比较完善的物质和名誉上的奖励制度，给科学技术的发展提供了组织和政策上的保障。特别是专利法的制定，使企业和个人都乐于投资发展科学技术，使发明人也愿意把科学技术成果提供给社会。据统计，法国在产业革命时，1851 年一年就颁发了约 2000 个专利证。另外，产业革命时，西方大学和科研单位的学衔、学位制度也都完善了，教育体制也系统化了，这些都大大推动了近代科学技术的发展。

19 世纪，自然科学有了迅速的发展。这种发展仍然以高度分化为特色，各学科都有了比较突出的进步，但也在科学思想上存在着一系列的问题。其一是进化论和热力学第二定律困扰着人们；其二是自然科学与社会科学的分家；其三是自然科学以原子不可分为基础，哲学则以世界单调的无限性为宗旨，这些矛盾使着自然科学家和哲学家为之苦恼，同时也为现代科学技术的发展注入了内在的动力。

4. 现代科学的发展

19 世纪末，物理学上对物质结构的研究出现了著名的三大发现：1895 年伦琴(1845～1923)发现了 X 射线；1896 年贝克勒尔(1852～1908)发现了天然放射性；1897 年汤姆逊(1856～1940)发现了电子。以这三大发现为基础，经进一步研究，人们发现了原子的可变性和大量化学同位素。同时，三大发现使人的认识深入到原子核层次，打破了原子不可分的神话，为量子力学和粒子物理学的发展打开了大门，也为电子信息技术的发展奠定了基础。三大发现是促使科学从近代转入现代高速发展的礼炮，它宣布了科学技术新时代的到来。

随着相对论和量子力学的创立，人类对物质微观层次和宏观层次的认识加深了。量子力学的理论和方法，迅速被应用于原子结构、微观粒子、化学、分子生物学等多种领域。与此同时，高能物理学、有机高分子化学、生物化学、现代遗传学都迅速发展起来了。现代科学在高度分化的同时，出现了高度综合，许多边缘学科、交叉学科、综合性学科不断出现。现代系统论、信息论、控制论、协同学、相变理论等一系列的新成果，使人们有可能把自然界当做一个互相联系、互相作用的整体进行综合性研究，进一步揭示出自然界系统性、整体性的统一性本质。科学的发展过程表明，人们对自然的认识，经历了从对自然界直观的感性了解，到深入细致地对细节进行剖析，再到从整体上把握自然这样一个否定之否定的辩证发展过程。历史进入 20 世纪以后，科学正以神奇的速度向前发展着。

三、现代科学发展的特点

科学是社会历史的产物、人类智慧的结晶，在社会历史和人类认识发展的不同阶段上都表现出自己时代的特征。贯穿于 20 世纪的现代科学革命，其发展的特点主要表现在以下几个方面。

（一）科学体系结构的专业化和整体化

科学作为一种知识体系，是由各种不同学科形成的一个有机整体。不同时期的科学整体都有其结构形态，反映了人们在一定历史条件下对自然界不同层次和领域的认识水平。古代的科学知识结构体系主要是由大量经验性的实用知识、少数自然知识和自然哲学等几种具体形态构成的。从 15 世纪下半叶到 19 世纪末的近代自然科学结构体系是以牛顿力学为核心的经典自然科学体系，各门具体科学相继从自然哲学中分化出来，形成日益庞大的知识体系。同时，人类对自然界的总体认识更加深入，为进一步发展提供了新的出发点和指导原则。自 19 世纪末 20 世纪初爆发物理学革命以来，尤其是第二次世界大战结束以后，科学的发展凸显出高度分化的步伐大大加快、学科越来越多、专业化程度越来越高、科学知识的层次性日益明显的特点。

科学的发展总是存在着不断分化和不断综合的过程。现代科学的体系结构，本质上是分层次的、立体的、网络的、开放的大系统。科学在高度分化的同时，其学科之间的界限也越来越不分明，如分子生物学的出现使物理科学和生命科学之间的鸿沟开始消失；在各种学科之间出现新的交叉学科、边缘学科、横断学科，使科学结构呈现为连续的整体，科学由二元平面走向三元立体，科学综合化和整体化的趋势日益为人们所认识。现代科学越是向精深研究发展，人们越是需要整体地、综合地把握各领域所获得的成果。

（二）科学活动的社会化和国际化

科学活动的社会化和国际化是指科学劳动的组织形式发展到了国家规模，甚至国际合作,科学技术已成为整个人类社会整体的有机构成。

科学研究工作从个人活动发展为集体活动经历了漫长的时间。一直到16世纪,定期交流的小组才在意大利开始出现并迅速发展。继而英国于1662年正式成立"以促进自然知识为宗旨的皇家学会",这是世界上第一个学会。自此之后,科学研究的社会化和制度化发展很快。尤其是1666年成立的法国皇家科学院成为国立研究机构的先驱,由国家负担一切费用,根据国家需要确定研究项目,并有部分会员由国家支付工资,成为职业科学家。过去,科学家与发明家、工人之间的接触是偶然发生的,以致一个新原理从发现到实际应用需要很长时间,某些精密仪器和工程取得进展需要经过几代人的努力。现在,科学研究已成为自觉的、有组织的活动,并与生产密切结合。以前科学家每个人配几个助手的科研活动形式已为集体组织所取代。

20世纪30年代以后,科学劳动和组织管理已发展到了国家规模或跨国形式。第二次世界大战以后,美国和苏联等发达国家之间的竞争很大程度上依靠科学技术的实力。在这种情况下,重大科研项目都由国家政府出面组织,特别是军工部门,各国竞相扩大研究规模,增加研究经费,发展尖端技术。科学技术与国家的政治、经济、军事连成一体,这种情况从1937年德国建立V-2火箭基地开始,到1961年美国实施阿波罗登月计划达到高潮。战前的科学研究,各国普遍依靠各大学的研究室和企业实验室,而战后普遍建立起国家研究所,由它们与各大学和企业研究室共同协作。

科学活动的国际化从早期的跨国公司发展到多个国家的联合。1958年,为了进行国际原子能研究的合作,欧洲原子能委员会成立了。这种形式到20世纪80年代更加普遍,1985年开始的中美两国海洋科学家合作对热带太平洋海气相互作用的调查研究,历时五年,已完整地掌握"厄尔尼诺"现象从产生、鼎盛到消衰全过程的科学数据和资料,对揭示地震、全球气候的变化规律具有重大意义。

科学活动的社会化和国际化意味着现代科学革命从一开始就是具有世界规模的、复杂多态的过程,在不同的地区、不同的社会制度上都在进行着,它也标志着人类进入了所谓的"大科学"时代。

(三)科学发展的加速化和数学化

科学发展的加速化主要是指科学发展的速度和科学理论物化的速度呈现不断加快的趋势。恩格斯曾对19世纪以前近代自然科学的发展速度加以概括:"科学的发展从此便大踏步地前进,而且得到了一种力量,这种力量可以说是与其从出发点起的(时间的)距离的平方成正比的。"到了20世纪40年代,人们对科学的发展有了更进一步的认识。美国著名科学学专家D·普赖斯在他的《巴比伦以来的科学》一书中以科学杂志和学术论文作为知识量的重要指标，描述科学发展速度是按指数增长的规律。

科学发展的速度可以从几个方面的统计数字来说明。首先，从科学家的人数发展来看，据统计资料推算(表4.1)[①]：每50年科学家数量增长10倍。进入21世纪，随着科学的迅猛发展，科学家数量更是以惊人的速度增长。

表4.1　科学家人数随年份增长的变化

年　份	科学家人数
1800年	1000人
1850年	10000人
1900年	100000人
1950年	1000000人
1970年	>3200000人

其次，科学知识的增长与科学家人数增长的速度相适应。科学家的主要任务是生产知识，因此，科学知识数量的增加和科学家数量的增长关系十分密切。据D·普赖斯的数据统计，知识增长量是与科学家增长总数的平方根成比例关系，即科学家增长3倍，科学知识(成果数)增加1.7倍。

再次，从科学出版物的数量来度量。科学知识在19世纪和20世纪中叶是按指数规律增长的，约每10年增长1倍，20世纪80年代则每6～7年增长1倍。现在，全世界发表科技论文的数量每隔一年半就增加一倍。

自然科学理论物化的速度加快是指从提出自然科学理论到生产过程中加以应用所间隔的时间越来越短。19世纪以前，蒸汽机从发明到投入生产用了100年(1680～1780)，蒸汽机车用了34年(1790～1824)，柴油机用了19年(1878～1897)，电动机用了57年(1829～1886)，电话机用了56年(1820～1876)，无线电用了35年(1867～1902)，电子管用了31年(1884～1915)，汽车27年(1868～1895)。但进入20世纪以来，物化速度日益加快。雷达只用了15年(1925～1940)，电视机用了12年(1922～1934)，晶体管用了5年(1948～1953)，原子能利用从发现原子核裂变到第一台原子反应堆建立只用了3年(1939～1942)，而激光器从实验室发明到在工业上应用则仅仅1年。另外，据有关资料介绍，在1885～1919年间，一种发明到客观存在在工业上应用的"成熟期"平均是30年，从生产到投入市场平均是

①　杨沛霆. 科学技术史[M]. 杭州：浙江教育出版社，1986.

7年;在1920～1944年间,这些时间相应地变为16年和8年;而在1945～1964年间,则分别缩短为9年和5年。

现代科学技术发展的另一重要趋势是,它不仅要进行定性的研究,而且还要进行定量的研究,形成具有数量意义的概念,运用这种要领对研究客体进行数量分析,提出一定的数学关系式和数学模型来描述研究客体的运动和规律。这是现代科学革命的一个必然趋势。尤其是电子计算机、人工智能的出现,已可以协助和配合人脑从事计算、判断、推理、决策、翻译和情报资料检索等各种活动。这就要求在研究模型编制成形式化的信息符号系统输入电子计算机,使之依照一定的程序代替人脑进行思维活动。

(四)科学、技术、生产的一体化

整个近代,虽然物质生产力的发展日益迅速,与其相联系的科学技术在物质生产过程中的应用越来越广泛,但科学和技术、科学和生产在很大程度上仍然是脱节的。主要表现在:第一,科学的发展常常落后于技术和生产的发展,以致在科学理论上尚未搞清楚的东西,在技术和生产上却可以首先实现它。如18世纪发明的蒸汽机,作为其理论基础的热力学,直到19世纪中叶才建立起来。第二,有时科学因其自身的矛盾运动而出现新理论,但却迟迟不能转化为生产技术,应用于物质生产。如1831年发现电的磁感应定律,直到1867年才制成可供生产使用的直流发电机,而电力技术的发展和电力技术革命的真正开始却是19世纪70年代以后的事了。20世纪以来,科学技术革命改变了全部技术的基础,改变了全部生产技术——从材料与能源的开发利用,直到机器体系的组织和管理的形式以及人们在生产过程中的地位和作用。同时,它还改变了生产的社会结构,造成了可以克服脑力劳动与体力劳动、农业劳动与工业劳动、城市与乡村、生产领域与非生产领域等差别的必要的物质技术条件。

20世纪50年代以后,人们更加清楚地认识到,当代科学革命和技术革命能极大地影响人类的历史进程,人们的社会生活和社会关系正在发生着深刻变化。换句话说,自然科学革命引起了技术和生产的革命变革;而技术和生产变革的成果,反过来变成现代科学革命的强大基础,促进并加速着科学革命的进程。因此,苏联学者凯德洛夫根据现代科学革命和技术革命合流的趋势,主张把这两个革命合称为“现代科学技术革命”。当代科学对于物质生产的这种主导作用和超前作用,不但极大地提高了物质生产力,而且也从根本上改变了生产、技术、科学三者相互作用的形式,在以前“生产→技术→科学”过程的基础上,出现了“科学→技术→生产”这种逆向过程。比如,运用相对论及原子核裂变原理形成和发展了核技术,促进了原子能在军事、航运、发电等方面的应用；运用光量子理论创造了激光技术，建立了激光产业；运用分子生物学、生物化学、微生物学和遗传学等新成就，发展了生物技术，广泛地应用于工业、农业、医药卫生和食品工业等方面，等等。这些都突出地表现了生产、技术、科学三者的真正的辩证结合，形成了“生产技术科学”的完整体系。

第二节　科学研究与科技进步

一、什么是科学研究

(一) 科学研究的定义

科学研究是人类探究自然现象和规律，并按照自己的意志改造自然的一种创造性的智力活动，是创造、修改、综合知识的探索行为。

正如马克思所指出的，科学是实验的科学，科学就在于用理性方法去整理感性材料。而归纳、分析、比较、观察和实验则是理性方法的主要条件。这就对科学、科学研究的性质和方法给了精辟论述和说明。科学研究是人们以创造与修正人类知识为目的、为发现某事实、通过熟思与钻研、透彻地探索学问的行为。更准确地说，科学研究工作是科学领域中的探索与应用，它包括已经产生的知识的整理与统计、图表及其数据的统计、编辑和分析研究，其实质内容包含创造知识和整理知识两部分。创造知识是发展，是创新，是发现、发明，是解决未知的问题。整理知识是对已经产生的知识的分析、鉴别和整理，是使知识系统化，是知识的继承、借鉴。发展、创新与继承、借鉴是有区别的两个概念，但二者又是不可分割的统一体。譬如门捷列夫把人们已掌握的原子量与元素性质的知识进行排列后，发现了元素周期表，这既是继承又是创新。因此，科学研究是一个继承与创新的过程，是从现象的发现到技术发明的过程，是一个从基础研究到应用、开发研究的过程。也可以说，凡是工业上进行大规模生产之前所做的探索性工作均属科学研究工作。

科学研究的任务，主要是通过观察、实验、调查、收集和积累资料，总结生产经验，综合、分析、归纳，抽象概括，运用概念进行判断推理，把对事物的片面的、现象的、外部联系的感性知识升华为理性知识，以致能够对事物的全体、本质和内部联系获得了解，从而掌握事物内在的发展规律并运用其指导生产，为发展国民经济服务。对于我国科学工作者而言，就是加速我国科学技术的发展，提高我国的综合国力，把我国建设成世界强国。

（二）科学研究的类型

科学研究有些是直接为发展国民经济服务的，也有些是间接为发展国民经济服务的。按其与生产结合的紧密程度，联合国教科文组织提出分为三大类，即基础、应用及开发研究。

1. 基础研究

这类研究属于基础科学的范畴。它的主要目的是通过科学观测实验和（或）理论探讨，来揭示未知的自然现象，探索未知的自然规律，建立新理论，以作为利用自然、改造自然的依据。基础研究主要属于理论研究，其工作的产出形式是知识。它的重大突破，往往可从根本上改变世界的经济和技术的面貌，引起人类社会的重大变革，其中有的对科学发展具有重大影响，有的则对生产技术革命有深远意义。虽然基础研究的任务是对未知世界的探索，所得的成果中有些其实用意义暂时还不明显，但是它是走在生产前面的，是应用研究的基础和理论依据，是新技术、新发明的先导。昨天的基础研究为今天的应用研究开辟了战场；未来的科技进步和经济发展更有赖于今天的基础研究为之开路。因此，基础研究可以指引生产发展的方向，具有长远性和战略性的指导作用。如电磁理论和量子力学的提出，半导体和超导体的发现，生物基因和激光的发现等，就是其范例。

2. 应用研究

这类研究是属于应用科学的范畴。它是针对一定的对象，具有明显的实用目的，为解决工农业生产、医药卫生和各种工程中所提出的科学技术问题而开展的研究工作，因而它与国民经济建设和国防建设有着更为直接、更为密切的关系。在较多的情况下，这类研究提供新产品、新工艺、新流程、新规范等，但一般是指在实验室研究阶段的工作。高效率半导体研究、杂交水稻研究、高效化学肥料研制、新型高性能材料（如增强纤维金属）试制、导电聚合物（如导电橡胶）研究、机器人研制、高倍电子显微镜试制研究、高速电子计算机的研制、超微型集成电路的试制、火箭自动控制研究、新化合物研究、遥感技术研究、选矿流程研究、特种合金的试制、新医术和新药品的研究、教学法研究等，均是其例。

3. 开发研究

这类研究是指将某些应用研究在试验、试制、设计阶段所作出的成果，进一步进行中间试验、定型设计、小量试生产或大型试验的工作。铂矿冶炼的中间试验研究、治河工程的大型试验研究等就属于这类研究。

上述各类科学研究中，应用和开发研究是发展国民经济建设和国防建设所迫切需要的，是科学研究的主战场。基础研究由于主要对象是一些基础性、长远性、根本性的问题，而这些问题解决后，往往可对生产发展起到很大的作用，只是间接为生产服务罢了。前面曾经指出，科学是技术的先导，技术的重大发现有赖于科学的发现。因此，无论何类科学研究，对发展国民经济都有一定的作用，都应该占有相应的位置，不宜偏废，以利于各类科学研究互相紧密地配合，协调发展，更有效地为四个现代化发挥作用。

（三）科学研究的层次

科学研究是一种多层次的结构体系。几百年来，科学研究的实践表明，它至少可以分为以下几个层次。

1. 科学发现

科学发现是科学研究的第一层次。在科学进入社会生活的早期，科学发现占主导地位。这种发现可以在实验室（实验）得到，也可以在自然界（观察）得到。科学发现是指自然界原本存在的现象和规律，由于实验手段的进步不断被揭示和总结出来。

科学发现需要科学家有足够的耐心去重复观察和实验，彻底搞清楚现象或规律产生的环境、条件和结果。这就是哲学意义上的“证实”和“证伪”。科学实验是“证实”和“证伪”的重要手段。科学实验的正结果为“证实”；科学实验的负结果为“证伪”。“证实”和“证伪”在科学研究中的作用都是积极的。

科学发现在20世纪以后呈现出几个特点①：首先，这些发现往往在交叉学科和边缘学科中获得；其次，它们往往是“微观”和“宇观”的现象；第三，往往借助大型精密仪器，因此发现成本大幅度提高；第四，很多发现赖以支撑的经典理论和哲学基础发生了动摇。

2. 科技发明

科技发明是科学研究的第二层次。今天参与人类生活的各种工具、器械、电器、计算机等都是科技发明的产物。科技发明与资本结合是现代企业的运作模式之一，也是产生利润的手段之一。如果说科学发现使人类对自然界的认识不断深化，那么科技发明对人类物质文明的进步有着不可估量的贡献。一种科技发明，小到影响某个产品的产量、质量，大到促进生产力的发展并影响人类的生活质量和生活方式（如电视、电话、计算机）。

---

① 陈洪. 科学的沉思和沉思的科学[M]. 上海：上海科学技术出版社，2008：6.

科技发明分为两类。一类是在科学发现和科学理论的基础上作出的。例如1831年法拉第完成了“磁生电”实验，并在后来被确立为“法拉第电磁感应定律”，是现代电工学的基本原理，在此基础上发明了发电机和电动机。另一类是从自然现象或偶然事件中得到启发，经过设计改进，找到应用领域。例如，1890年法国人巴本从炼铁厂广泛使用的活塞式风箱中得到启发，发明了一个带活塞的汽缸，第一次将汽缸、活塞结构和蒸气冷凝形成真空的原理运用于蒸汽机，为以后瓦特实现蒸汽机的革命(1784年)开辟了道路。

与科学发现不同的是，科技发明可以申请知识产权保护，但有时两者没有明显的分界。例如，发酵、制药工业使用的菌种如果是自然界采集、筛选的，不能申请专利，但如果该菌种经过人工诱变或基因改造变成一株“工程菌”，并用于生产，就可以得到专利保护。

3. 科学理论

科学理论是科学研究的第三层次。如果仅把科学发现罗列起来，就无所谓科学。人们试图把自然现象(包括科学发现)概括出一个简明的规律，即爱因斯坦说的，以最适当的方式画出一幅简化和易领悟的世界图像，这就是科学理论。

科学理论建立的一个方法是归纳法。牛顿力学定律是归纳法的典范。物理、化学等实验科学使用的归纳法称为“不完全归纳法”。因为有限次实验得出的结论不能保证有限次以外的相同实验也得到这个结论，也就是说，该实验并不能证明相应的科学理论成立(为真)，而只能证明规律有可能成立(可能为真)。实验仅是为了确认某结果的原因(因果关系)。在科学史上，用实验确认的理论，在以后被新的实验否定的例子屡见不鲜。

自然科学理论建立的另一个方法是演绎法。演绎法是首先设立大前提，然后以此推演下去而得到结论。爱因斯坦的相对论的建立是演绎法的典范。

科学理论的另一种表达形式是建立模型。物理学、化学、生物学、天文学等学科都曾经建立和使用了大量的模型。这些模型，尤其是物理模型对于本学科的发展起了积极的推动作用，甚至可以说建立模型和使用数学的程度，是学科是否成熟的标志。

4. 哲学思辨

哲学思辨是科学研究的第四层次。许多伟大的科学研究往往通过哲学的思辨得以提升。牛顿力学的巨大成功使19世纪初期的物理学家相信，宇宙确实是一个庞大的机械系统，它遵照牛顿力学定律而运行，这些定律似乎是自然界的基本定律。在哲学上，牛顿提出的“绝对时空观”和“决定论”是机械唯物主义的重要基础。解析几何的创始人笛卡尔不仅是一个数学家，他的哲学思想在近代科学思想史同样闪烁着璀璨的光芒。笛卡尔把自己的理论体系形象地比作一棵大树，他认为树根是哲学，树干是物理学，其他各种学科是树枝，而贯穿这个体系的是唯物论和理性的逻辑演绎法。

爱因斯坦的科学成就为辩证唯物主义增添了新的论据。特别是他对相对论的哲学思辨。他认为，物质的存在和运动对“时间不断地流动延续，空间广阔无边”没有影响的观点是毫无道理的，牛顿所想的那种严格的“决定论”的世界模式是不可能的。他指出，时间、空间、物体、云顶是不可分割的统一整体，这是一种全新的时间、空间和运动的概念。在广义相对论中，爱因斯坦更把引力归结为加速系统所体现出的时空几何特征。

可见，杰出的科学家不仅要注重科学发现、发明以及科学理论的建立，更应该注重用哲学的思辨精神来总结和提升这些知识。

二、科学研究的职业化进程

科学的真正职业化只有百年的历史。直到 19 世纪末，很多著名的科学家原本只是业余科学爱好者。例如，微生物的发现者列文虎克（1632～1723）是市政大厅的看门人；氧气燃烧学说的创立者拉瓦锡（1743～1794）是地方政府的财税官员；遗传学的奠基人孟德尔（1822～1884）是修道士；爱因斯坦创立狭义相对论时是瑞士伯尔尼专利局的审查员。而到了今天，每一年的诺贝尔科学奖获得者无一不是职业科学家。他们要么来自于大学的研究室，要么来自于政府支持或者其他资金赞助的科研院所，要么来自于企业的研究院。

（一）非职业化时期的科学发展

研究科学的历史和科学家的历史总是要追溯到古希腊。那时，科学与哲学没有分家，没有专门从事科学的人。科学只是一些有闲阶级以及政治家、哲学家、宗教的首脑们凭自己的兴趣在工作之余进行某些科学方面的思考、辩论和研究，或者说科学只是他们工作的一部分。这些人广泛涉猎关于人、神、政治、伦理、社会、道德、自然等各个领域的知识。泰勒斯首先是橄榄油商人、政治家、技师，其次才是哲学家、天文学家。亚里士多德是一个百科全书似的人物，在哲学、政治学、伦理学、逻辑学和科学等方面均有著述。后来的情形要好一些，因为哲学家中有一部分人分化出来专门研究某种知识，例如阿基米德研究工程、欧几里得专门研究几何、托勒密研究天体运动，类似于现在的科学研究院的博学院也已经出现。可惜好景不长，在短暂的繁荣后是长期的衰落。

到了中世纪，欧洲的科学、文学和艺术进入黑暗时期。这时，科学中心转移到阿拉伯、印度和中国。6～12世纪是阿拉伯文化的全盛时期，科学昌盛的中心在大马士革、巴格达和西班牙，如大马士革在公元700年建立了天文馆，巴格达在公元829年建立了天文馆，埃及在公元955年建立了科学院。阿拉伯从事科学的主要有政府供养的从事天文学的人和御医、炼金术士。但是，阿拉伯、伊斯兰国家的科学与宗教迷信的紧密相连和中国重经验轻理论的文化传统使得它们失去了超过欧洲的机会，科学仍然没有成为有保障的职业。

文艺复兴时期，科学活动开始重新抬头，回到古希腊的传统。这时的科学家也是集手工艺者、工程师、艺术家（画家、雕塑家）和学者于一身的人，比如画家达·芬奇绘制了无数精美的机械图。

（二）科学由业余向职业化过渡

17世纪是近代科学的起点，也是科学体制化的起点，或者说是科学从业余向职业过渡的起点。1662年成立的英国皇家学会是欧洲第一个获得官方承认的科学组织。1666年法国成立了巴黎科学院，开始出现以科学为职业的专业科学家。受法国的影响，1700年德国建立柏林科学院，1725年俄国成立帝国科学院。尽管科学得到广泛的尊重和官方的鼓励，但直到18世纪后期，大多数科学家还是业余的。这些业余科学家主要来自中上层阶级和医生、牧师等自由职业者。他们有一定的时间和设备进行私人研究，尝试进行一些科学实验，如当时最像职业科学家的拉瓦锡也不得不当一个包税人，每周只有一个全天做科学工作，其余的时间都是边做研究边做商业。而这时某些学会却开始成为达官贵族炫耀的地方，如英国皇家学会的500名会员中最多只有100名称得上是科学家。这一阶段的著名科学家有培根（1561～1626）、伽利略（1564～1642）、开普勒（1571～1630）、笛卡尔（1596～1650）、波义耳（1627～1671）、帕斯卡（1623～1662）、牛顿（1642～1727）、莱布尼兹（1646～1716）、拉普拉斯（1749～1827）等。

“两个铁球同时落地”，实验科学的先驱——伽利略

亚里士多德认为，不同重量的物体从高处下落时的速度是不一样的。当时人们都信以为真，但是伽利略对此表示怀疑。他私下做了实验：把三块大小不同的石头从二楼的窗口抛下去，结果三块石头同时到达地面。于是，他断定亚里士多德的这个理论是错误的。当他把这项实验的结果告诉其他人时，大家都嘲笑他竟敢怀疑“权威性”的说法。

作为比萨大学的一名教师，为了让学校里的教授和学生相信他的理论，伽利略计划用比萨斜塔来公开他的实验。一天中午,伽利略拿着两个大小不同的铁球登上塔顶。他在塔上大声解释这次实验的目的:“在我左手中有一个小铁球,重量是1磅①,右手中有一个大铁球,重10磅。现在,我要把这两个铁球同时放下去,事实将证明到底是亚里士多德的理论正确,还是我的理论正确。”说完,他叫塔下的两个学生各拿一个计时用的“滴漏计”以记录铁球掉落到地面的时间。“准备,一、二、三!”随后,他双手一放,两个铁球便从斜塔上笔直地落下来,刹那间,两个铁球同时到达地面。伽利略在众人面前用实验的方法圆满地证明了他的“落体原理”,推翻了亚里士多德的错误说法。此后,伽利略多次用实验的方法去证明自己的理论,开创了实验科学的先河。

(三) 职业化科学家的出现

到了19世纪,实验科学开始全面繁荣,许多科学领域取得重大突破。科学家人数开始剧烈增加,科学研究大规模进入大学(其标志为科学家以教授身份从事研究、大学开始授予科学学位、技工学校和理工学院出现、教学研究实验室建立等),研究生教育制度开始建立(如哈佛大学、耶鲁大学先后建立研究生院),工业实验室开始出现(如爱迪生1876年建立发明工厂、贝尔1887年建立实验室),一大批专业科学学会等学术团体开始改组或者陆续建立,科学家从此踏上了职业化道路。其中德国最为突出,几乎所有的科学家不是大学教师就是大学里的研究学者,实验科学中的研究工作大多在研究所里有组织地进行。研究所成为永久性的科研组织,尽管通常附属于大学,但它有自己的全套设备、科研人员和辅助人员。这时已经无法用一张表列出科学家的名字了。

20世纪20年代后,科学作为一种成熟职业在美国完成了定型。美国的高等院校特别是研究型大学,成为从事基础研究的当代科学家最活跃的舞台,而大型企业则是从事应用型研究的科学家的集聚地。

(四) 科学活动中心的转移

在一个历史时期内,如果某个国家对科学技术的贡献超过了该时期全世界科学成就的25%,就认为科学活动中心已转入该国。科学中心的转移与科学家人数的变化有很大关系。但凡是科学中心的国家,都是杰出科学家云集的地方,例如

① 1磅约为0.454千克。

17 世纪的英国皇家学会。又如 1950 年统计，美国有 189 名杰出的科学家，占全世界当年总数(452 名)的 42%，这些科学家为美国作的贡献约占全世界总数的 57%。

第一个科学活动中心在意大利(1540～1610)。那里是文艺复兴时代的第一个大舞台，需要巨人也产生巨人。随着列奥纳多、维萨留斯和哥白尼而来的是力学、解剖学和天文学上的创新。以达·芬奇和伽利略为代表的意大利科学家，继承和发展了古希腊的科学文化，开创了实验科学的传统，使自然科学开始从神学中解放出来。但是，随着教会把布鲁诺送上火刑柱(1600)，意大利的光荣就成了明日黄花。

第二个科学活动中心在英国。英国大革命期间，伦敦成了世界科学的中心。1662 年，英国皇家学会成立，在皇家学会周围云集了一大批科学家，他们之中有物理学家牛顿、虎克和波义耳，有天文学家哈雷和布拉德雷，有数学家瓦利斯、哈克和麦克劳林，等等。1660～1730 年，英国共有 60 余名杰出的科学家，约占当时全世界科学家总数的 36%以上，他们的科学成果占世界总数的 40%。英国成为世界科学活动的中心，与牛顿有很大的关系。他的名著《自然哲学的数学原理》出版于 1687 年，被认为是近代科学臻于成熟的里程碑。在牛顿(1727)去世后，英国科学急骤衰落。

第三个科学活动中心在法国。法国大革命促进了法国科学的崛起。以工业的不列颠和革命的巴黎为中心，法国科学的全盛时期在法国革命的百科全书时代和拿破仑一世时期。1792 年，法国创办了欧洲最早的一批技术专科学校，建立了国家的综合教育体制，此后有了专职的科学家。这时期，法国为世界贡献了一大批卓越的科学家和出色的科学成果，著名的数学家拉格朗日和拉普拉斯又是伟大的《力学教程》和《天体力学教程》的作者。此外，还有一大批出色的工程师。可以说，法国革命使法国的科学得到繁荣。

第四个科学活动中心在德国。1848 年革命使德国科学的天空群星灿烂。德国科学的兴盛是随着柏林大学成立的 1809 年开始的，直到第一次世界大战德国失败，绵延 110 年。德国是最早组织进行科学研究的国家。德国 1873 年建立“国立物理研究所”，1877 年建立“国立化工研究所”，1879 年又建立了“国立机械研究所”。德国科学发展虽然起步较晚，但有一支基础扎实、训练严格的科技队伍，在国家组织下，大力抓应用研究，在煤焦油化学方面取得了突破。19 世纪后半叶，德国不但成为科学活动中心，也成为最强的资本主义帝国。

第五个科学活动中心在美国。美国科学的兴起，是南北战争以后的事情。现代科学的革命，改变了旧工业，创造了新工业，并渗透到生活的各个方面。第一次世界大战后，科学活动的中心转移到美国。在 19 世纪，美国主要是搞技术发明，并且努力引进和推广欧洲的技术。这时,代表美国科学精神的当属爱迪生。第一次世界大战后,美国成为最强大的资本主义国家,开始转移到科学技术全面发展的轨道上来。正当希特勒在德国“排犹”之际,美国大量引进人才,使美国云集了大批第一流的科学家。爱因斯坦、弗兰克、费米等,都是被迫流亡美国的。这些人到美国后,为美国的科学事业作出了宝贵的贡献。

三、科学研究促进科技进步

(一) 科学研究促进科技快速进步

第二次世界大战以来,科学技术的发展呈指数增长的趋势,人类所取得的科技成果,即科学新发现和技术新发明的数量,比过去两千年的总和还要多。曾有人估算,截至 1980 年,人类社会所获得的科学知识的 90%是第二次世界大战后 30 余年间获得的,到 2000 年,人类社会获得的知识已经翻了一番。现代物理学中 90%的知识是 1950 年以后获得的。日本全国科技政策研究所的《2000 年的科技预测》报告认为,1993～2003 年的 10 年内,人类知识将翻一番;在 2004～2010 年的 7 年内,人类知识将比现在增加 3～4 倍。出于科技知识的指数化增长,新学科不断涌现,当今学科总数已达到 6000 多门。现在全世界每年批准的专利数达 120 万件。科技知识的更新速度也在加快。当今,工程师知识的半衰期是 5 年,即 5 年内有一半知识已过时。据美国著名未来学家马丁 · 塞特龙预测,今天人们所掌握的全部技术知识将只占 2050 年可以使用的知识的 1%。现在我们已知的是:在近 20 年来一些工业技术中过时的已占 30%,在电子信息领域的过时技术已达到 50%以上。科学技术发展速度之快、规模之大、作用范围之广、影响之深远是历史上前所未有的。

(二) 科学研究促进科技不断创新

可以说,正是科学研究促进了科技的迅猛发展,也促使科技不断创新,才有了今天的科技文明。以诺贝尔奖为例,分析其得奖项目,不但可以看出现代科学技术发展的轨迹,而且可以发现科学研究对科技发展尤其是科技创新的重要作用。从对诺贝尔物理学、化学、生理学/医学奖的分析可以发现,不同的奖项在其中既有共性也有个性(表 4.2、4.3、4.4)①。

---

① 部分数据参考《科学的沉思和沉思的科学》(陈洪,2008 年,上海科学技术出版社出版)。

表 4.2　诺贝尔物理学奖分类统计(1901～2013 年)

时间(年)	科学发现		科技发明		科学理论		总分	备注
	分数①	百分比	分数	百分比	分数	百分比		
1901～1910	8	80%	2	20%	0	0	10	
1911～1920	5.5	61%	2.5	28%	1	11%	9	1916 年未颁奖
1921～1930	7.25	72.5%	1.75	17.5%	1	10%	10	
1931～1940	5.5	78.6%	1	14.3%	0.5	7.1%	7	1931 年、1934 年、1940 年未颁奖
1941～1950	7.25	90.6%	0.75	9.4%	0	0	8	1941 年、1942 年未颁奖
1951～1960	5	50%	4	40%	1	10%	10	
1961～1970	2.5	25%	1.5	15%	6	60%	10	
1971～1980	3.5	35%	1	10%	5.5	50%	10	
1981～1990	3	30%	3	30%	4	40%	10	
1991～2000	5	45.4%	3	27.3%	3	27.3%	11	
2001～2013	8	61.5%	3	23.1%	2	15.4%	13	
小结	60.5	56%	23.5	21.7%	24	22.2%	108	

从上表可以看出,诺贝尔物理学奖前 50 年中科学发现占较大比重,平均为 76.5%;而后 60 年中,科学理论的比例大幅攀升,平均为 33.8%;科技发明后 50 年比例也由前 50 年的 17.8%上升到 24.2%。这正说明了科学研究在科技创新方面的功效。

诺贝尔化学奖的情况与物理学奖类似,前 50 年科学发现的比重很大;后 60 年科学理论大幅攀升;而科技发明更是 20 世纪诺贝尔化学奖的主旋律。20 世纪被称为“化学世纪”。科学研究促进了大量的科技创新,科技创新的成果如化肥、农药、合成塑料更是改变了人们的生活。

① 分数的由来:每个奖项 1 分,一年中同时有两个工作中奖,则每个工作各得 1 分。工作性质交叉的,把 1 分各分成 0.5 分,若权重较大的则得 0.75 分,较小的得 0.25 分。

表 4.3　诺贝尔化学奖分类统计(1901～2013 年)

时间	科学发现		科技发明		科学理论		总分	备注
	分数	百分比	分数	百分比	分数	百分比(%)		
1901～1910	5	50%	3.5	35%	1.5	15%	10	
1911～1920	3.5	50%	2	28.6%	1.5	21.4%	7	1916 年、1917 年、1919 年未颁奖
1921～1930	4	44.4%	2.75	30.6%	2.25	25%	9	1924 年未颁奖
1931～1940	4	50%	3	37.5%	1	12.5%	8	1933 年、1940 年未颁奖
1941～1950	5	62.5%	3	37.5%	0	0	8	1941 年、1942 年未颁奖
1951～1960	6	60%	3	30%	1	10%	10	
1961～1970	3	27.3%	3	27.3%	5	45.4%	11	
1971～1980	1	10%	4.5	45%	4.5	45%	10	
1981～1990	1.5	15%	2	20%	6.5	65%	10	
1991～2000	3	25%	2	16.7%	7	58.3%	12	
2001～2013	6	46.1%	6	46.1%	1	7.7%	13	
小结	42	38.9%	34.75	32.2%	31.25	28.9%	108	

表 4.4　诺贝尔生理学/医学奖分类统计(1901～2013 年)

时间(年)	科学发现		科技发明		科学理论		总分	备注
	分数	百分比	分数	百分比	分数	百分比		
1901～1910	6.5	65%	2	20%	1.5	15%	10	
1911～1920	5	83.3%	1	16.7%	0	0	6	1915 年、1916 年、1917 年、1919 年未颁奖
1921～1930	7.5	83.3%	1	11.1%	0.5	5.5%	9	1921 年、1925 年未颁奖
1931～1940	7.5	83.3%	1	11.1%	0.5	5.5%	9	1940 年未颁奖

续表

时间（年）	科学发现		科技发明		科学理论		总分	备注
	分数	百分比	分数	百分比	分数	百分比		
1941～1950	8	100%	0	0	0	0	8	1941年、1942年未颁奖
1951～1960	5	50%	4.5	45%	0.5	5%	10	
1961～1970	7.5	68.2%	0	0	3.5	31.8%	11	
1971～1980	6.5	59.1%	3	27.3%	1.5	13.6%	11	
1981～1990	7	63.6%	0	0	4	36.4%	11	
1991～2000	6	75%	0	0	2	25%	8	
2001～2013	8	61.5%	2	15.4%	3	23.1%	13	
小结	74.5	70.2%	14.5	13.7%	17	16%	106	

在诺贝尔生理学/医学奖中，科学发现一直占极大的比重，尤其是前50年占83%，而科技发明平均仅占13%。这与生理学及医学中的理论多为定性描述为主有关。但就是在这一领域，物理学和化学的科学研究的方法已经为生物学家、生理学家所接受和生理学和医学中大量出现的模型就是该领域知识几何化的表现。

纵观上述统计分析可见，一百多年来的诺贝尔科学奖发展史，就是科学现象不断被发现、科技发明不断被开发、科学理论不断被创新的过程。从爱因斯坦的光量子论、普朗克的作用量子论和海森堡的物质波理论等基础理论方面的重大创新，到X射线、天然放射性现象和电子等科学发现上的重大突破，再到格林试剂、超导技术和光线疗法等科学发明上的重大创造，可以看出，正是科学研究在不断地激励人们去探索和开拓未知的领域，推动了20世纪到21世纪科学技术的不断创新，促进了人类科技事业的全面进步。

（三）科学研究促进科技即时应用

科学研究促进现代科学技术加速转化为现实生产力，使科学、技术、生产越来越一体化，导致科技越来越超前于生产而发展，起到第一位的先导作用。

科学技术超前于生产并对生产起着巨大的促进作用，是当代社会生产的鲜明特点。在现代，科学、技术、生产三者之间的关系已从20世纪以前的生产→技术→

科学的作用机制中完全逆转过来。科学理论不仅走在技术和生产的前面，而且为技术、生产的发展开辟新的途径，形成了科学→技术→生产的发展模式。如，先有了量子理论，而后运用量子力学研究固体中电子的运动过程，建立了半导体能带模型理论，使半导体技术和电子表技术蓬勃发展起来，并促进了电子计算机的发展。正如邓小平所指出的："现代科学为生产技术的进步开辟道路，决定了它的发展方向。"许多新的生产工具、新的工艺，首先在实验室里被创造出来。一系列新兴的工业，如高分子合成工业、原子能工业、电子计算机工业、半导体工业、宇航工业、激光工业等，都是建立在新兴科学基础上的。

第三节　科学发展与科技伦理

科学发展与科技伦理的关系是客观存在的矛盾统一体，也是中外伦理学家长期争论的一个重要问题。科学发展的成果及其影响将引发新的伦理问题的产生，科技伦理也必然制约着科学家的言行和科学研究的方向。

一、科技伦理的提出

科技伦理是指人们在从事科技创新活动时对于社会、自然关系的思想与行为准则，它规定了科技工作者及其共同体所应恪守的价值观念、社会责任和行为规范。

今天，科学技术突飞猛进地发展，加快了社会发展的步伐，极大地提高了社会生产力水平，满足了人们物质文化的需要。然而，由于社会生活的复杂性、多样性，在某些情况下进行科学技术的研究和运用如果失控，将会导致人类的灾难。为了克服科学技术所带来的消极影响，必须更加重视科技伦理在科技活动中的作用。通过科技伦理知识的普及、教育、认识，不断深化科技伦理在科技活动中的影响，规范人们的科技行为，使人们的科技活动产生善的结果。

(一) 科技活动引发的伦理危机

科学技术是一把双刃剑,尤其是现代科学技术的发展和应用,并不是所有都按照人们的良好愿望行事,于是,在发展过程中,给人类生存、社会生活带来了一定程度的负面影响。这主要有以下几种情况。

一是由于受主客观条件的限制,人们在运用科技手段对某些事物及其客观世界进行改造时,只预期到好的结果,没想到可能带来的负面作用。当人们为取得的成果欢欣鼓舞时,往往会忽视可能出现的"副作用"苗头。当危害性充分暴露在大众面前时,往往已积重难返。例如,由于工业化高速发展所导致的环境污染、温室效应、臭氧空洞,等等,都是人们认识不足所造成的。

二是为了本国、本民族的狭隘政治、经济利益,利用科学技术手段损害他国、他民族以至全人类的利益。例如,有些世界强国利用自己强大的军事科技到处干涉他国内政,侵犯他国领土,把科学技术作为其称霸世界的工具。

三是为了小团体利益,损害社会公众的、国家的以至人类的利益。例如,一些企业在利润的驱动下,在运用科技手段制造商品时,也在向自然、向江河湖海、向大气中排放污染物质,使人类赖以生存的环境因受到严重污染而恶化;特别是一些高污染企业,为了自身的少许利益,根本就不顾生产给自然、人类社会所带来的危害性,造成威胁人类生存和发展的生态危机。

四是为了个人的私欲而使用科技手段造成对他人利益、集体利益、国家利益的损害。如电脑黑客为了证明自己的能力制造计算机病毒,造成数据的丢失、系统的瘫痪,或者闯入别人的计算机偷看别人的隐私,这些都严重影响了人类社会的正常秩序和社会生活。

五是由于人类盲目地滥用、误用科学技术成果造成难以处理的伦理道德方面的问题。如生育技术、安乐死、转基因技术,等等。特别是遗传基因技术、克隆技术的滥用会带来生命伦理上的混乱,破坏人类正常的生活秩序,后果不堪设想。

> 可以想象,如果镭落在恶人的手中,它就会变成非常危险的东西。这里可能会产生这样一个问题:知晓了大自然的奥秘是否有益于人类,从新发现中得到的是裨益呢,还是它将有害于人类。诺贝尔的发明就是一个典型的事例。烈性炸药可以使人们创造奇迹,然而它在那些把人民推向战争的罪魁们的手中就成了可怕的破坏手段。我是信仰诺贝尔的人们当中的一个,我相信,人类从新的发现中获得的将是更美好的东西,而不是危害。
>
> ——居里夫人

（二）科技伦理介入的必要性

科技伦理是对于科技活动的道德引导，是调节科技工作者相互之间、科技共同体与社会之间各种关系的道德原则、道德规范等的总和。科技伦理的重要性在于：一方面可以使科学技术的运用得到明确的道德理性的指导，从而最大限度地减少出于邪恶目的利用科技成果的可能性；另一方面，作为道德理性的科技伦理可以增强科技工作者对于科技开发之后果的道德责任感，从而以道德理性的自觉来最大限度地消解科技理性在社会负面作用上的不自觉。

在科学技术发展史上，有不少科技工作者科技伦理意识是非常强烈的。例如，诺贝尔奖获得者、物理学家爱因斯坦就曾经向准备从事科学技术工作的青年人发出过这样的忠告："如果你们想使你们一生的工作有益于人类，那么，你们只懂得应用科学本身是不够的。关心人的本身，应当始终成为一切技术奋斗的主要目标；关心怎样组织人的劳动和产品分配这样一些尚未解决的重大问题，用以保证我们科学思想的成果会造福于人类，而不致成为祸害。"作为一个有重大影响的科学家，他一生发表的关于反对战争、争取和平的言论就有上百万字。他曾不倦地为原子能的和平利用而奔波呼吁，以满腔热情投入反对原子弹屠杀当中。与此相反，也有不少科技工作者因为缺乏科技伦理素养，被世人所唾弃。如有人利用科技手段制造假币、假冒商品、窃取各种技术资料、利用电脑作案等行为，就应该被鄙视和惩罚。

科技伦理虽然并非科学技术自身所固有，但它是科学技术外部的一种控制手段。作为一套具有道德涵义的规则系统，它可以告诉和教育人们：什么样的科技活动是善的或者是恶的；什么样的科技行为是应该做的或者是不应该做的；人们应该通过科技活动为人民、为人类造福，而不应利用科技去作恶。当这些规则系统被人们普遍接受并成为公认的调整人们在科技活动中的关系的行为规范时，就可以内化为科技工作者的行为准则，成为科学技术活动中的一种内在力量，去自觉抵制不良的科技行为。

（三）科技伦理的意义

科技伦理始终鼓励科技工作者对知识不断追求，鼓励和尊重知识技术管理和体制创新，鼓励公平竞争，鼓励交流与合作。在科学研究中，科技伦理的存在具有重要意义。

（1）科技伦理是科技创新的现代文明理念。20世纪60年代以前，人们用现代化的手段砍伐森林、建造许多大规模的工业工程等，还不太考虑自然的承受能力和可持续发展能力。1960年,美国学者卡逊的著作《寂静的春天》问世,引发了人们对现代科技伦理问题的反思。这本书从宏观和长远发展的角度提出了农药对生态和生物多样性的破坏所引起的极其严重后果,当时遭到了很多大企业家和社会上一部分人的反对,但最终还是成为了全球的共同理念。随着社会文明的进步,科技伦理问题越来越受到人们的重视,突出地反映在人类工业化、信息化和知识化社会的文明理念,如卓别林电影中的《摩登时代》,机器节奏越快、生产效率越高越好,把工人束缚在生产线上,成为机器的奴隶。今天,到了信息化、知识化时代,繁重的、重复性的劳动都逐步地被机器所替代,人们有更多的时间学习、思考、创造、休息。当代的科技伦理道德,反映了实现人与自然协调、可持续发展的现代文明理念。

(2) 科技伦理为科技发展和应用提供了必要的规范和调节机制。科技的飞速发展,为我们提供了越来越多的影响和改造我们自己以及整个世界的手段,使我们能够做到许多原来不能做到甚至是难以想象的事情,但同时也会带来一系列问题。科技伦理为我们认识、对待科技发展和应用中"能够做"与"是否应该做"的关系提供了明确的指引和规范。

(3) 科技伦理为科技创新营造了一个先进的文化氛围。科技伦理作为先进文化的重要组成部分,是促进科技创新的一个重要因素,是培养创新人才的重要条件,是发展科技交流合作的重要前提之一。其发展方向也将影响着科技发展的方向,对整个社会及全人类的发展有着极为重要的意义。

二、科技伦理的基本范畴

21世纪,站在科学前沿的是三大科学和由它们衍生出来的三大技术,即生物科学与基因技术、计算机科学与网络技术、材料科学与纳米技术。生物科学与基因技术直接面对包括我们人类在内的生命现象,涉及有关人类个体的同一律问题、无性繁殖与生命的基本权利问题、家庭的性别属性与家庭的组织问题;计算机科学和网络技术极大地改变了人们的信息沟通方式;纳米技术所使用的微观物质尺度会不会挑战日常生活中宏观尺度下的物质同一律特征,等等,这一切已经或将带来高技术伦理风险负效应的不确定性,同时高技术也提供了更多道德选择的可能性。科技伦理的基本范畴主要体现在这三大科学与技术之中。

(一) 核与生化武器伦理

核武器包括原子弹、氢弹和中子弹以及由它们组合起来的各种战略导弹。普通炸弹的威力主要是高温灼伤和弹片击伤,而原子弹能产生五种杀伤力:光辐射、冲击波、早期核辐射、电磁脉冲以及放射性污染。这些因素都具有极强的杀伤力,而且范围可到达30公里以外。氢弹是利用氢原子核聚变反应所放出的巨大能量起到杀伤破坏作用的爆炸性武器，比原子弹的威力大得多。中子弹是以核爆炸时所放出的大量高能中子作为主要杀伤因素的一种新型战术核武器。中子弹破坏建筑物、运输工具和作战装备的能力较小，主要以强大的中子流杀伤在建筑物、运输工具和作战装备内的人员。

生化武器是一种特殊的大规模杀伤性武器，由生物战剂及其施放装置组成。生物战剂是战争中用来杀伤人员、牲畜和毁坏农作物的致病微生物细菌毒素，而且有传染性，具有污染范围广、危害时间长、传播途径多、不容易侦察等特点。化学武器主要是化学毒剂，包括神经性毒剂、糜烂性毒剂、全身中毒性毒剂、失能性毒剂、窒息性和刺激性毒剂等，它们通过爆炸法、加热蒸发法、播撒法等散布方式，形成气溶胶状、蒸气状、液滴状和微粉状物质，对人畜起着巨大的伤害作用。无论是核武器还是生化武器，对人类及其生存环境的破坏作用都是难以估量的，尽管人们在众多的场合中都呼吁反对以任何形式使用核武器和生化武器，但是它们似乎总是不可避免地出现在战场上。

（二）计算机与网络伦理

计算机与网络伦理首先是对个人隐私的挑战。人的姓名、性别、身体状况、家庭状况、财产状况、社会生活背景资料在网络的空间中将会是一连串的符号。网络本身的开放性与这些符号的通用性对个人隐私的保护是一个挑战。在网络交往活动中，人们如何切实保护合法的个人隐私、如何防止把个人隐私作为谋取经济利益的手段，将成为人类社会在网络时代首当其冲的伦理难题。

其次是知识产权的保护。网络经济的出现使知识产权的保护面临种种困难。法律要保障知识首创者或所有者的权利，但知识产权的保护存在一个公平的道德问题。如果在网络上人们非法复制、使用有知识产权的软件是一种不道德行为，那么社会的、公开的知识由个人垄断而导致妨碍社会进步同样是一种不公平、不道德的行为。网络的普及越来越强烈地要求政府和社会处理好知识产权保护与网络知识资源的共享、合理利用两者相互矛盾的难题。

第三是网民的道德人格。随着网络经济、网络社会的不断扩展，所谓“因特网综合征”也在一些网民（尤其是一些“网虫”）身上发生了。在发达国家的一些“网虫”，可以没有家庭、可以辞去满意的工作、可以抛弃身边的亲人，但他们决不能没有网络，不能没有网络经济和网络社会的支撑。这导致了家庭及社会价值观的改变。

（三）生命与医学伦理

生命与医学领域的伦理问题比比皆是，克隆人问题、基因工程问题、基因组遗传信息的应用和隐私权问题、基因歧视问题、基因诊断与基因治疗问题、转基因食品与转基因农作物问题、遗传资源和多样性保护问题，以及基因武器问题，等等，不一而足。生命与医学伦理问题最核心地体现在克隆人问题和基因工程问题上。

克隆技术引发的伦理问题最令人关注。克隆人也许为人类实现长生不老的千年梦想提供了有科学依据的可能。但祸福总相依，克隆行为将会损害被克隆者的公民权益，使被克隆者的唯一性、独特性大大降低，同时，自我欲求、需要、生存价值受到限制，与他人同样所应享有的自主权、自决权将会遭到否定。

按科学家的设想，人类基因组研究计划旨在建立起全球性的人类基因多样性资源库（包括生物样品、统计数据、相关的信息等）。人类基因组研究的目标与意义主要包括：探讨人类的起源，了解和说明人类进化的历史；从微观层面深化对人与人、人与社会、人与自然关系的认识；为探求导致疾病与预防疾病的遗传因素以及为这些因素与环境的相互关系提供更基础的信息。但是，人们在享受这一成果的同时，不能不思考它带来的各种伦理问题，如基因争夺与基因殖民主义；基因隐私与基因歧视；个体自决权问题；基因治疗与基因犯罪。

（四）生态与环境伦理

生态与环境的伦理问题主要是在现代科技高速发展的情况下探讨建立以及如何建立自然与人类和谐的新关系的问题。人与自然环境的关系问题，自人类出现就已经存在，到近代开始成为普遍性的问题。近代工业发展以来，由于人类对自然资源的掠夺性开发，废水、废气和废渣等的任意排放，使生态环境严重污染，正常的生物链遭到破坏，大量的动物、植物面临灭绝，使得生态与环境领域的科学伦理问题表现得尤为突出。现代生态环境的危机（包括资源枯竭、人口膨胀、大气和水的严重污染、酸雨、干旱、沙漠化，等等）不但给现代人带来灾难，而且会严重危及子孙后代。探讨环境问题的科技伦理学认为：要制止这种破坏，恢复或重建人类的美好家园，不但要控制人口增长，要植树造林、治理沙漠等，更要从根本上认识生态环境危机给人类带来的灾难；不但要调整现代人之间的各种利益关系，而且要坚持可持续发展，维护子孙后代的利益，给他们留下一个美好的生存空间。

（五）纳米等"新材料"的科学伦理问题

自 20 世纪 90 年代纳米产品进入人们生活以来，纳米材料已经应用于大众生活的各个方面，显示出了巨大的发展潜力。但近一时期，纳米技术对人类健康和自然环境的负面影响，成了科学界研究的新课题。研究发现，纳米技术一旦渗透到生物学领域将迅速改变农业和医学的面貌，人类生活方式也将在纳米技术与计算机和基因生物学的结合中迅速出现革命性的变化。同时，在人类健康、社会伦理、生态环境、可持续发展等方面将会引发诸多问题。如美国化学学会在 2003 年年会上，有三个研究小组分别报告说，纳米材料具有特殊的毒性。美国航空航天局太空中心的研究小组发现，向小鼠的肺部喷含有碳纳米管的溶液，碳纳米管会进入小鼠肺泡，并形成肉芽瘤，而用聚四氟乙烯制作的纳米颗粒毒性更强。纽约州罗切斯特大学的研究小组让大鼠在含有这种纳米颗粒的空气中生活 15 分钟，会导致大多数老鼠在 4 个小时内死亡。

目前，影响最大的呼声当属绿色和平组织委托英国帝国理工学院所作的报告《未来的技术，今天的选择》。该报告归纳了近期一些科学家、环保主义者、伦理学家、社会学家对纳米技术可能造成危害的分析，指出纳米粒子及纳米产品可能包含科学家还未充分了解的全新污染物，由于不可生物降解或错误使用，极可能造成灾难。因此，纳米等“新材料”的科学伦理问题将成为科技伦理问题的重要范畴之一。

三、科学发展与科技伦理

20 世纪以来的科学极大地改变了人类的物质生活与精神生活，改变了人类的生活方式与生产方式。它一方面推动社会全面进步，解决人类的种种困难，提高人类的生活质量；另一方面也给人类社会带来了各种各样的问题。其中科学发展对伦理的挑战以及科技伦理对科学发展的制约备受人们关注。

（一）科学发展对伦理的挑战

科学与伦理是性质不同的两个东西。科学是实证的知识系统，它追求的目的是“真”，它发现的是客观已经存在的规律，它解决的是人与自然之间的关系，判断科学的试金石是科学实验、观察和论证。打开科学史就会发现，一部科学史就是科学家们不断寻求正确的理论进而排除错误的理论史。而伦理是规范性的，它追求的是“善”，它阐明的是人与人应该怎样相处，它解决的是人与人之间的关系，判断伦理的标准是人们的习惯、风俗等。打开人类发展史，就会发现，一部伦理史就是各种各样的风俗、习惯等的变化史。之所以不能说某个时代的风俗和习惯是错误的，是因为这些风俗和习惯都是人为规定的，它主要与人们的主观认识有关。科学之所以频频向传统伦理提出挑战，是因为科学总是在创新，而创新总会引起人类生活与交往手段的改变，这些改变肯定会影响人们的风俗和习惯。

科学发展对伦理的挑战主要表现在:一是科学技术作为人类一种实践活动,它本身需要伦理道德规范,因而科学技术发展本身会孕育出一定的伦理观念,即科技伦理。比如,科学技术的求实精神、创新精神、追求真理的精神、团结协作的精神等,就构成了现代科技伦理的重要成分。二是科学技术的发展正确地揭示了客观世界的规律,使人们获得对客观世界的科学认识,直接导致人们原先由于愚昧迷信而形成的伦理观念被更新。比如,在科学不发达的过去,人们不知道生、老、病、死的自然规律,不了解生命的本质,认为人身神授,人的生与死都应是一种纯自然的过程。随着科学技术的发展,生命的本质被揭示,生命密码被破译,人们掌握了生、老、病、死的自然规律。于是,早先被严加禁止的人体解剖现已成为寻常事,死后捐献遗体和有用器官被视为高尚的伦理道德。三是科学技术的一些新成就及其运用直接引发人们之间新的伦理关系,从而引发人们新的伦理思考。如医学的发展能使濒临死亡的病人在极为痛苦的条件下延续一段时间的生命,因而发生了病人、亲属和医生需要处理的新的伦理关系。正是这种新的情况出现,引发了人们关于"安乐死"的伦理之争①。

随着现代科学的不断发展,对伦理的挑战也变得越来越突出。像试管婴儿、器官移植、"克隆人"技术、网络技术,等等,都带来了值得人们关注的伦理问题。

克隆技术的伦理学争论

1997年2月23日,英国生物学家威尔穆特向全世界宣布,他和他的助手们成功地克隆出了人类历史上第一只小绵羊——多莉。这一成果引起了举世惊恐,人们害怕这一成果意味着科学家们下一步就要克隆人了。美国总统克林顿于当年3月份就作出强烈反应。世界各国的领导人甚至联合国卫生组织也都表示不赞成科学家从事克隆人研究。为什么人们对克隆人研究这么惊恐呢?与试管婴儿一样,克隆人技术将打破人类原有的生儿育女的方式。这一技术比起试管婴儿来更进一步,它不需要两性的精子和卵子结合,而只需要单一的卵子和体细胞。人们担心,克隆人一旦出现,就会打破世界上原有的人与人之间的伦常关系,用一个人的体细胞克隆出的人是体细胞提供者的弟弟或妹妹还是儿子或女儿?这令人难以接受和想象。更让人害怕的是,克隆人不是为了给愿意使用该技术的人生儿育女,而是为了移植克隆人的器官或用克隆人做战争的牺牲品,等等。不害怕克隆人诞生的人认为:

① 高建明.科技进步与伦理道德[J].科技进步与对策,2002,3:158.

提供器官移植不一定非用克隆人的器官,我们可以用专门克隆器官的技术生产人体的各种器官;用于战争的克隆人在经济上很不合算,从事战争的人在很多地方可以用廉价的方法找到足够的人,我们现在地球上的人不是已经够多了吗?很多国家都在控制人口,难道他们还嫌地球上的人不够多吗?关于克隆人的争论至今还在继续。

科学发展与人类认识自然和改造自然的活动是同步的,其进步必将极大地改变人与自然的关系以及人在生产过程中的作用,使人们的生存环境、生活方式发生巨大的变化,促使人与人之间关系的改变。而伦理作为调节人与人之间的关系、指导人们行动的规范,不可避免要受到人与人之间关系变化的影响,因此,科学的发展进步必将频繁地向传统的伦理发出挑战。

(二) 伦理对科学发展的制约

科学与伦理的辩证统一关系为科学发展的伦理制约提供了一个理论前提。科学从本质上讲是为了人类本身利益而进行的一种实践活动和精神活动。科学的最高宗旨就是为人类增进福利、实现幸福。但如前所述,科技在实际运用的过程中又表现出伦理上的二重性,既可为人类带来好处,亦可为人类带来灾难。所以,如何科学地运用伦理对科学发展的制约,实现科学为人类社会服务,意义十分重要。

美国学者J·T·哈代说过:“由于我们生活在一种技术化的环境之中,因此不免要遇到这样一些问题:人类是这种新技术的主人还是奴隶;技术使人类的选择和自由得到了发展,还是受到了限制。到目前为止,从表现上来看,人类有能力驾驭和引导技术向需要的方向发展,然而人类现在掌握的知识,已经赋予了人类几乎能摆布自然的本领,因此必须谨慎小心地衡量各种技术抉择是否合乎需要,这种强大的力量必须用于高尚的目的。”把科学技术应用于高尚的目的是科学技术研究和使用的一条重要的道德原则,其内容是以造福人类为最高目标的人道主义原则。这个道德原则对于科学家来说,也是他们的道德责任。日本1980年曾通过一个《科学家宪章》,制定了科学家要遵守的道德准则,其中明确涉及科学家社会责任的有两条:明确自己研究的意义和目的,为人类福利和世界和平作出贡献;警惕对科学的忽视和滥用,努力排除由此造成的危险。

伦理对科学发展的制约作用,其实现有赖于科学工作者的社会良心。赫胥黎曾经说过:“良心是社会的看守人,负责把自然人的反社会倾向约束在社会福利所要求的限度之内。”科学工作者在进行科学活动中,要有做人的良心,要对自己的研究活动有支配力，确保自己的研究成果不会给人类带来巨大的破坏。科学工作者的科学良心本身就是一道道德屏障，它可以限制那些利用科学技术力量进行反社会倾向的活动，使科学工作者能够支配自己的科学研究工作，为人类造福。

科学发展进步需要伦理道德的正确引导。人们现在已清楚地认识到，科学技术的发展给社会带来的不都是福音，也会带来许多消极的后果。

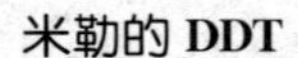

米勒的DDT

20世纪40年代之前，当大面积虫害困扰农业生产时，人们曾经几乎束手无策，蝗虫、螟虫等已成为农业生产的大敌。瑞士化学家米勒(P. H. Muller，1899～1965)于1939年首次将DDT制成用以防治棉铃虫、蚊、蝇等的杀虫剂，并申请了专利，1942年正式投放市场。这种杀虫剂能够毒死或者扑灭危害作物、果树、树木、仓储和环境中的昆虫等。

20世纪40年代以来，全世界都广泛使用DDT。首先，这项发明立即用于战争，为预防昆虫传播的虫媒传染疾病，尤其是用于控制疟疾和伤寒等作出了巨大的贡献，让千万参战的军人免受了疾病的侵扰。接着，DDT被广泛用于农业。因为消除了病虫害，农业大幅度增收。20世纪50年代末，全世界大约有500万人因此免于饿死。

米勒因为第一个合成了高效有机杀虫剂DDT，并广泛用于农业、畜牧业、林业和卫生保健事业，获得了1948年诺贝尔生理学/医学奖。

令米勒始料未及的是，DDT的危害也逐渐显露出来。首先，昆虫体内产生了强大的耐药性，导致用量大幅度增加。第二，稳定高效曾被认为是优秀杀虫剂的一个特征，而正是这种特征导致了农药残留。残留的农药进入生物体内逐渐富集后，浓度增加产生毒性，结果是包括人在内的食物链中的动植物都受到了污染，大量动植物以及人类本身因此而死亡。

1973年1月1日，美国正式禁止使用DDT，中国也于1983年正式禁止使用。

科学就其本身目的而言，是一种求真活动。科学本身是无所谓伦理价值的，科学的伦理价值体现在它的应用上。由于科学是人创造的，科学如何运用也在于人，而人们如何运用科学又取决于人们受何种伦理价值观念指导。因此，科学对社会产生什么样的影响是与人们的伦理价值观念密切相关的。所以，科学技术发展给社会带来的消极后果，从表面上看是科学发展引起的，但深究起来却是人们的伦理价值观念发生扭曲、错位造成的。如科学发展所带来的生态危机的恶果,就是长期以来人类被征服自然的成功冲昏了头脑,没有摆正人在自然界中的位置,误把自己当作自然界的主宰者、统治者,而对自然滥加开发、肆意开采各种资源所致。可以说,科学究竟向何处发展,是造福人类还是祸害人类,这不是科学本身所能决定的,必须借助于伦理的力量。科学技术的发展,只有在正确伦理观念的引导下才能更好地发挥其积极效应,使之朝着造福于人类的方向健康发展。科学发展给社会所带来的消极影响也只有通过伦理调节和制约才能加以消除和缓解。因此,科技发展需要伦理道德的正确引导。

最杰出的10位物理学家

英国杂志《物理世界》在100位著名物理学家中选出的10位最伟大者:

爱因斯坦　美籍德裔物理学家,苏黎世大学哲学博士,英国皇家学会会员。他建立的相对论改变了世人的宇宙观。他因解释光电效应的理论,独获1921年诺贝尔物理学奖。

牛顿　英国物理学家、数学家与天文学家,创立牛顿运动定律和发现万有引力定律。1666年他用“三棱镜”分析日光,发现白光由不同颜色的光构成。1671年他研制了反射望远镜观察行星运动规律,解释潮汐现象,预言地球不是正球体。

麦克斯韦　英国物理学家,数学家,英国皇家学会会员。他建立电磁场的基本方程,指出光的本质是电磁波。

玻尔　丹麦物理学家,量子力学创始人之一。他研究原子结构和原子辐射谱线,系统地阐述氢原子结构,获1922年诺贝尔物理学奖。

海森伯　德国物理学家。他建立了关于量子理论的矩阵力学,发现了著名的“测不准原理”,获得1932年诺贝尔物理学奖。

伽利略　意大利物理学家、天文学家、哲学家,经典力学和实验物理学的先驱者。他发现了自由落体定律、惯性定律、合力定律、摆振动的等时性、抛体运动规律等,提出了伽利略相对性原理。

费恩曼　美国物理学家。他提出称为质量和电荷“重整化”的计算方法,发展了量子电动力学。他与施温格尔和朝永振一郎共同分享了1965年诺贝尔物理学奖。

狄拉克　英国物理学家。他建立了著名的有关电子理论的狄拉克方程,和薛定谔分享了1933年诺贝尔物理学奖。

薛定谔　奥地利物理学家。他是量子力学的奠基人之一,创立了波动力学。他和狄拉克分享了诺贝尔物理学奖。

卢瑟福　英国物理学家。他发现了放射性辐射中的α射线和β射线，首次实现元素的人工蜕变，引起物理学和化学领域的革命。他因对元素衰变和放射性物质的化学研究，获 1908 年诺贝尔化学奖。

思考与建议

1. 在科学技术发展日新月异的今天，人们逐渐对科学产生了迷恋与崇拜，在此也许各位同学需要思考这样一个问题：科学总是善的、总能为人类造福的吗？
2. 科学与荣誉。回顾科学史，我们发现在科学的发展历程中有大量的重复发现，即不同的人在不同的地方独立地作出同一项科学发现，这种情况常常导致科学家之间的科学发现或发明的优先权之争。例如，伽利略与格拉西、迈尔关于“几何学和军用罗盘”发明的优先权之争；牛顿和莱布尼茨关于“微积分”发现的优先权之争。科学发现的优先权之争不仅反映了哲学、宗教等因素对科学的影响，而且还使人们注意到另外一些与科学发现有关的重要事实。优先权之争促成了现代科学论文发表的规范化：① 科学论文发表前，应由作者的几位同行对论文预先审阅、评估；② 论文应明确无误地列出参考文献，特别应明确指出，论文中的哪些成果是别人的工作，哪些是作者的贡献。建议各位同学，当你开始自己的科学研究之时，规范、律己是你获得真正成功的保障。

参 考 文 献

[1] 郝伯特，巴特菲尔德. 近代科学的起源(1300～1800)[M]. 张丽萍，等，译. 北京：华夏出版社，1988.
[2] 刘金玉，等. 科学技术发展简史[M]. 广州：华南理工大学出版社，2006.
[3] 王玉仓. 科学技术史[M]. 北京：中国人民大学出版社，1993.
[4] 丹皮尔. 科学史及其与哲学和宗教的关系[M]. 李珩，译. 上海：商务印书馆，1977.
[5] 吴国盛. 科学的历程：上[M]. 长沙：湖南科学技术出版社，1997.
[6] 李涛. 现代科学与技术[M]. 西安：西北大学出版社，2005.
[7] 傅静. 科技伦理学[M]. 成都：西南财经大学出版社，2002.
[8] 陈洪. 科学的沉思和沉思的科学[M]. 上海：上海科学技术出版社，2008.

[9] 吴国盛. 科学二十讲[M]. 天津:天津人民出版社,2008.
[10] 王德胜. 科学史[M]. 沈阳:沈阳出版社,1992.
[11] 陈国达. 怎样进行科学研究[M]. 北京:科学出版社,1991.
[12] 杨沛霆. 科学技术史[M]. 杭州:浙江教育出版社,1986.
[13] 何钟秀. 科学纲要[M]. 天津:天津科技出版社,1982.
[14] 祝青山. 现代科学发展的伦理向度[J]. 广西社会科学,2006,10.
[15] 高云梯,高翔. 科技发展与伦理调控[J]. 经济师,2000,8.
[16] 马文彬,孙向军. 科技与伦理的思考[J]. 道德与文明,2000,2.
[17] 高建明. 科技进步与伦理道德[J]. 科技进步与对策,2002,3.
[18] 盖红波. 事关伦理的科技进步[J]. 瞭望新闻周刊,2005,1.
[19] 糜婷. 人类克隆:当代科技前沿的伦理挑战[J]. 理论周刊,2005,10.
[20] 雷虎强. 论科技与伦理[J]. 福建教育学报,2006,4.
[21] 陈绪新. 科学的"伦理不涉"与科学家的道德抉择[J]. 学术论坛,2004,6.
[22] 张九庆. 自牛顿以来的科学家[M]. 合肥:安徽教育出版社,2002.
[23] 王立美. 科学上下五千年[M]. 北京:当代世界出版社,2007.

第五章
诺贝尔奖得主的大学时代

对于人生来说，“证明自己”的正式起点或许就是大学时代。中小学的时候，一个人往往还不具备真正意义上的自我意识，生活中的大多数事务，小到穿衣吃饭，大到选择学校，都是在旁人的指导或辅助下完成的。更重要的是，那时候的人基本不去想“为什么活着”、“怎样活着”这样艰深的问题，一切还处在混沌状态。进入大学以后，各种想法都来了，学业、事业、就业、成就、爱情、未来，诸如此类内涵丰富的字眼出现在生活中，内心免不了迷茫和慌张。其实，那恰恰意味着，我们已经意识到自己的社会存在，我们成熟了。

大学时光对于每个人来说都是珍贵的，都值得永远珍惜与回味。诺贝尔奖获得者的大学生活是怎样度过的呢？也许他们的一段段经历可以给我们许多独特的启示与借鉴。

第一节　大学——诺贝尔奖得主成功的起点

一、大学——诺贝尔奖得主成功的原动力

科学家需要具备良好的知识储备和独创的科学研究能力。学校不仅提供了系统的教育，而且提供了进行多次选择的机会。在大学阶段，学生以累积基础知识、掌握学习方法、提高理解能力和培养自学能力为主。同时，在大学里，一个好的老师不是照本宣科地简单灌输，而是引导学生动脑筋，在思考问题的同时掌握知识。

纵观众多诺贝尔奖获得者的大学生活，可以发现，在这些获奖者中，不论是物理学家还是化学家，个个都博学多识，这些都源于他们在大学里进一步培养出的广泛兴趣。他们除了研修主要的课程之外，还选修一些哲学、文学、艺术之类的课程。此外，在学习之余，适时地参加一些课外素质拓展活动，借以扩大自己的知识面和视野。

在学习过程中，他们都是勤奋的，有着自己独立的见解，还有着异于其他人的抱负。如 1922 年的诺贝尔物理学奖得主玻尔，在读大学时就开始对物理学的某些方面进行独立的研究了，并因此获得了丹麦科学文学院的金质奖章；1976 年的诺贝尔物理学奖得主丁肇中由于经济的原因，通过自己勤奋刻苦的学习，三年就修完了别人需要四年才能修完的课程，并屡屡获得奖学金。

他们的热情、智慧、坚强、执着为他们以后的成功奠定了基础。

如果说他们的成功是夜空中灿烂而绚丽的烟花，那么他们的大学生活则是烟花绽放前开始上升的那一刻。从众多的诺贝尔奖获得者的身上可以看出，为何大学是他们成功的原动力，是他们迈向成功之路的新起点。

（一）科研环境的熏陶

哈佛大学的一项研究显示：一个人获得成功、成就、升迁等的原因，85％取决于这个人的非智力因素，仅有 15％是由人的专门技术所决定的。由于大学为青年学子们提供了一个良好的科研环境和学术氛围，使其可以在学术活动与科学争论中受到潜移默化的熏陶，从而产生对科学研究的兴趣，也就会形成一个愿意主动去进

行科学探究的积极心态。学术平等、争鸣是促进科学发展的一个不可或缺的重要因素。在大学里，这种平等与争鸣又会影响到学生，使其不迷信权威，勇于挑战，敢于创新。大学里的一次演讲，辩论会上的一点启示甚或是一点难堪，某某导师的一番交谈，都可能使一个学生改变或是树立起一生的目标。事实上，在众多的诺贝尔奖获得者中，这样的例子是非常多的。而一所学校也往往因其或是学术的自由，或是重视某一学科，或是某一学术传统而使其培养的学生受到独特的熏陶。

> 丹麦的哥本哈根大学理论物理研究所是在玻尔的倡议和推动下于1921年3月成立的，1965年更名为玻尔研究所。研究所发挥物理教学、实验及科研基地等作用，在原子物理学及量子理论的建立与发展等方面作出了杰出贡献。同时，玻尔研究所的建立为科学家之间的互动创造了机会和场所，创立了闻名于世的哥本哈根精神，即谦虚、坦率、热烈、自由、平等的学术讨论和充分的国际合作精神。

（二）学习条件的保障

相比之下，大学是青年学子从科学研究中获得更多、更好学习条件的理想场所。不仅有老师的指导与帮助，同学的协作与支持，更有为科学研究提供的不可或缺的实践条件。许多大学因其完备的实验室而成为世界范围内求学者心中的天堂，诸如有诺贝尔奖获奖者摇篮之称的剑桥卡文迪许实验室，不仅有优良的学术环境，而且有先进的实验设备。因为大学所拥有的实验条件和实践机会，学生可以自己去自由地选择，充满想象地去尝试，历经失败而终成正果。正如诺贝尔物理学奖获得者马可尼所说："事情不是干出来的，过去谁能相信磁能变成电呢？法拉第第一个尝试，麦克斯韦再次总结，不就是既有道理又成事实了吗？干成干不成，我今天要亲自去试试，哪怕失败了也能为后人提供一些实验数据。"

（三）学术名师的陶冶

历届诺贝尔科学奖得主获奖的重要因素与学术名师的陶冶有重要关系。在大学中，名师给予的帮助与陶冶使其受益终身。华裔诺贝尔奖得主丁肇中说："乌伦伯克和柯克尼两位教授是我最崇敬的导师。他们使我增长见识，有勇气去做最前沿和最有挑战性的工作。"几乎可以说，每一位获奖者都是站在前辈获奖者的肩上，经过前辈获奖者的言传身教与悉心指点，最终登上了人类智慧的巅峰。美国经济学家萨缪尔森1970年在他获得诺贝尔经济学奖的演讲中，曾语重心长地说："我可以告诉你们，怎样才能获得诺贝尔奖。诀窍之一就是要有名师指点。"这是萨缪尔森的肺腑之言和经验之谈，耐人寻味，给人启迪。的确，名师指导对获得诺贝尔奖和攀登科学高峰的重要作用，远超过人们通常的理解和认识。大学中的名师可以以自己伟大的人格修养、卓越的学识魅力和不倦的科学探索精神成为学生前进的路标、学海的明灯。

巴甫洛夫的志愿

巴甫洛夫大二时，开始听盼望已久的生理学课程，讲课人是奥夫相尼科夫院士，实物演示者是齐昂教授。齐昂教授是血液循环的专家兼出色的外科医生，他精湛的外科手术早就享誉全国了。巴甫洛夫永远也忘不了一个星期二的下午，齐昂教授要参加一个非常重要的社交活动，为了上课和社交两不误，竟穿着一身漂亮的礼服，头发梳得整齐光亮，身上洒着香水，来教室做兔子的解剖演示，只见齐昂教授拿起一把锋利的手术刀，轻轻剖开兔子的肚皮，打开腹腔，敏捷地把兔子的表皮固定在架子上，亮出了正在搏动的心脏，然后一边讲解，一边切开心脏、大脑，指点血管、神经……讲完课，他漂亮的礼服上竟一点污点也没沾。随后，齐昂教授衣冠整洁、神采飞扬、气宇轩昂地走出了教室。巴甫洛夫简直看呆了，他觉得这就像变魔术，要不是亲眼所见，怎么也不能相信。他从中悟出了一个道理：要成为一个出色的生理学家，首先应成为一个卓越的外科医生，这是观察、研究生物复杂的肌体所不可或缺的前提。就这样，巴甫洛夫立下志愿，通过刻苦努力最终青出于蓝而胜于蓝，练就了第一流的外科技术，甚至在许多方面还超过了他的老师。

科学就是这样通过一代传至一代，从一个国家传到另一个国家的。在人类智慧的传递中，年轻的科学家在导师身上学会了敏锐观察、发现问题、解决问题的特质，这也许正是诺贝尔获奖者“家族”的核心。

二、不同的目标，共同的奋斗历程

在进入大学之前，甚至于获得诺贝尔奖之前，诸多诺贝尔奖获得者的个人目标与追求并不尽相同。对于获得诺贝尔奖，他们之中有少年立志者，有水到渠成者，有无心插柳者……或者说，对于为何进入大学，为何学习某一专业，为何从事科学研究，他们最初的目标也并不是一致的，但是一个共同的经历使得他们最终共同走进了诺贝尔奖的殿堂。这个共同的经历就是一个奋斗不息的大学历程。从大多数诺贝尔奖获得者的个体经历中可以看出，他们对于大学、对于人生、对于未来具有不同的预期，曾经制订过不同的目标，但是由于他们的努力奋斗而主动地或是自然地走到了科学的顶峰。

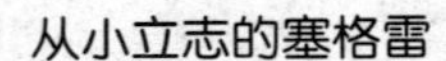

从小立志的塞格雷

埃米里奥·吉诺·塞格雷是意大利裔美国物理学家，1959 年诺贝尔物理学奖得主。塞格雷十几岁时有一本书，题目是《当我长大时》，书中要求回答自己长大的问题并将答案写在书上。塞格雷写道："我希望将来成为一名物理学家，并且于 30 岁时在自己实验室的爆炸中死去。"虽然塞格雷的两个愿望只实现了一个，但这样的结果对于整个科学史来说，无疑是个好消息。也正是因为这一个自小立下的志向，他读了许多物理学方面的书。进入大学时，塞格雷一开始按父亲的意愿学习工程学，但在一次数学学术会上听了当时被人们称为物理天才的费米的发言，他就越来越不喜欢工程学了，开始"厚着脸皮"去参加一些物理学的学术大会。在费米的指导下，塞格雷对科学产生了难以置信的热情，几乎所有的时间都用在了物理学的学习上。这样，塞格雷在物理系只学了一年就获得了博士学位，而物理学也成了他一生的事业。

知耻而后勇的格林尼亚

维克多·格林尼亚，法国化学家，1912 年诺贝尔化学奖得主。格林尼亚出生于一个百万富翁之家，自幼过着奢华的生活，养成了游手好闲、摆阔逞能、盛气凌人的浪荡公子恶习。有一次午宴，他对一位从巴黎来的美貌女伯爵一见倾心，于是追了上去，没想到，他听到的是一句冷冰冰的话："……请站远一点，我最讨厌你这样的花花公子挡住视线！"女伯爵的冷漠和讥讽，使他第一次在众人面前羞愧难当。突然间，他发现自己是那么渺小，这时他方幡然醒悟，决心改过。1893 年，格林尼亚只身一人隐姓埋名来到里昂大学学习。他发奋读书，整天泡在图书馆和实验室里，经过努力终于赢得了有机化学家巴比埃教授的器重，1901 年获博士学位。1901～1905 年，格林尼亚继续金属有机化合物的研究，发表论文 200 余篇。1912 年，格林尼亚因发现"格林尼亚试剂"和"格林尼亚反应"所作出的巨大贡献与 P·萨巴蒂埃分享了当年的诺贝尔化学奖。

半道出家的德布罗意

路易斯·维克多·德布罗意，法国物理学家，1929 年获诺贝尔物理学奖。德布罗意以优异的成绩从巴黎公立德沙利中学毕业后，于1909年进入索尔本学院读书。他选学的是中世纪史，特别是法学史和中世纪政治史。通过学习，他受到了严格的科学研究方法和哲学思维方法训练。1910年，他获得了历史学学士学位。但是，在他那位杰出的实验物理学家哥哥的影响下，他改变了他的人生道路。经过一段时间激烈的思想斗争，他决心顺从自己被激发起来的对自然科学的兴趣，婉言谢绝了被指定负责的有关法国历史的研究计划，于1911年进入巴黎大学改学理论物理学。仅用了两年的时间，他就完成了自然科学的基本课程，在1913年取得了科学学士学位。而在德布罗意的学术生涯中，用历史的方法研究物理学，是他取得成功的重要特征。

柳暗花明的瓦拉赫

奥托·瓦拉赫，德国化学家，1910年诺贝尔化学奖获得者。他的成才过程富有传奇色彩。瓦拉赫在开始读中学时，父母为他选择的是一条文学之路。不料，一个学期下来，老师为她写下了这样的评语："瓦拉赫很用功，但过分拘泥。这样的人即使有完美的品德，也绝不可能在文学上发挥出来。"此时，父母只好尊重儿子的意见，让他改学油画。可是瓦拉赫既不善于构图，又不会润色，对艺术的理解也不够，成绩在班上倒数第一。学校的评语更令他难以接受："你是绘画意识方面不可造就的人才。"而对如此笨拙的学生，化学老师认为他做事一丝不苟，具备做好化学实验的素质，建议他试学化学。父母接受了化学老师的建议。这下，瓦拉赫智慧的火花一下子被点燃了。瓦拉赫从此结束了人生道路上的一段辗转曲折之路，走上了正路。由于他一丝不苟，做实验时力求准确，计算时绝无差错，在大学里，瓦拉赫深得他的导师维勒教授的赏识。从此以后，瓦拉赫变成了公认的化学方面"前程远大的高材生"。

也许以上这些科学家是幸运的，他们有的上了一所很好的学校，有的遇到了非常好的老师。但机会只给有准备的人，不论你开始的目标是什么，只有当你最终确定自己的努力方向时，你的奋斗才保证了你的成功。

三、不同的生活，共同的追求

大学几乎是所有诺贝尔奖获得者前进的阶梯，但也并不是每一个成功者的大学生活都是多姿多彩、一帆风顺的。他们有快乐也有艰辛，有幸福也有辛酸，有欢笑也有泪水。不同的大学生活经历而又各自取得相应的伟大成功，是因为他们都有着一种共同的追求：超越自我，实现梦想。

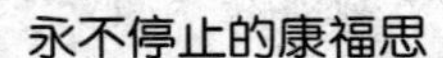

永不停止的康福思

约翰·沃卡普·康福思，1975年获诺贝尔化学奖的英国科学家。16岁时，他考入了澳大利亚最好的大学之一——悉尼大学。这时，康福思几乎听不见老师的讲课了，这对于一个学生来说，表明他已无法像正常人一样学习。但康福思并没有气馁，无法用耳朵听，他就用眼睛看。在整个大学期间，康福思最常去的地方就是化学文献图书馆。有许多杂志和书籍是德文的，康福思开始时看不懂，他就借助字典逐个查找生词，一个词一个词地译，一段话一段话地理解，直到完全弄懂整篇论文的意思，然后再通过实验来验证结果。通过阅读化学文献，康福思广泛了解了世界上许多优秀的化学家新的化学理论和化学实验结果，也使他超前学习了同班同学不曾学习过的前沿科学知识。

1937年，康福思以优异的成绩从大学毕业，更准确地说，他完全是通过自学完成大学学业的。能够顺利取得学士学位，对于他来说实属不易。但他并不满足，他认为，要想从事科学研究事业，自己的知识还远远不够用，他决定继续在知识的征途上跋涉。他继续报读硕士学位，两年后，他顺利获取了硕士学位。

后来，康福思在为中国青少年所撰写的一封信中，介绍了他成为一个科学家的成功秘诀。他写道："我相信，许多人成为科学家的道路与我是大致相同的，从好奇开始，提出疑问，阅读别人写的书，然后寻找能回答自己疑问的方法。你绝不能停止学习。任何事情，如果你对它懂得越多，它就会变得越美丽、越有趣。"

给教授上课的捣蛋鬼费米

恩里科·费米，意大利裔美国物理学家，1938年获物理学奖。费米的大学生活是五彩斑斓的。费米被称为具有研究生水平的大学新生。入学考核结果教授难以置信："我觉得这样的作品由你这种年纪的人写出来，完全令人难以相信。出于职务的要求，我必须确认一下是否你就是我眼前这篇论文的作者。""是的，先生，我是。"于是教授连着问了几个为测试费米的水平而设计的题目，深奥的、艰深的、大大超出中学范围的题目，费米都对答如流。教授终于确信：费米思维敏捷，才华横溢，是一个不可多得的、出类拔萃的青年。

费米的知识基础太好了。他对老师所教的东西已经知道得很多，也很容易记住教室里讲的任何新概念，于是他有许多时间去干那些精力过分充沛的学生所干的种种事情。在费米结识了一位同班极聪明又极调皮的学生拉赛蒂之后，这种情况就更严重了。他们成立了一个"反邻居会"，这个会的唯一目的是专搞一些无聊的活动，给人吃苦头。后来倘若不是费米的实验老师路奇·普西安提教授站出来帮他们说话，越来越过分的恶作剧差点使他们被"永远逐出校门"。路奇·普西安提一方面表示他们的行为令人"难以原谅"，另一方面强调这些不当行为是因少不更事和精力过度旺盛所致。他认为，由于精力旺盛且得不到知识的满足，他们就难免恶作剧了。教师的责任应该是引导他们，并给他们以丰富的知识。普西安提教授了解费米出奇的聪敏和才干，他担保说："这个小伙子将会是个了不起的人才。"因而，两个年轻人没被逐出校门，只是留校察看，勉强保住了学籍。

苦中作乐的巴甫洛夫

伊万·彼得罗维奇·巴甫洛夫，俄国生理学家，1904 年获诺贝尔生理学/医学奖。

什么是苦？什么是乐？在巴甫洛夫看来，大学生涯乐中有苦，苦中寓乐。物质条件的欠缺，生活会很苦，但苦可以锻炼人的意志，使人更加坚强地去追求他所向往的事业，而能够追求和从事自己所向往的事业，就是最大的快乐。

小时候清贫而充实的生活，教会了他在艰难的条件下追求一种有价值的生活，他有自己的价值观。他设法到校外打工，走很远的路去做家庭教师，一个同学厉声责备："你疯了，那么远的路，为什么不坐车去？怕花钱吗？5 戈比的车费我来支付！"巴甫洛夫却笑着说："谢谢你，我可不光是为了节约几个钱。为了学习和工作，我必须健康、强壮、聪明，而运动会帮我的忙。"

没有钱，买不起大量的教科书和讲义，他就把同学的书借来抄写，把抄写过程看作复习和加深理解的过程。他不断地跑图书馆，大量地阅读哲学家、自然科学家和心理学家的著作，他后来回忆说："我竭力为提高智慧和道德而奔忙，我读了多少书啊。"

四、诺贝尔奖得主大学生活背后的思考

（一）广博丰富的知识背景

W·I·B·贝弗里奇说："在其他条件相同的情况下，我们知识的宝藏越丰富，产生重要设想的可能性就越大。此外，如果具有有关学科甚至远缘学科的广博学识，那么独创的见解就更可能产生。"从诺贝尔奖得主的个人经历来看，大多数获奖者都曾在大学受到过基础且广泛的本科和研究生教育，都具有丰富而渊博的多学科知识背景。如 2002 年诺贝尔生理学/医学奖获得者布雷内教授在获得医学学士和理学硕士后，又到牛津大学深造，获得了牛津大学的生物化学博士学位；2000 年诺贝尔物理学奖获得者阿尔费罗夫除同时拥有物理学博士学位和数学博士学位外，还到美国伊利诺伊大学做过一年的访问学者。

此外，一个学科领域的诺贝尔奖授予其他领域科学家的例子也屡见不鲜。如 2003 年诺贝尔化学奖分别授予了两位生物医学博士——阿格雷和麦金农，而该年度的诺贝尔生理学/医学奖则授予了化学博士劳特布尔以及物理学家曼斯菲尔德。可见，广博的知识结构使得科学家们能够利用不同学科思维方式和科研方法的差异，更好地把握知识间的纵横联系，获得直觉和灵感，从而能站在更高的高度、更广的视野上更敏锐地去观察事物、发现问题并取得成功。百年诺贝尔科学奖的颁奖历程向我们清晰地展示了，当代科学技术的发展呼唤具有广博且丰富的知识的复合型人才。

（二）选择适合自己的学习方法

大多诺贝尔奖获得者都有一套适合于自己的学习方法，或广泛阅读，或独自探索，或是在辩论中创新，或是在悠闲中寻求灵感。

爱因斯坦上大学时坚持自己积极主动和富于创造性的学习方法。爱因斯坦选修的课程什么都有，如哲学、瑞士政治制度、歌德作品选读等，他的主修课是物理学和数学。根据他自定的成才目标，他后来逐渐把注意力转移到理论物理学上来，并对理论物理学的某些根本问题、前沿问题投入了最大的精力。即使是学习心爱的物理学，他也没有按部就班，而是大量阅读课外书籍，进行独立思考。

许多年以后，爱因斯坦已经成为世界著名科学家，有人好奇地问他："您可记得声音的速度是多少？""您如何才能记住许多东西？""您是把所有的东西都记在您的笔记本上吗？"……

爱因斯坦微笑着侃侃而谈:“我从来不携带什么记着所有东西的笔记本,我常使自己的头脑轻松,以便把全部精力集中到我所要研究的问题上。至于你们问我声音的速度是多少,这我很难确切地回答,需要查一查物理学辞典,因为我从来不大注意去记辞典上可以查到的东西……”

“那您脑子里尽记些什么呀?”人们惊讶地问。

“我记的是书本上还没有的东西。”爱因斯坦回答说,“仅仅死记那些书本上可以翻到的东西,什么事件、人名、公式,等等,根本就不用上大学。我觉得,高等教育必须充分重视培养学生思考和探索的本领。人们解决世界上的问题,靠的是大脑的思维和智慧,而不是照搬书本。”

(三) 永不放弃的坚定信念

1948 年,牛津大学举办了一个“成功秘诀”讲座,邀请到了丘吉尔做演讲。演讲开始之前,整个会堂就已挤满了各界人士,人们准备洗耳恭听这位大政治家、外交家、文学家的成功秘诀。终于,丘吉尔在随从的陪同下走进了会场,会场上马上掌声雷动。丘吉尔走上讲台,脱下大衣交给随从,然后又摘下了帽子,用手势示意大家安静下来,说:“我的成功秘诀有三个:第一是,绝不放弃;第二是,绝不、绝不放弃;第三个是,绝不、绝不、绝不能放弃! 我的讲演结束了。”

对于所有的诺贝尔奖获得者来说,正是因为具有了这样一种永不放弃的坚定信念,才能支撑和激励着他们在充满艰辛的科学道路上努力拼搏,不断进取。有信念才能有目标,有信念才能有斗志,有信念才能勇于献身,有信念才能面对大是大非。

信念坚定的阿达·约纳特

阿达·约纳特是以色列女科学家,2009 年度诺贝尔化学奖得主。约纳特的成功是靠着坚定的信念取得的。1987 年,约纳特在一次学术研讨会上,谈起自己通过对细菌核糖体及其他相关有机体实施冷冻,并通过 X 射线对其造影成像以研究其结构的想法。在当时的情况下,约纳特的想法可以说是勇气十足,也被人形容为疯狂至极,因为它大大超越了当时科学条件所允许的范围。

但约纳特清楚地意识到自己所从事的课题研究的重要性,知道“这是一项一旦成功就足以获得诺贝尔奖的研究”,但是困难也相当大。刚开始,有人甚至告诉她,“你不可能成功,因为很多人都尝试过但都失败了。”然而,约纳特却坚持了下来。作为核糖体研究领域的先行者，她在20多年的科研生涯中一直致力于核糖体蛋白质合成机制及相关抗生素作用模式的研究课题，并借助一种被称为“X射线晶体成像”的技术，发现了不同抗生素与细菌核糖体结合的20多种不同模式，最终取得成功。她也因对“核糖体的结构和功能”方面研究所作出的突出贡献而获得了诺贝尔奖。

第二节　透析“诺贝尔奖大学”的教育环境

纵观一百多年来诺贝尔奖的历史，有许多著名的大学培养出很多诺贝尔奖得主，被人们称为“诺贝尔奖大学”，如美国的哈佛大学、哥伦比亚大学、斯坦福大学，英国的牛津大学、剑桥大学，德国的慕尼黑大学等。研究表明，这些大学的教育理念、教育模式以及学术传统在培养诺贝尔奖得主的过程中发挥着重要的作用。

一、“诺贝尔奖大学”及其教育理念

几乎所有的研究者都发现，在诺贝尔奖的殿堂里有几项统计数据令人深思。其一，从获奖者的国籍来看，美国人占据了绝对的优势，占获奖者的40%以上；其二，从获奖者的高等教育经历来看，大部分的获奖者集中于一小部分的高校中。当然这两项汇总起来可能得出美国的部分高校培养了大量的诺贝尔奖获得者。在20世纪末的统计中，获奖者单位中美国占50%以上；在培养超过10名诺贝尔奖获得者中，美国的大学占了50%以上。在近几年的评奖中，美国科学家更是大丰收。美国科学家认为，美国之所以能造就这么多的诺贝尔奖得主，主要原因有两个：一是它的科研经费雄厚；二是美国有着全世界最优秀的大学，这些大学为竞争和创新提供了良好的学术氛围。

研究分析培养出诺贝尔奖获得者较多的“诺贝尔奖大学”，可以看出这些学校的教育理念有着一些共性的特点。

（一）强调实验教学，注重能力培养

在众多的“诺贝尔奖大学”尤其是以培养自然科学奖获得者著称的大学，对学

生的培养有一个共性，就是强调实验教学，注重学生实践能力的培养，善于调动学生学习、研究的潜能。以美国培养诺贝尔生理学/医学奖而闻名的霍普金斯大学为例，其从办学之初就特别强调要培养学生的实验能力，要求学生不但要懂理论，而且一定要会动手、善于动手，认为只会纸上谈兵是不可能在科学上有多大作为的。由于学校中有浓厚的重视实验的传统，连历史学教授也把他们组织的课堂讨论称作是“实验课”。霍普金斯大学培养的这些诺贝尔奖获奖者在谈到他们的成长道路时，都一致认同在霍普金斯大学受到的教育和训练起到了非常重要的作用。

再如在英国剑桥的卡文迪许实验室，十分重视实验的观察和研究，放手让学生去思考和动手实验已成为实验室十分重要的学术传统。该实验室认为，实验的教学价值时常与仪器的复杂性成反比，因此，实验室提出了自制简易仪器和让学生自己动手实验的规则。在卡文迪许实验室的历史上，研究前沿课题所用的仪器，主要都是学生自己动手制造的。卡文迪许实验室对学生的训练非常严格，凡实验必须准确无误。他们认为实验是建立理论、发展理论、鉴定理论的重要标准，只有可靠的实验才是科学研究的牢固基础。这些教育理念对于创新人才的培养无疑是十分重要的。

（二）强调通识教育，注重打造优势学科

通识教育是“一种古典的、文学的、科学的和尽可能综合的教育，它是学生进行任何专业学习的基础，为学生提供所有分支的教学。这将使学生在致力于学习一种特殊的、专门的知识之前对知识的总体状况有一个综合的、全面的了解”①。考察众多“诺贝尔奖大学”的教育理念，重视通识教育是其普遍特征。

早在 20 世纪 30 年代，芝加哥大学就取消了选课的专业要求，提倡文理兼修，并建立了以经典名著为特色的共同核心课程，规定本科生在进校的前两年必修一定数量的通识教育课程，只有通过综合考试的学生，才能够进入下一阶段的主修专业学习。因发现 DNA 双螺旋结构模型而获诺贝尔生理学/医学奖的沃森，早年在芝加哥大学攻读理学学士时，恰逢通识课程体系成功运作，因此，这个阶段是他人生中受益最多的教育经历。

除重视通识教育外，所有获诺贝尔科学奖人数较多的大学，大都是学科门类齐全的综合性大学。他们凭借着多学科的优势，不断进行学科整合，从而产生了一批具有世界一流学术水平的优势学科。如最负盛名的哈佛大学自 1636 年创立以来就相继建立了医学院、神学院、法学院、文理学院等学院，成为文、理、工、政、经、法、

① 陈其荣. 诺贝尔科学奖与科学精英的造就[J]. 北京科技大学学报，2012，1：12.

商、医齐全和特色学科最多的综合性大学，造就了60余位诺贝尔科学奖获得者，尤其在生理学/医学领域独领风骚，培养了近30位诺贝尔奖获得者，是全世界获得生理学/医学奖人数最多的大学；再如由剑桥大学卡文迪许实验室衍生的分子生物学实验室，不仅开创了分子生物学的先河，而且还从中诞生了沃森、克里克和桑格等10多位诺贝尔奖获得者。

（三）强调名师指导，注重形成人才链

杨振宁曾说过他人生有三大幸运，其中之一是遇到了人生中最好的老师，一个是吴大猷，一个是王竹溪。的确，在诺贝尔奖获得者的大学教育经历中，我们可以发现，一个好的老师对他的学生所产生的影响与帮助对于学生来说是具有决定性意义的。正是马丁、布鲁克斯等高水平教师的直接指导，才培养出了霍普金斯大学的第一个诺贝尔生理学/医学奖获得者摩尔根，还培养出了世界著名的细胞学家威尔逊(1856～1939)等。厄内斯特·卢瑟福(1871～1937)是世界著名科学家，被科学界称为"物理学之父"。他不仅自己于1908年因物质放射性理论研究而荣获诺贝尔化学奖，而且在他担任卡文迪许实验室主任的18年中，以卓越的科研组织才能和科学教育思想创下了20世纪个人培养诺贝尔奖科学家人数最多的"世界纪录"。世界著名科学家费米说："卢瑟福将不仅因为他个人的贡献，而且还因为他作为'教师'这个字眼最高意义上的一个教师，而被铭记在科学史上。"

回顾百年诺贝尔奖，获奖者中具有师徒关系的比例高达40%以上，对美国获奖者的统计在60%左右，其中物理学奖和化学奖的比例还要高些。例如，在J·J·汤姆逊的学生中出了10位(如卢瑟福、巴克拉、阿斯顿等)诺贝尔奖获得者；在卢瑟福的学生中出了12位获奖者；在玻尔的学生中出了7位获奖者；在费米的学生中出了包括李政道、杨振宁等5位诺贝尔奖获得者。而且还出现师徒关系多代延续现象，例如，五代相继的情况：1909年化学奖获得者奥斯特瓦尔德的学生能斯特获得了1920年化学奖，能斯特的学生密立根获得了1923年物理学奖，密立根的学生安德森获得了1936年物理学奖，安德森的学生格拉塞获得了1960年物理学奖。

在大学里，这些名师主要通过多个途径影响学生：一是教学方法、思维方法、研究方法、科学态度；二是教师的言传身教、以身作则、为人师表，为学生树立楷模；三是实验的基础条件比较成熟，有足够的研究经费；四是在科学共同体中的声誉，对学生的提升有一定的帮助。

著名物理学家J·J·汤姆逊,1906年获诺贝尔物理学奖。经汤姆逊先后培养过的诺贝尔奖获得者有(10位)(1871～1937):

卢瑟福(1871～1937)(1908年化学奖)

巴克拉(1877～1944)(1917年物理学奖)

阿斯顿(1871～1945)(1922年化学奖)

理查森(1879～1959)(1928年物理学奖)

布拉格(1890～1971)(1915年物理学奖)

威尔逊(1869～1959)(1927年物理学奖)

阿普尔顿(1892～1965)(1947年物理学奖)

玻恩(1882～1970)(1954年物理学奖)

戴维森(1881～1958)(1937年物理学奖)

G·P·汤姆逊(1892～1975)(1937年物理学奖),J·J·汤姆逊的儿子。

据汤姆逊本人统计,他的学生中,当选为英国皇家学会会员的有27人,在各国任物理学教授的有82人,被国王封为爵士的有8人。

(四)强调教研结合,注重营造学术氛围

培养诺贝尔奖得主较多的大学,都非常强调教学与科学研究的有机结合,特别是注重科学研究与研究生培养的一体化。在诺贝尔科学奖的获得者当中,有不少人就是凭借自己的研究生学位论文而获奖的。如1972年的诺贝尔物理学奖获得者施里弗,在攻读博士学位时就选择了当时困扰科学界40年之久的"超导成因之谜"的问题作为自己博士学位论文的选题。1957年,施里弗、巴丁和库珀共同创立了BCS理论,对超导电性做出了科学的解释,因此获得了诺贝尔奖。此外,1903年物理学奖得主居里夫人、1958年的生理学/医学奖得主莱德伯格、1967年的化学奖得主波特等都属于这种情况。把科学研究与教育教学有机结合起来,对高层次人才培养和重大创新性科研成果的取得具有重要作用。

当然,除注重教学与科研的有机结合外,重大的原始性创新成果往往还孕育于宽松、自由的学术氛围之中。如英国剑桥大学的分子生物实验室为营造良好的学术环境,就采取了面向世界广纳人才,兼容并蓄;重视科学家的工作而不在乎他们的性格和研究风格;既不在意发表论文的数量,也不在乎论文在什么杂志上发表,而看重扎扎实实、有长期深远或重大意义的研究等一系列措施。该实验室之所以

能成为世界上拥有诺贝尔科学奖得主最多的研究机构，是由于其民主、自由的学术氛围为科学家们提供了良好的研究环境。

二、名校之“名”与科学之实

当把视角投向诺贝尔科学奖得主所受的大学教育时，人们就会发现他们高度集中于为数不多的世界一流大学。早在20世纪70年代，著名科学社会学家朱克曼就曾发现，美国的诺贝尔科学奖获得者进入名牌大学的人数远远超过那些与他们年岁相仿的一般学生。“东部著名大学中的五个学校(哈佛大学、哥伦比亚大学、耶鲁大学、康乃尔大学、达特茅斯学院)和其他三个名牌大学(霍普金斯大学、奥伯林学院、斯沃思莫学院)培养出来的获奖者比例五倍于他们培养出来的一般大学毕业生的比例，而另外七个属于第一流大学的学院(伯克利加利福尼亚大学、麻省理工学院、加利福尼亚大学理工学院、芝加哥大学、伊利诺伊大学、威斯康星大学、密执安大学)培养出来的获奖者的比例则是四倍于后者。这十五所名牌大学造就了59%的美国获奖者。”分析这些名牌高校对于培养诺贝尔奖获得者的共同经历，不难发现，支撑起这些名校的内在动力都是重视培养科学精神、营造学术氛围以及学术传统的发扬光大。

表5.1　培养10个以上诺贝尔科学奖获得者的大学排名(1901～2013)

学校名称＼奖项	物理学奖	化学奖	生理学/医学奖	合计
剑桥大学	22	16	18	56
哈佛大学	11	17	18	46
哥伦比亚大学	11	8	12	31
麻省理工学院	11	5	3	19
巴黎大学	6	4	8	18
芝加哥大学	11	4	2	17
慕尼黑大学	6	7	3	16
哥廷根大学	6	5	5	16
柏林大学	6	6	3	15
加利福尼亚理工学院	9	3	3	15

续表

学校名称＼奖项	物理学奖	化学奖	生理学/医学奖	合计
牛津大学	2	6	7	15
伦敦大学	2	3	9	14
耶鲁大学	4	2	7	12
威斯康星大学	5	3	4	12
霍普金斯大学	0	1	11	12
普林斯顿大学	8	2	0	10
伊利诺伊大学（含香槟分校）	3	2	5	10
苏黎世联邦理工学院	7	1	2	10

（一）名校与科学精神

分析20世纪剑桥大学和哈佛大学这两所大学的成功经验发现，科学精神在其中起了关键作用。剑桥大学的学术渊源是古希腊强调理性训练和人格塑造的自由教育思想。教育的唯一和最高目的是强调获取知识和发展智慧，反对教育有其他功利主义目的和为某种职业做准备，具体表现为：在教学目标上，强调发展智力重于获得知识；在课程和专业设置上，强调教育目的的内在性，追求知识本身的价值，反对教育外在的功利目的，重视学术性专业与课程；在教学内容上，以培养知识面宽的博学家而不是某一领域的专门人才为标准；在教育目的上，强调理性原则，鼓励学生独立思考、大胆质疑，重视批判性和创造性思考能力的培养等。

自由教育思想与科学精神形成了独特的剑桥学术传统：重视基础学科，强调教育目的的内在性，重视学术性的专业与课程。20世纪70年代以后，即使剑桥涉足于科研开发出现“剑桥奇迹”时，剑桥大学也没有因获得了巨大的经济效益就丢弃自己的传统，而是融应用和开发研究于已有的学术传统中。这也熏陶了历代剑桥学子，使他们学术功底深厚，各种能力尤其是质疑创新力出类拔萃。作为美国的“剑桥学院”，哈佛大学不仅保留了剑桥自由教育思想的传统，而且美国自由、宽松与务实的环境使其教育更具融通性。哈佛大学的历任校长坚持理性主义与功利主义相融合的办学思想，对哈佛大学的发展产生了深远影响。剑桥大学和哈佛大学之所以成为诺贝尔奖的摇篮，其根源就在于它们历来不为外部环境所左右，不以功利心态取舍知识，始终如一地保持自己独特的自由教育传统，从而使不同学科能够按照内在的逻辑发展相互汇通、结合和渗透，逐渐在校内形成了博大恢弘、兼容并蓄、视野广阔、富于综合创新的科学精神。

纵观世界上许多著名的大学，大多具有类似的办学理念：不计功利，强调科学的内在精神和科学研究的国际合作。

（二）名校与学术传统

世界一流大学不仅拥有一流的师资、科研设施和声望，而且更为重要的是拥有长期积淀的优良科学传统和宽松自由的文化氛围。诺贝尔奖获得者李远哲教授曾说过，他的成功得益于伯克利校园的氛围。在大学里，不但要有科学研究的氛围，还要有陶冶人文品格的氛围。它是师生之间、学友之间相互影响的引力场，在这里通过交流碰撞、启发诱导、潜移默化等方式来孕育和引燃创新性的思维。因此，世界一流大学校园几乎都高度重视营造具有自己特色的校园文化氛围，使之成为创新思想的摇篮。

作为卡文迪许实验室的第四任主任，卢瑟福所领导的实验室被称为"科学家的幼儿园"。卢瑟福组织了独具风格的卡文迪许茶时漫谈会，继承了两周一次的卡文迪许物理会谈。利用这些机会，实验室的教授、研究人员、学生等都以平等的地位随意交谈，探讨不同的问题，发表不同的见解，在轻松愉快的气氛中，在悠闲随意的思想交流中，开阔了研究思路，扩大了信息量，冲破了原有的思维定势，迸发出智慧的火花，充分发挥了研究集体的作用。卢瑟福的一个学生后来说，这也许就是为什么即使是一个最平凡的人在这里学习，两、三年后也会成为第一流科学家的最重要的原因。而这种学术氛围逐渐形成了独特的"在悠闲中治学研究"的剑桥风格。如今，"茶时"方式在玻尔研究所、普林斯顿大学等世界许多地方被采用，影响遍及全世界。

在诺贝尔自然科学奖中，以实验成果和应用成果居多。出于这一原因，获奖成果多产于一些人才聚集和科学传统深厚的实验室中，而这些实验室也就成为诺贝尔奖知识创新与人才成长的摇篮。典型的如，美国伯克利加州大学的劳伦斯实验室、丹麦的玻尔研究所、英国剑桥大学的卡文迪许实验室等。这些实验室也都具有自己独特的学术氛围与传统。如玻尔研究所有着浓厚的学术合作氛围，不同国籍、不同年龄、不同专业才能的物理学家们，为了共同的科学理想，为了探索共同感兴趣的课题而密切合作，融洽无间。他们互相交换彼此的学术见解，经常进行激烈而坦诚的讨论和争论，取长补短，互相启发。在这样的集体协作中，每个成员都能不时地获得创造灵感，每个人的聪明才智似乎都得到了超常的发挥，而且形成了智力"叠加效应"和"链式反应"，从而攻克了一道道科学难关。该研究所先后有 10 人获得诺贝尔科学奖，同时也孕育产生了影响深远的"哥本哈根精神"，影响了一代又一代的科学家。

从卡文迪许实验室出身的部分诺贝尔奖获得者

姓　名	获奖年代	主要贡献
瑞利	1904	研究气体密度,发现氮
J·J·汤姆逊	1906	气体导电的理论和实验研究
卢瑟福	1908	因放射性研究获诺贝尔化学奖
W·H·布拉格、W·L·布拉格	1915	用X射线研究晶体结构
巴克拉	1917	发现作为元素特征的二次X射线
阿斯顿	1922	因发明质谱仪而获诺贝尔化学奖
C·T·R·威尔森	1927	发现用蒸气凝结的方法显示带电粒子的轨迹
理查森	1928	研究热电子现象,发现理查森定律
查德威克	1935	发现中子
G·P·汤姆逊	1937	电子衍射
阿普尔顿	1947	上层大气的物理特性
布莱克特	1948	改进威尔逊云室,由此在核物理和宇宙线领域中有新发现
鲍威尔	1950	照相乳胶探测技术
科克劳夫特、沃尔顿	1951	用人工加速原子粒子实现原子核嬗变
佩鲁茨、肯德鲁	1962	用X射线分析大分子蛋白质的结构,获诺贝尔化学奖
克里克、沃森、威尔金斯	1962	发现去氧核糖核酸的双螺旋结构,获生理学/医学奖
约瑟夫森	1973	发现约瑟夫森效应
赖尔	1974	射电天文学
赫威斯	1974	发现脉冲星
莫特	1977	磁性与无规系统的电子结构

三、诺贝尔奖大学成功的教育启示

诺贝尔奖大学因其先进的教育理念和学术传统为学生提供了一个理想的教育场所，培养了大批的科学精英和诺贝尔科学奖获得者。纵观诺贝尔奖大学的办学模式、培养目标、学术传统，诺贝尔奖大学的成功启示可概括为以下几个方面。

（一）拥有先进的办学理念

办学理念是一个学校发展的构想、追求和灵魂。自诺贝尔奖 1901 年颁发以来，许多世界一流大学也同诺贝尔奖一道，走过了辉煌的世纪百年。这些大学拥有先进的办学理念，培养了一大批诺贝尔奖获得者，被人们称为“诺贝尔奖大学”。如英国剑桥大学是目前为止培养诺贝尔奖获得者最多的大学，它以“追求学术性，培养有教养的人”为办学理念。在这种突出学术性的办学理念指导下，学校开创了基础研究、学院制、导师制等培养体系，培养了大批世界级的大师人才。哈佛大学提出“课程要适应社会发展的需要，教育要培养适应个性发展和社会发展的‘完整的学生’。”现在，哈佛大学已由当初一所培养牧师的不起眼的小学院，发展成为美国最优秀的高等学府，培养了大批的诺贝尔奖获得者。

（二）拥有雄厚的师资力量

拥有雄厚的师资力量是诺贝尔奖大学成功背后最重要的因素之一。一所大学只有云集了世界一流的师资，才能吸引最优秀的学生，培养出世界一流的杰出人才，产出世界一流的科研成果，才能登上世界科学的顶峰。如牛津大学把建设一流的师资队伍作为办学的基本理念，广延名师。该校教师队伍中拥有皇家学会会员和英国科学院院士称号的人数在英国高校中始终位于前列。人才荟萃的师资队伍为牛津大学高水平的教学和科研奠定了雄厚的基础。哈佛大学也非常重视教师队伍建设。前校长艾略特上任后的第一个重大举措就是提高教师待遇，不惜重金聘请最优秀的人才，并为他们的教学和科研提供最便利的条件，使哈佛大学一跃成为优秀学者的聚集之地。截至 2013 年，哈佛大学共有 22 名教授获得过诺贝尔科学奖，其师资力量之雄厚可见一斑。加州理工学院也是大师云集、群星璀璨的地方，现任教授中有 63 名国家科学院院士，29 名国家工程院院士①，至 2013 年，其获得诺贝尔科学奖的教授人数高达 16 人。

---

① 统计数据参照《世界一流大学的办学特色及共性特征》(黄志广发表于 2005 年第 2 期《西安欧亚学院学报》，第 49 页)。

（三）拥有独特的人才培养机制

诺贝尔奖大学不仅是培养诺贝尔奖获得者的摇篮，更是培养各类拔尖创新人才的苗圃。诺贝尔奖大学都重视通过系统全面的通识教育来发掘学生的潜质，通过生动直观的科普教育来培养学生的科学素养，通过不拘一格的创新教育来培养学生的创新精神，通过严谨细致的科学实验教育来培养学生的科学精神。在这些大学，鼓励学生把获取知识和技能与开放式的、没有单一正确答案的智力挑战结合在一起，学生经常要在教师面前为自己解决问题的办法进行答辩，学生对他们看到和听到的东西要深入思考、质疑并得出自己的结论。这种教育理念是对人的整体培养，而不是单纯的专业技术训练和人力的培养。这种人才培养机制，使学生具备灵活应变和终身学习能力，为他们以后的成长和发展奠定了坚实的基础。1989 年诺贝尔化学奖得主切赫教授指出："研究型大学给学生最有震撼力的教育并非来自课堂上课，而是让本科生进入研究实验室。他们在那里获得个人体验，他们接触最新的设备和尚无答案的问题，这些经验是他们毕业五至十年后也不会忘记的，正是这一点改变了他们的生活。"

（四）拥有较高的开放办学水平

一般来说，诺贝尔奖大学都在世界一流大学之林，其国际化程度都较高，注重开放办学。这些大学鼓励来自世界各国的教师和学生广泛参与国际学术事务，在交流和合作中学习，使教育教学活动建立在国际多元文化的基础之上，为造就世界一流人才创造了不可缺少的条件。据统计，世界一流大学超过三分之一的教师来自海外[①]。教师队伍在国际流动的过程中形成良性循环，避免近亲繁殖。在这些诺贝尔奖大学攻读学位的海外留学生比例较高，如美国顶尖的 10 所私立大学海外留学生的比例占 18.1%；英国顶尖的 10 所大学海外留学生的比例占 19.4%。不仅如此，这些一流大学还特别注重培养学生的国际视野，许多本科生都有机会到其他知名大学进行学习，支持并资助研究生参加各种国际学术交流活动，以培养具有国际思维和眼界的创新型人才。如哈佛大学就积极"促进教师在世界各地的研究；促进学生在世界各地对广泛学科的学习；培养来自世界各国的学者和相关实践者"[②]。英国的剑桥大学就是一个国际化的学术机构，注重从世界各地招收不同国籍、不同种族和不同文化背景的学生，其开放办学、宽松自由的学术理念培养了大批的诺贝尔科学奖获得者。

---

① 周光礼. 世界一流大学的特质[J]. 中国高等教育，2012，12:46.

② 薛珊. 全球化背景下耶鲁大学和哈佛大学国际化策略评析[J]. 比较教育研究，2012，7:84.

第三节　诺贝尔奖得主的大学生活及其启示

一、顺应时代需求，成就创新人才

科学是追求真理的实践过程，科学研究的目的是探究自然现象背后的客观规律，科学活动的最高价值取向就是提出原创性的思想。如同美国科学社会学家默顿所说："科学的通常目标就是扩充正确无误的知识。"如果一项研究没有为充分了解和理解的东西增添新的内容，则无所贡献于科学，其本身也因此失去了意义和价值。因此，科学研究的本质在于创造性，而原创意味着原创者依赖于自身的创造力打破常规和标新立异，有新的发明、发现或创造。诺贝尔奖的设立，目的在于鼓励和促进更多科学家献身于世界科学事业，作出原始创新的"重大贡献"。26 岁获得诺贝尔物理学奖的海森堡，正是这种少有保守、多有原始创新的青年科学家。玻尔是海森堡的老师，作为学生的海森堡一方面赞扬老师量子理论的深邃，另一方面又指出这个理论的不足。他抛弃了所有原子模型，包括玻尔的原子模型，独立阐述了著名的测不准关系（即亚原子粒子的位置和动量不可能同时准确测量）和矩阵力学，使量子力学提升到一个崭新阶段。纵观百年诺贝尔科学奖，其获奖原因大致可分为两类：一类是基础科学研究上的理论创新；一类是应用研究上的技术创新。正是这种创新，使得诺贝尔科学奖成为当代科学界公认的最高荣誉。

21 世纪，由知识创新系统、技术创新系统、知识传播系统和知识应用系统组成的国家创新体系，将成为社会可持续发展的基石，创新人才的培养已成为我国建设创新型国家战略实施的决定性因素。长期以来，以儒家为代表的传统文化强调"读"和"背"的重要性，而忽视了"思"的重要性。在统一考试制度之下，求异思维受到一定的影响，学生的创新精神、创造性思维和创造能力的培养得不到重视，导致科研人员缺乏独特的实验构思、周密的实验和观测以及敏锐的科学思维等。这是造成我国基础性研究领域原创性缺乏和有重大突破的科研成果少的重要原因。对于我国当前的青年学子来说，诺贝尔奖固然是前进的动力，为实现这个目标我们最需要的是在当前的教育环境中勇于质疑，敢于创新，在学习中质疑，在科研中创新。

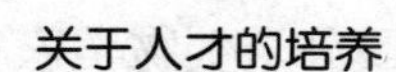

关于人才的培养

中国的学校过多强调学生的书本知识和书面考试，激发学生的创新精神做得不够。中国的建设，不单是要赶上发达国家的水平，重要的是要超越。培养人才的工作非常重要，中国有丰富的自然资源，有大量优秀的人才，来美国的年轻人都很出色。在加州大学伯克利分校的学生有50%是亚裔，其中中国学生是最优秀的。在斯坦福大学也有很多中国学生，他们学习刻苦，书本成绩很好，但是动手能力差，创新精神不足。美国学生学习成绩不如中国学生，但他们有创新及冒险精神，有时做出一些难以想象(发疯般)的事情，所以往往创造出一些惊人的成就。例如硅谷的雅虎公司，就是斯坦福大学的几个学生因导师有一年时间不在校，他们就自己开公司搞开发，取得了难以想象的成就，对国际互联网的发展起了极大的推动作用。创新精神是最重要的，创新精神强而天资差一点的学生，往往比天资强而创新精神不足的学生能取得更大的成绩。

——朱棣文(华裔美国科学家，1997 年诺贝尔物理学奖获得者)

二、奠定扎实基础，勇攀科学高峰

从 1901～2013 年，在获诺贝尔科学奖的 563 人中，除 G・马可尼(1909 年获物理学奖)外，都有博士、硕士或学士学位，比例分别为 94.67%、2.84%、2.3%(表 5.2)。

表 5.2　1901～2013 年诺贝尔科学奖获得者所受教育情况统计

学位 / 奖项	博士		硕士		学士		无学位	
	人数(人)	比例(%)	人数(人)	比例(%)	人数(人)	比例(%)	人数(人)	比例(%)
物理学奖(195 人)	179	91.79	8	4.1	7	3.59	1	0.51
化学奖(164 人)	158	96.34	3	1.83	3	1.83	0	0.00
生理学/医学奖(204 人)	196	96.08	5	2.45	3	1.47	0	0.00
总计(563 人)	533	94.67	16	2.84	13	2.3	1	0.18

从上面的统计可见，97%以上的诺贝尔奖获得者都受到过系统的本科和研究生教育。事实表明，正是由于这种系统、正规的教育，塑造了他们优良的综合素质，

使得他们后来成为既具有广博基础知识又掌握精深专业知识的科学家。如1989年诺贝尔化学奖获得者之一的美国分子生物学家S·奥尔特曼，他21岁获麻省理工学院物理学学士学位，23岁获得哥伦比亚大学物理学硕士学位，之后又到卡罗拉多大学学习生物物理，1967年在该校医学中心取得了生物物理博士学位。不论是从整体还是单项来统计诺贝尔科学奖获得者的学位，拥有高学历是获奖者的一个基本特征。正如有研究者所说："不株守一隅，以自己的专业知识作为扭结，建立一个适应性较大并能在广大范围内左右驰骋的知识之网，是诺贝尔奖得主成功的显著特点之一。"①

诺贝尔科学奖得主在大学阶段所受的良好教育，为他们以后在研究工作中的新发现和新发明奠定了坚实的基础。1985年诺贝尔化学奖获得者之一的美国生物化学家J·卡尔勒，本科毕业时取得理学学士学位，后取得哈佛大学生物学硕士学位。他在密歇根大学攻读博士学位时，又掌握了确定分子结构的气相电子衍射技术，这些知识为他在美国海军研究所开展的测定晶体结构方法的研究提供了重要的帮助。1977年诺贝尔生理学/医学奖获得者罗杰·吉尔曼在《致中国青少年的信》中写到："我们对科学知道得越多，就越会意识到还有许许多多的东西有待我们去发现、去了解。"扎实的基础知识无疑将有利于科学家在科学研究的高峰上勇敢攀登。

三、树立远大理想，努力成就自我

理想是一簇火种，能点燃奋斗的火焰；理想是一盏灯塔，能照亮人生的历程，真正的人生是从树立理想的那一刻开始的。1915年诺贝尔文学奖得主——法国作家罗曼·罗兰在中学时就树立了"不创造，毋宁死"的理想，他在以后的人生中一直矢志不渝地为着自己的理想而努力。1957年诺贝尔物理学奖得主杨振宁从小就树立了"我长大了，也要争取得诺贝尔奖"的理想。诺贝尔奖得主们的成长之路告诉我们，具有远大的理想和抱负是他们取得成功的重要因素。

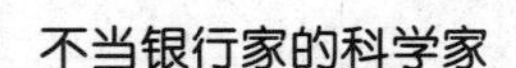

1980年的诺贝尔生理学/医学奖获得者、美国医学家和免疫学家贝纳塞拉夫的父亲是一名成功的企业家，在法国、美国和南美的许多国家建设工厂、办公司、开银行。他非常希望自己的长子贝纳塞拉夫能够继承自己的事业，

① 陈其荣，袁闯，陈积芳．理性与情结：世纪诺贝尔奖[M]．上海：复旦大学出版社，2002：355.

但贝纳塞拉夫自己对经商一点也没有兴趣，他从小就立志从事医学研究，当一名科学家。他25岁时就获得了博士学位，正当他刚刚投身于科学研究事业时，父亲却病倒了，瘫痪在床。贝纳塞拉夫作为长子，只得暂时搁置理想，掌管起家族的产业。

在此后的12年里，贝纳塞拉夫成了一名成功的银行家，但他始终向往科学家的生活，尽管探索科学真理的过程常常是伴随着艰辛和无数次失败的，但他认为其中的乐趣和成就感是用多少金钱与地位也无法换来的。当贝纳塞拉夫37岁时，他的弟弟大学毕业了。于是，贝纳塞拉夫辞去了银行总裁的职务，把家族的产业交给了弟弟，一心一意地投入到科学研究之中，并在免疫学领域取得了重大成果，获得了诺贝尔奖。

在《致21世纪中国青少年的信》中，他谈到自己45年的研究工作中"有两种激动人心的经历"，其中之一就是：当自然界首次显露出它严守的秘密时，当人们终于开始揭示出我们多年来未能理解的复杂事物时，人们所感受到的那种兴奋心情，他认为它们"非常值得为之付出多年的努力"。

远大的理想植根于现实的土壤之中，只有幻想而不采取行动的人，永远不会成功。因为没有行动就无法接近你真正的人生目标，所以理想只有和踏实的奋斗结合起来才会达到成就自我的目标。1951年诺贝尔化学奖获得者——美国核化学家西博格出身于一个贫穷的家庭，为了减轻家庭的负担，他从小学开始就靠自己的勤工俭学完成了学业。1981年的诺贝尔物理学奖得主布洛姆伯根读大学二年级的时候，德国入侵并占领了荷兰。这时的学习环境非常恶劣，为了实现自己的理想，布洛姆伯根躲进山中的小屋，过着艰苦的生活，主要依靠自学完成了大学和硕士研究生的学业。

两次辍学却毅然坚持学习的布朗

1979年的诺贝尔化学奖得主H·C·布朗出身于一个贫穷的犹太移民家庭。14岁那年，他的父亲因病去世，布朗不得不中途辍学，继承父亲经营的小五金店以肩负起养家糊口的重担。但布朗在业余时间继续学习中学的课程，并让姐姐和妹妹从学校的图书馆借来各种书籍，每天在工作之余"贪婪"地阅读学习。母亲看着儿子在劳累了一天之后还如饥似渴读书的身影，非常心疼，决定让儿子返校念书。布朗非常珍惜这次机会，学习十分刻苦，一年后以优异的成绩取得了高中毕业文凭。

由于美国1929年爆发的经济危机，高中刚毕业的布朗找不到固定工作，只能到一家工厂做临时包装工，每小时工资才40美分。他意识到，要想有稳定的工作和较好的收入必须有一技之长，而且继续学习的愿望始终萦绕在心头。于是，他进入芝加哥市立短期学院——克兰学院的电机系学习。为了维持生活，他还要在周末和晚上到一家鞋店去打工。

在上了一个学期后，克兰学院就因经费问题停办了，布朗又一次中断了学业。但在这里，布朗学习了“普通化学”课程，对化学产生了浓厚的兴趣，并从此确立了继续求学、从事化学研究、探索科学奥秘的目标。一年后，布朗进入刘易斯学院学习芝加哥大学开办的函授大学课程，选修了“定性分析化学”和“定量分析化学”两门课。他白天打工，晚上到刘易斯学院自修。半年后，原克兰学院易主，改名为赖特学院重新开学了，布朗又回到了短期学院学习。

布朗从短期学院毕业后，以优异的成绩赢得了奖学金，进入了芝加哥大学化学系。后来，布朗依靠勤奋和努力，仅用三年就完成了从本科到博士研究生的全部学业，并成为一名杰出的化学家。

居里夫人说：“理想的琴键扣动奋斗的琴弦，才能奏出人生美妙的乐章。”所以，树立远大的理想，并为这个理想付出持久的努力和实际的行动，成功的彼岸必将离你越来越近。

苏格拉底的故事

两千四百多年前的一个黄昏，大哲学家苏格拉底领着他的三个弟子来到一片麦田前。

“现在，你们到麦田里去摘取一棵自己认为最饱满的麦穗。每个人只有一次机会，采摘了就不能再换。”

三个弟子欣然前行。

第一个弟子没走多远，就看到一颗大麦穗，如获至宝地摘下。可是，越往前走，他越发现前面的麦穗远比手中的饱满，他懊恼而归。

第二个弟子吸取前者的教训，每看到一个大麦穗时，他总是收回了自己伸出去的手，因为他想更大的麦穗一定在前头。麦田快走完时，两手空空的弟子情知不妙，想采一颗，却又觉得最饱满的已经错过，他失望而归。

第三个弟子很聪明，他用前三分之一的路程去识别怎样的麦穗才是饱满的麦穗，第二个三分之一的路程去比较判断，在最后的三分之一的路程里他采摘了一颗最饱满的麦穗，他自然满意而归。

如果把苏格拉底的三个弟子归类，那么显然第一个是属于"先做了再说"之列。"先做了再说"省略了思考过程，必然会导致行为的盲目性与无序性，其结果当然"懊恼而归"。第二个当属于"等等再说"之列。"等等再说"总是在思索、观望这个台阶上停滞不前，"只想未做"必定两手空空，"失望而归"。第三个弟子则是"先想后做"。对事物有了充分的认识以及足够的判断之后，才不慌不忙地出手，他当然能够"满意而归"。

思考与建议

有人曾对中国与美国的学生作了对比：

中国学生为了能考上大学而拼命学习，上了大学就不再那么辛苦地学习；美国学生为了能从大学毕业而拼命学习，上了大学才开始认真学习。

美国学生喜欢夸耀自己："瞧，这辆新赛车是我自己组装的！"中国学生则喜欢夸耀自己的祖宗："看！这是我爷爷、爸爸给我买的新赛车！"

美国学生对自己的父母说："我已经攒够钱了，我要去旅游了！"中国学生对父母说："我要去旅游，请给我一笔钱。"

除了抱怨自己的机遇以外，你从中得到怎样的感悟？环境只是提供了一种可能，只有自我的努力才是成功的坚实基础。朋友，制订出有效的计划而为自己的不可限量的成就开始努力吧，相信自己，一定会成功。

参考文献

[1] 李臻. 诺贝尔奖得主的大学时代[M]. 上海：文汇出版社，2006.

[2] 季小兵. 100 位诺贝尔奖获得者成长记录[M]. 北京：中国言实出版社，2005.

[3] 戴永良. 成长的足迹：诺贝尔奖之路探秘[M]. 北京：中国戏剧出版社，2002.

[4] 吴学东. 预约成功：诺贝尔奖得主的大学生涯[M]. 南宁：广西人民出版社，2002.

[5] 萧野. 诺贝尔奖获得者给年轻人的启迪[M]. 北京：中国纺织出版社，2005.

[6] 刘智勇. 中外名人成长故事[M]. 成都：西南财经大学出版社，2002.

[7] 廖红，郑艳秋. 50 位诺贝尔大师致中国青少年[M]. 北京：同心出版社，2002.

[8] 于风川，岳翠平. 人类精英：诺贝尔奖得主之路[M]. 北京：民族出版社，2002.

[9] 王会，武爱民. 叩开成功之门：第 2 辑：百年诺贝尔奖获得者的故事[M]. 北京：农村读物出版社，2001.

[10] 王渝生. 百年诺贝尔科学奖启示录[M]. 北京:农村读物出版社,2001.
[11] 董兴义. 诺贝尔奖金获得者的家教[M]. 北京:中华工商联合出版社,1995.
[12] 黄志广,程晓舫. 世界一流大学的办学特色及其共性特征[J]. 西安欧亚学院学报,2005,2.
[13] 周光礼. 世界一流大学的特质[J]. 中国高等教育,2012,12.
[14] 蔡聪裕,陈宝国. 诺贝尔获奖者的教育背景统计分析及对我国研究生教育的启示[J]. 中国高教研究,2012,5.
[15] 贝弗里奇. 科学研究的艺术[M]. 北京:科学出版社,1984.
[16] 陈其荣. 诺贝尔自然科学奖与科学精英的造就[J]. 北京科技大学学报,2012,3.
[17] 陈其荣. 诺贝尔自然科学奖与世界一流大学[J]. 上海大学学报:社会科学版,2010,6.
[18] 王德荣. 从诺尔贝科学奖到创造性人才的管理和培养[J]. 科研管理,2007,1.
[19] 王海荣,李臻. 诺贝尔奖得主的成功法则[M]. 上海:文汇出版社,2008.

第六章
诺贝尔奖得主的成长历程

每一个具有世界影响力的伟大人物的成功都蕴藏着一个感人至深的故事。登上领奖台是无上光荣的，通向诺贝尔领奖台的道路却是无比艰辛。万丈高楼平地起，科学大师们普通而又不平凡的奋斗历程是他们荣获该项大奖最重要的基石。每个人会遇到不相同的内在、外在环境条件，诺贝尔奖得主的成才道路也是各不相同的。但他们努力奋斗的精神和对人生价值的正确领悟，不仅为我们现代文明作出了杰出的贡献，同时也成为我们现代人尤其是年轻人应当努力学习的榜样和楷模。

遵循诺贝尔奖获得者的奋斗历程，我们将对自己的人生有更多的领悟，能够在各种挫折和困境中得到一种激励和鼓舞，最终成功也将光顾我们。

第一节　诺贝尔奖得主成功经历的群体分析

一、诺贝尔奖得主科学道路的共同经历

一百多年来，获得诺贝尔奖的科学英才在对科学的强烈爱好和执着追求的引导下终于走到了科学最辉煌的殿堂。但这些成功者的成功之道却又不尽相同，有从小耳濡目染并一帆风顺的，也有从小家境贫寒、饱经磨难的，更有遭遇战乱坎坷一生的，阴差阳错、半路出家的幸运者也不乏其人。但是，从他们不同的成功道路背后却又可以发现他们得以成功的共同经历。

（一）选择适合自己的道路

成功是多样化的，并没有贵贱之分，适合自己的、自己擅长的就是最好的，也便是成功的。一个人的智能是多元的，一旦找到自己智能的最佳点，便可取得惊人的成绩。

选择适合自己的道路关键在于要对自己有充分的认识。爱因斯坦有一次上物理实验课时，不慎弄伤了右手。教授看到后叹口气说："唉，你为什么非要学物理呢？为什么不去学医学、法律或语言呢？"爱因斯坦回答说："我觉得自己对物理学有一种特别的爱好和才能。"这句话在当时听似乎有点自负，但却真实地说明了爱因斯坦对自己有充分的认识和把握。其实早在上中学时，爱因斯坦就在一次计划中阐明了他自己未来的成才目标。其主要内容是：

> 如果我有幸通过考试，我将到苏黎世的联邦工业大学学习。在那里我将用四年时间学习数学和物理，我设想自己将能成为一名自然科学某些学科的教授，我的选择是其中的理论性学科。
>
> 我制订这样计划的理由如下：首先，本人爱好抽象思维和数学思维，缺乏想象力和应对实际的才能。再说，我有自己的愿望，它们激发我做出同样的决定，加强了我的毅力。这是很自然的，因为一个人总喜欢从事一些他有能力干的事情。另外，科学工作还有一定的独立性，这一点使我很喜欢。

也有的诺贝尔奖获得者在经历了一系列的选择后才最终找到适合自己的方

向，并沿着这一道路持续努力而获得成功的。如1923年获诺贝尔化学奖的普瑞格上学时候成绩平平，他爱玩，他的爱好几乎只有体育运动，特别是球类活动，他的最大理想是当一名体育家，他把时间和精力几乎都用到球场上。15岁时，他考入体育学校专攻体育。毕业以后，他又不愿当体育教员，一心想当一名创造纪录的运动员。直到18岁时，普瑞格经过反复考虑，终于作出了果断的抉择，从头开始，改学化学。他用比别人多几倍的时间苦钻功课，经过一段时间的顽强拼搏终于赶了上来，各科成绩都不错。从此，普瑞格走上了发明创造的光辉道路。

选择适合自己的道路还要有敢于直面困难的勇气和勇于探索的科学追求。马克思曾说过："科学没有平坦的道路，只有不畏险阻的攀登者才有可能到达光辉的顶点。"纵观500多位诺贝尔科学奖获得者的成功经历，他们无一不是以其坚忍不拔的毅力和百折不挠的精神为内在动力，不断探索、不断追求、不断坚持，才最终攀上了一座座世界科学的高峰。1977年诺贝尔生理学/医学奖得主吉尔曼在开展下丘脑激素研究的十多年时间里，他所领导的研究小组收集了500多万个总重达45吨的羊下丘脑，但他们始终也未能提取和分离出所需的物质。吉尔曼的研究开始时受到一些专家和权威的怀疑，有关机构甚至要停止研究经费的资助。研究小组中弥漫着悲观的情绪，一些成员产生了怨言和矛盾，一位最有才华的助手也离他而去。但吉尔曼坚信自己的研究方向与方法是正确的，他百折不挠地坚持了下来，并最终在四年以后提取出了第一种促激素释放因子——促甲状腺激素释放因子，向世人证明了他的研究的正确性。德国科学家普朗克在选定了向黑体辐射进攻的方向后，曾经历过无数次失败，就连他的老师都有些灰心了，劝他说："物理学已是一门完成了的科学，你继续研究这个问题，是不会有多大成果的。"但普朗克信念坚定，终于在1900年发表了《能量自概念导出黑体辐射的公式》的论文，1906年建立了量子理论的基础，以后又提出了量子理论，于1918年获得了诺贝尔物理学奖。

成功的路有千万条，但每一条都可能会布满荆棘，选择适合自己的道路，并勇敢地、坚定执着地走下去，将阻力变成动力，才会有突破，有成就。这也是所有的诺贝尔奖得主取得成功的起点。

（二）热爱学习，奋发进取

在科学技术飞速发展的今天，我们只有以更大的热情，如饥似渴地学习、学习、再学习，才能使自己丰富和强大起来，才能不断地提高自己的整体素质，以便更好地投身到工作和事业中。1983年诺贝尔化学奖得主——加拿大裔美国化学家陶布曾这样寄语中国青少年："如果你的学习能使你对事物的理解达到某一境界，也就是理解得很深入，你就会发现你能超越以前无人能达到的水平。"多数诺贝尔奖获得者在科学道路上的成功都不是一帆风顺的，但他们都有一颗热爱学习和奋发进取的心，激励着他们在科学的道路上勇往直前。

爱因斯坦曾说："人与人的差别就在于他们如何利用业余时间。"大凡在科学上取得杰出成就的人，都是终身孜孜不倦、热爱学习、奋发进取的人。他们不断地汲取能够使自己继续成长的养分来充实自己的头脑，即使再忙、再苦、再累，也不会放弃对知识的追求。学习既是他们获取知识的途径，又是他们在逆境中生存的精神支柱。在他们看来，知识是永远没有止境的，学习也应该是没有止境的，学习使他们的思想、心理和精神永远年轻，也使他们的事业日新月异。

从小勤奋学习的居里夫人

两次获诺贝尔奖的居里夫人，从小就是个废寝忘食的读书迷，只要一拿起书就什么都忘记了。由于学习专心，她学习成绩一直优秀，在中学时就掌握了五种语言。上大学后，每天从学校回来，她一头又扎进了厚厚的书本中，等到天黑下来，她就搬上课本到附近的图书馆学习。那里暖和，可以省下煤和灯油。10点钟，图书馆关门了，在工作人员带着敬意的眼光中，她回到自己的小屋，点上灯，一直学习到凌晨两三点钟，直到熬得两眼通红，头脑发胀，这才躺到床上去。而早晨6点多钟，她就又爬起来，预习完一天的功课，匆匆吃完早饭就去学校上课，剩下的时间或去实验室，或去图书馆。她把所有的时间都用在了学业和实验上，她从不参加游玩，也不参加学校组织的舞会，不过她倒是经常和人谈话，但话题却只有一个，那就是——科学。

半路幡然醒悟奋发进取的伦琴

1901年，因对X射线的发现而首获诺贝尔物理学奖的德国物理学家伦琴，上学时是个喜欢逃学的调皮鬼，并且被学校开除过，直到在父亲的激励下痛下决心努力学习。从那以后，伦琴每天的时间都排得满满的，他没有时间游戏，没有时间骑马，没有时间溜冰……总之，伦琴把所有的爱好都抛到了一边，每天就像上足了劲的发条，不停地学、学、学……有时候，伦琴头脑发胀，简直要发疯了，恨不得把这些书全撕个稀巴烂。这时他就跑到水槽边，把头浸进去，让自己清醒清醒，然后给自己打气：所有的苦难都是暂时的，将来自己一定会得到补偿的。这期间，伦琴时常收到朋友的来信鼓励，伦琴的回信往往很短，有时候甚至只有几个字："谢谢，我正在尽力。"或"你好，信收到，有好消息我一定告诉你。"功夫不负有心人，多年的艰辛终于得到了回报：1865年，伦琴以优异的成绩被苏黎世综合技术学院机械工艺专业录取。接到通知书的时候，眼泪溢满了伦琴的眼眶。当他跨进庄严的苏黎世技术学院大门时，几年前那个任性、爱恶作剧的毛头小子已经不存在了。

不受家境影响而勤奋学习的昂尼斯

不论是从小家境贫寒，还是家境富裕，诺贝尔获得者们都向人们展现了他们的艰辛努力。1913年诺贝尔物理学奖获得者荷兰物理学家昂尼斯儿时家境较好，父母也都是博学之士。他自牙牙学语时起就跟着大人读书认字，稍大一点开始涉猎诗歌，后对天文、理化表现出特殊的兴趣。昂尼斯家藏书极为丰富，而他几乎把家里的藏书都看遍了。在总结自己一生的探索经验时，昂尼斯说："只要一养成做学问的习惯，那就跟一日三餐那样，到时不吃不喝，就会感到饥渴难忍。有了做学问的习惯，还要牢记两点，那就是专和精。跟整个知识相比，个人所掌握的实在太微小了。我认为，人可以在专和精中求广博；如果想懂得一切，那显然是不切实际的无稽之谈。"

（三）意志坚定，勇于追求

古人云：飞瀑之下，必有深潭。意思是说，飞瀑日复一日，年复一年，凭着它那顽强的韧劲儿，硬是把盆地冲成了碧绿的深潭。其实，在学习上也是这样。美国一位心理学家曾对1901年到1972年70余年间的150位诺贝尔奖获得者中的杰出科学家进行研究，发现他们不但具有良好的知识结构，善于独立思考，而且有着充满自信和坚持不懈的性格。① 在诺贝尔科学奖获得者当中，许多人的科学道路都不是一帆风顺的，但他们都以顽强的意志和执着的探索精神，为我们提供了通过努力奋斗、克服常人难以想象的困难并取得成功的典型案例。法国科学家莫瓦桑虽然知道氟有"死亡元素"之称，而且在他之前的许多科学家都因研究氟而献出了宝贵的生命，但他仍然坚定地说："我一定要制得单质氟。"他研究了几乎全部有关氟及其化合物的著作，但通过多种方法实验都没有取得成功。多次失败的打击使他十分疲倦。由于实验室条件太差，他曾三次中毒，但他毫不气馁，终于用电解法从加入氟化钾的氟化氢液体中得到单质氟。坚定自信、坚韧不拔、不怕挫折是所有诺贝尔科学奖得主科学道路的共同历程。

---

① 戴永良．成长的足迹：诺贝尔奖之路探秘［M］．北京：中国戏剧出版社，2002：192.

独臂奇才萨姆纳

1946 年的诺贝尔化学奖获得者——生物化学家萨姆纳 17 岁时，在一次打猎中，朋友的猎枪走火击中了萨姆纳的左臂，医生截去了他肘关节以下的手臂。这次意外的打击并没有使萨姆纳意志消沉，反而激发了他通过努力克服残疾的决心。他开始学着用一只手做各种事情，以磨炼自己的意志。他还练习打网球、滑雪、溜冰，提高一只手做事的能力。通过努力，他以惊人的毅力和出色的成绩完成了大学学业。在报考研究生时，他后来的导师奥托·福林教授被眼前的独臂青年惊呆了，他不相信萨姆纳能应付每天大量的化学实验。为了证明自己的能力，萨姆纳当着奥托教授的面进行了化学实验的操作。对于只有一只手的人来说，如此娴熟的操作是经过了多少次的练习才能掌握的呀？奥托教授破例收下了这位不平常的学生。

后来，萨姆纳通过勤奋学习和顽强的努力，成为了一名杰出的生物化学家。在他 49 岁那年，他经过了九年漫长而艰苦的研究实验，克服了许多常人难以想象的困难，终于在世界上首次分离提纯出了酶，并证明酶是一种蛋白质，因此获得了诺贝尔化学奖。

美国免疫学家、1980 年诺贝尔生理学/医学奖获得者贝纳塞拉夫在给中国青少年的信中说："对于生来就有缺陷的人，我的生活和成功的事例会给他们带来希望和鼓励。我生来就有严重的阅读障碍，在学习怎样读书时遇到困难，我甚至不能正确拼读任何一种我学过的语言……我希望你们认识到：身体缺陷应当被看成一种必须战胜的挑战，而不是令人遗憾的缺点，就像阅读对于我一样。"纵观百年诺贝尔科学奖的获奖原因可以发现，每一项获奖成果都是对未知领域新的探究，都是科学上的重大创新，每前进一步都要付出艰辛的劳动。科学研究的长期性和艰巨性决定了诺贝尔科学奖获得者良好的意志品质在科技创造中的重要作用。在追求科学理想的道路上，坚强的意志是所有诺贝尔奖获得者共同的精神力量，正是这种力量推动着他们自觉地约束自己的行为，克服各种困难，永不停息地向科学高峰攀登。

二、诺贝尔奖得主的知识、能力结构分析

从知识结构的角度来说，诺贝尔奖获得者突出地表现出金字塔形的知识结构——扎实宽厚的知识基础与精深的专业方向。如前所述，诺贝尔奖获得者们勤

奋努力地读书，获得了大量的基础性知识，也正是在这样一个宽厚而扎实的基础之上才能进行专与精的方向性研究。另外，宽泛的知识不仅是科学研究的基础，有时也是进行科学研究的突破口。

从能力结构角度来说，不同的职业需要不同的能力。尽管并不是每一个职业只需要一种能力，但它需要的应该是个体能够在该职业中发挥最大效应的能力；尽管每一个人的能力也是多样化的，但每个人都有自己的优势能力。在科学研究中，不仅需要智力，也需要一些特殊的能力。一般而言，从事科技研究的创造活动应该具备三项基本能力①：专业基础能力即科学本能，包括科学洞察力（由直觉、灵感、机遇等构成）、想象力与记忆力；专业发展能力即科学智力，包括逻辑思维能力（归纳综合与演绎推理）、观察与实验能力；专业拓展能力即社会能力，包括学术交流能力、组织与协作能力、社会交往能力。

从诺贝尔获得者的身上可以发现，他们所普遍具备的或是对他们的成功更为重要的能力主要有这样几个方面。

1. 科学洞察力

洞察力是从事某一专业活动具备的特殊判断能力和本能的反应。一个科学家的科学洞察力表现在他能够感知某一研究工作是否具有价值，善于发现科学研究的发展方向，预测研究可能产生的结果。科学洞察力包括直觉、灵感、顿悟和机遇等。当然科学家的洞察力也不完全是天生的、神秘莫测的。

直觉、灵感、顿悟和机遇这几个词经常连在一起（事实上它们在概念上也难以区分）来说明一种思维现象。它们通常指的都是对某类事情的一种突如其来的领悟或理解，是头脑的一种下意识活动。不管是直觉、灵感、顿悟还是机遇，他们都有一些共同的特点：① 非逻辑性，它们不受严格逻辑规律的约束，可能是逻辑的简化和压缩，或者根本与逻辑无关；② 意外性，人们在有意识的、有目的的活动中不知道这些东西何时、何地、以何种方式出现在人们面前；③ 易逝性，他们来得突然，走得也迅速，它们像雷电一样稍纵即逝。

研究百年诺贝尔奖得主的成功史发现，他们对机遇的把握是其科学研究中的催化剂和促进剂。机遇能够直接激发科学成果的发掘和取得，是创造性发挥必不可少的因素。但当机遇来临时，能否抓住机遇，这需要科学家具有广博的知识积累，能及时作出理性思考。1932 年，约里奥·居里在用 A 粒子轰击铍的实验中，意

① 张庆九. 自牛顿以来的科学家[M]. 合肥：安徽教育出版社，2002.

外发现有一种很强的辐射,但是未予重视。他忽视了卢瑟福有关中子存在的预言,错误地判断它为X射线,错过了对中子的发现。卢瑟福的学生查德维克很早就非常关注老师的这一预言。他在读到约里奥・居里的实验报告后,立即意识到这可能与老师预言的中子有关,马上开展实验,仅一个月就发现了中子,获得了1935年的诺贝尔物理学奖。痛失机遇的约里奥・居里更加发奋努力,注意科学研究中机遇的把握,也于1935年获得了诺贝尔化学奖。1928年的诺贝尔生理学/医学奖得主获得者查理・尼克尔说:“机遇只垂青那些懂得怎样追求她的人。”卢瑟福也指出:“在学术界,没有适当的思想准备的情况下而能够作出自然科学的发现,这是十分罕见的情况。”现代科学史上关于机遇的几个著名的例子包括德国物理学家伦琴发现X射线,英国细菌学家弗莱明发现青霉素,美国科学家巴丁、布拉顿和肖克莱发现锗的空穴放大效应(据此制成了世界上第一只晶体管),美国天文物理学家彭齐亚斯和威尔逊发现宇宙背景辐射。

2. 科学想象力

想象是头脑突破固有知识束缚的非逻辑性重新组合。爱因斯坦特别强调想象力的作用。他认为,科学家在探讨自然的秘密时“多少有一点像一个人在猜一个设计得很巧妙的字谜时的那种自由”,需要极大的想象力。不过“他固然可以猜想无论以什么字作为谜底,但是只有一个字能真正完全解决这个谜”。同样,自然的问题也只有一个答案,所以最后还是应该受实践的检验。在谈到想象的重要性时,他说:“想象力比知识更重要,因为知识是有限的,而想象力概括着世界上的一切,推动着进步,并且是知识进化的源泉。严格地说,想象力是科学研究中的实在因素。”

谈到想象力在科学上的重要性时,廷德尔说:“牛顿从落下的苹果想到月亮的坠落问题,这是有准备的想象力的一种行动。根据化学的实验,道尔顿富于建设性的想象力形成了原子理论。戴维特别富有想象力,而对于法拉第来说,他在全部实验之前和实验之中,想象力都不断作用和指导着他。作为一个发明家,他的力量和多产,在很大程度上应归功于想象力给他的激励。”

3. 科学记忆力与逻辑思维能力

记忆力是智力结构中一个基本的成分,它是智力的基础。从传统心理学观点看,记忆力就是人脑对过去的经验、知识、心理体验和各种活动的保持的能力,也就是进行记忆的能力。

从信息论的观点看,记忆力是人脑对信息的输入、编码、储存和提取的能力。记忆是一个过程,它包括识记、保持、再认或再现三个基本环节。识记是指人脑识别、接收并保持所获得的信息的过程,它是记忆的第一过程。保持是指已经获得的信息、材料在头脑中短期或长期保留的过程。在这个过程中,有些信息可能被遗忘，有些信息可能被巩固而保留在头脑中不再遗忘。所谓的再现和再认，是指过去的记忆信息在头脑中重新恢复的过程。

每个人记忆的快慢、准确、牢固和灵活程度，可能随其记忆的目的任务、记忆所采取的态度和方法而异。各人记忆的内容则随其观点、兴趣和生活经验为转移，对同一事物的记忆，各人实质上所记忆的广度和深度也往往不同。

科学问题千头万绪，哪些是关键性问题，哪些是自己能够解决或者通过合作能够解决的问题，需要科学思维进行判断。我们通常用形象思维和逻辑思维来区分科学家和非科学家的思维活动特点。科学家更倾向于采用逻辑思维来认识事物的本质，寻求解决问题的方向；而非科学家更多地采用形象思维来进行类似的活动。科学家通过直觉或者想象得来的东西必须接受严格的科学证明，证明的过程就包括逻辑证明和实验检验两部分。逻辑思维能力强的人将成为理论科学家。

4. 观察与实验能力

观察与实验能力也可以称为实际操作能力。科学活动不仅仅是限于大脑的思维和想象，还必须有一定的技能作保证。实验能力是指在人为控制条件下科学家进行观察和实验，认识和发现自然界和物质变化规律的能力。实验能力既包括实验操作能力，也包括推理、计算，对数据分析处理以及对实验结论归纳总结、准确表述的能力。科学家的实际操作能力包括：① 能够正确了解和操作现有的观察仪器和实验设备；② 能够制订正确的实验方法和完整的实验路线；③ 能够根据实验目的的要求改进旧的实验装置或者设计新的实验装置；④ 能够对实验现象进行准确的观察和记录；⑤ 能够对观察与实验结果进行分析处理。纵观诺贝尔奖获得者的学习与研究历程，就会发现，尤其是在自然科学领域，研究者的观察与实验能力都是非常突出的。

当然对于上述能力也有着不同的重要性区别与评价指标。一般地，科学家的洞察力肯定要比社会交往能力重要得多。爱因斯坦在评价马赫、普朗克、居里夫人、开普勒、艾伦菲斯特、郎之万、洛伦兹、牛顿、能斯特等人时，多次提到了“直觉”、“洞察力”、“本能”等字眼，却极少提到有关社交能力方面的内容。但要成为行政管理型科学家，社交能力就变得尤为重要了。“当罗伯特 · 奥本海默离开加利福尼亚大学物理学教授的岗位变为洛斯阿拉莫斯实验室主任时，他进入了不同的社会阶层。在那里，管理的和政治的技巧优先于研究能力和成就。”

根据我所能作出的判断，作为一个科学家，我的成功，不管它有多大，是取决于种种复杂的思想品质和条件的。其中最为重要的是：热爱科学；在长期思考任何问题方面，有无限的耐心；在观察和收集事实资料方面，勤奋努力；还有相当好的创造发明的本领和合理的想法。确实使人惊异的是：使我所具有的这些中等水平的本领，竟会在某些重要问题上，对科学家们的信念，起了相当重要的影响。

——查尔斯·达尔文

三、诺贝尔奖得主的成长与教育

（一）良好家庭教育的熏陶

家庭的教育影响，父母的宽容、理解、支持与帮助对于少年儿童的发展具有非常重要的影响。从诺贝尔奖获得者的身上可以发现，他们要么是有着良好的家庭教育，要么有着非常和谐轻松的家庭氛围，使得他们早早就确定了自己的发展道路或是能够按自己的意愿去选择自己的人生道路。

获 1996 年诺贝尔化学奖的美国化学家斯莫利说过："我对科学的爱好首先来自我的母亲。当我刚懂事时，经常坐在母亲膝盖上，通过母子间几百个小时的交谈，我头一次知道了阿基米德、达·芬奇、伽利略、开普勒、牛顿和达尔文。从父亲那里，我学会了如何制作东西，又如何拆卸下来，以及修理一般的机械和电子设备。父亲在家里的地下室置了一间木工车间，我在那里花费了大量时间制造小玩意，常常一直干到深夜。母亲教我学会了绘图，这使我在进行设计时更加系统化了。这种包含敲敲打打、制作和设计的游戏，是我整个少年时代最喜欢做的事情，并为我作为一名实验科学家工作在化学和物理学领域的前沿打下了绝妙的基础。"1913 年诺贝尔物理学奖获得者、荷兰物理学家昂尼斯自小把家里最高的阁楼作为自己的"天文台"和"实验室"，在里面埋头钻研。有一次他做实验时不小心起了火，霎时就烧掉了半座楼。他知道闯下大祸，吓得逃到野外，整夜不敢回家。当焦急的双亲找到他时，父亲一边心疼地拥抱他，一边亲切地对他说："孩子，别害怕！为了研究科学，你就是把自家的宅子全拆了，把家里的田地全毁了，我们也绝不会埋怨你。"昂尼斯深受感动，决定不负父母所望，在学术上作出一番成就。

1985 年诺贝尔化学奖获得者、美国物理学家和化学家卡尔给中国的青少年和家长写了这样一段很有意思的话：

"我非常不愿意建议家长们如何教育他们的孩子。我要说的有两点：第一，支持孩子们对未来职业的选择，即使在他们读书时这种选择会改变好几次；第二，我遇见过许多家长企图代替孩子们选择未来的职业，这种企图会伤害孩子与家长自己，并最终失败。”

获1980年诺贝尔生理学/医学奖的多塞在致中国的青少年和他们父母的信中说：

“我向青少年和青少年的父母们建议：

第一，请尊重他人，每个人都与众不同。他和你一样，也是这个世界上的独一无二的人。

第二，请尊重他人，每个人都有选择的自由。唯有让其自立，才能使其自尊。

第三，不要给他人造成痛苦，不论伤及的是肉体还是精神。在你伤害他人时，也将给自身造成伤痛。”

（二）良师益友的启蒙

大多数获奖者在其少年时代都有一个很好的启蒙者，为他们开启了通向科学道路的第一道门。1993年获诺贝尔生理学/医学奖的英国生物化学家罗伯茨在回忆自己上学时校长对他的引导时说：“……他经常在我进教室的路上拦住我，从口袋里掏出一张纸条给我，上面通常写着有关数学和逻辑学的小问题。随着时间推移，题目越来越难，可我很喜欢它们。不仅如此，这些小纸条还点燃了我对数学和探索问题的热爱，这种热爱至今还保留在我的身上。当我找出正确答案时，我会觉得这种智力活动是值得一做的。”随着时间的推移，题目越来越难，小罗伯茨的思考也越来越深入，对数学和逻辑的兴趣也越来越浓厚。校长就是通过这种方法引导罗伯茨从此走上热爱科学和从事科学事业的道路的。小罗伯茨从校长那里学到的不仅仅是一些具体的数学知识，更重要的是培养了他对科学的兴趣，养成了勇于向各种各样难题挑战的性格。这是比知识更为重要的东西，成为他一辈子受用不尽的财富。

1925年获诺贝尔物理学奖的德国物理学家古斯塔夫·赫兹，他叔父海因里希·鲁道夫·赫兹是19世纪世界著名的电磁学家。他十分重视侄子在数理方面的才能，很乐意在繁忙的研究工作中挤出时间，对小赫兹进行启蒙教育，为他的成长和发展打下了良好的基础。不幸的是，他所崇敬的导师、年仅37岁的叔父过早地去世了。当7岁的小赫兹随父母为叔父奔丧时，看到许多世界著名的学者都来吊唁，甚至连皇帝、皇后都来送殡，可见叔父生前对科学作出的贡献是相当大的。这件事不仅增强了他对叔父的敬仰之情，而且在他幼小的心灵中深深地埋下了要向叔父学习、献身科学的种子。

（三）优质大学教育的影响

从诺贝尔奖获得者的教育经历和科研生涯可以看出，绝大多数人都受过优质大学的良好教育(第五章第二节已有具体统计，这里不再赘述)。这些大学具有先进的办学理念，汇集了世界级的学术名师和世界一流的学科专业，学术氛围浓厚，知识积累深厚，具有独特的本科和研究生培养模式和机制，重视对学生创新思维和创新能力的培养。许多重要的新思想、新发现都是在那里产生的。大学为诺贝尔奖获得者创造潜质的发展提供了肥沃的土壤。斯坦福大学在20世纪50年代以前只是一所不起眼的“乡村大学”，无人问鼎诺贝尔科学奖。50年代以后，他们实施了学术自由、教授治校的管理制度，制订了两大战略：一是提出著名的“学术尖端”构想，不仅选聘一流教授，引进“引导世界”的顶尖人才，而且建设尖端科系，选择物理、化学、电子工程等重点发展学科，构筑学校的学术塔尖；二是创建科学工业园区，推动科学成果向现实生产力转化，制订了一套刺激教师与工业联系的政策制度。50年代后，斯坦福大学一下涌现出了16位诺贝尔科学奖得主，其中包括因发现核磁共振而获得1952年物理学奖的布洛赫，因发现原子核基本结构而获得1961年物理学奖的霍夫斯塔特等。

这些大学还拥有先进的实验设备，特别注重对学生的科学实验教育，而许多诺贝尔科学奖获得者的重大科学成果，其实都是在精巧的实验设计和严密的实验过程中取得的。如朱棣文巧妙地设计了激光冷却装置，使人们能够将孤立的原子运动变慢并俘获它。丁肇中教授在诺贝尔颁奖典礼上发表演讲时说：“自然科学理论不能离开实验的基础……我希望由于我的这次获奖，能够引起发展中国家学生的兴趣，重视实验工作的重要性。”可见，一流大学良好的教育为诺贝尔科学奖得主铺就了宽广的成功之路。

四、诺贝尔奖得主的人格魅力与道德典范

（一）热爱科学，献身真理的敬业精神

1985年诺贝尔化学奖获得者——美国物理学家和化学家卡尔在写给中国青年学生的信中说：

> 科学意味着献身真理，任何吝啬奉献、不全力以赴的做法都是根本不行的，是完全不能接受的。
>
> 有些年轻人被吸引到从事科学工作中来，是因为在那里有获取崇高声望

的机会。……但是取得崇高声誉的机会是很稀罕的，而且在荣誉背后的许多非常优秀的工作往往被人们忽视。从你所从事的工作中获得满足，以及不时地亲身感受自己所取得的一些成功，是幸福生活最重要的内容。

对于绝大多数诺贝尔奖获得者来说，他们并不是为了获奖才忘我地投身于科学研究中的。他们追求的是解释科学本身的奥秘，追求的是通过自己的努力为人类造福，他们享受的是科学研究中发现的乐趣。1905 年的诺贝尔生理学/医学奖得主科赫不仅是一位具有杰出才华的科学家，而且在研究工作中表现出了忘我的奉献精神和高尚的品德。他是一位细菌学家，被人们尊称为"近距离与瘟神战斗的勇士"。传染病在 20 世纪初期是威胁人类健康的最大杀手。即使是这样，只要听说哪里发生了传染病流行，科赫就会立即带领他的学生们奔赴疫区，调查病原、病因和传播途径，这在当时还没有有效的方法来治疗传染病的情况下是非常危险的。与大量传染病人接触往往有被传染甚至死亡的危险，但科赫和他的学生们为了征服传染病，为了千百万人的健康，全然不顾这一切，忘我地投入到与瘟疫的战斗中。正如 1947 年诺贝尔生理学/医学奖得主科里所说："对自己工作的热爱和奉献，对我来说是幸福的源泉。对一位科研工作者来说，最难忘的是生命中那些罕有的时刻。在多年不断地艰苦工作之后，大自然神秘的面纱好像突然被揭开了，以前黑暗而混乱的东西突然以清晰、美丽的光线和画面出现在眼前，这真是人生中最幸福的时刻啊！"

（二）不计名利，甘于寂寞的人格修养

1904 年获诺贝尔物理学奖的英国科学家约翰 · 威廉 · 瑞利有句名言："学问不能和财富相比，它是绝对不可以自私的。"这句话可以说是他的座右铭。他鄙弃知识私有的可鄙观念和态度，始终认为知识是人类的共同财富，应该用来为人类服务。他从来没有争名夺利的虚荣心，他曾经同著名化学家拉姆赛互相谦让，都坚持说氩元素是对方发现的。

居里夫人因发现了钋和镭两种新元素，成为放射性化学和物理的奠基人。1903 年，居里夫妇获得诺贝尔物理学奖，消息震惊了全世界，外国科研机构的邀请信、各地发来的贺电像雪片般飞来，拜访者络绎不绝，还有应接不暇的招待会、宴会。但居里夫妇仍然深居简出，两人仍旧在破旧的木板房里做实验。一向清贫的居里夫人对巨额奖金并不看重，而是把大量奖金赠送给了她的学生、贫困的朋友、实验室助手、教过她的老师和资助过她的亲属等。对于荣誉，她更是淡泊视之。一次，一位记者想采访报道她的事迹，她却委婉地拒绝说："在科学上重要的是研究出

来的'东西',而不是研究者'个人'。"居里夫人还把她获得的金质奖章给她的女儿玩耍,并说:"我想让孩子从小就知道,荣誉就像玩具,只能玩玩而已。"当巴黎大学校长要推荐把皮埃尔的名字编入拿破仑一世于1802年创建的对法国有特殊贡献者的"英名馆"时,皮埃尔表示:"我对所有的装饰都不感兴趣,目前我更需要的是一个实验室。"

居里夫人还把她和丈夫共同的研究成果——价值100万法郎的镭无偿捐给了一个研究癌症治疗的实验室,并向世界公开制镭方法。有人劝他们申请专利,这样他们在经济上可以有很好的收入,但他们商定,不要发明带来的一切物质利益。正如居里夫人所说:"我们绝不能这样做,这是违反科学精神的。"爱因斯坦评价居里夫人说:"在我所认识的所有名人里,居里夫人是唯一不为盛名所颠倒的人……是一尊不被荣誉腐蚀的塑像,矗立在时间的广场上,昭示着公心。"

(三)无私奉献,为人类谋幸福的伟大精神

X射线被发现后,很快就被用于医疗诊断,成为现代医学的重要诊断技术。但X射线的发现者——首届诺贝尔物理学奖得主伦琴并没有申请专利,他认为,科学研究成果应造福于全人类,而不应为个人谋私利。他说:"我知道,我会因此而发财致富,但是,我并不准备拍卖这一发现。我的发现属于所有的人,但愿我的这一发现能被全世界科学家所利用。这样,它就会更好地服务于全人类。"同时,他还到处发表演讲,积极主动地向社会各界宣传介绍X射线,为公众表演X射线穿透物体和显示物体内部结构的性能。正是因为这样的演讲会,医学家们发现了X射线在临床医学上的妙用,使X射线这一科学新发现迅速转化为实用的医疗诊断技术,在X射线被发现的第二年就投入了临床使用。被称为"原子弹之父"的爱因斯坦一直关注全世界的和平与发展。在听说德国法西斯在研制核武器,给人类带来严重威胁时,他写信给美国总统罗斯福,建议美国抓紧原子弹的研制,以便抢先制伏德国法西斯。美国政府采纳了他的建议,集中力量进行研制,于1945年制成世界上第一颗原子弹。但是当美国用原子弹轰炸日本后,他又很懊悔,因为后来他了解到德国法西斯当时并没有研制原子武器。当1955年英国著名哲学家、数学家罗素致信给爱因斯坦建议举行科学家会议以反对核武器的发展时,爱因斯坦欣然同意,被称为《罗素-爱因斯坦反氢弹宣言》的文件于1955年正式公布。《宣言》指出:"一般公众甚至是许多当权者并没有意识到,如果使用了很多颗氢弹,其结果将是普遍性的死亡,人类已经到了是走向灭亡还是断然弃绝战争二者择一的非常时刻……"后来,越来越多的科学家参与或是成立分支组织,最终掀起了一场声势浩大的帕格沃希和平运动。

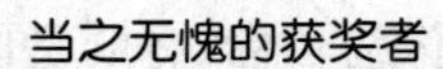

诺贝尔和平奖的评选标准比较难以掌握，所以人们对和平奖的某些得主往往颇有微词。但是对在消除世界核武器方面作出贡献的和平奖得主罗特布拉特和他领导的会议，却疑义甚少。原因是，罗特布拉特和帕格沃希会议几十年来孜孜不倦地为消除核武器所做的努力，深受世界的赞赏。而获奖时已经86岁的罗特布拉特，几十年间一直从事有关解除军备及促进世界和平的事业。也许他是为和平奋斗时间最长而荣获诺贝尔和平奖的最年长者之一，也是最值得的获奖者之一。

罗特布拉特曾就读于华沙大学，第二次世界大战前夕移居英国。他在华沙放射研究所工作期间及1939年在英国利物浦大学出任讲师进行研究时，曾先后发现了核裂变的潜力。后来他加入了在绝密的"曼哈顿工程"工作的英国科学家团体，参与美国研制原子弹的秘密计划。然而，当希特勒政权面临崩溃时，他于1944年退出曼哈顿工程，他是唯一退出该工程的科学家。他在谈到这一举动的原因时说："在那以前，我以为我们的工作是为了防止纳粹获得胜利。当时有人告诉我，我们正在研制的武器真正的目的是对付苏联。"

罗特布拉特是1955年创立的《罗素-爱因斯坦反氢弹宣言》的11位科学家之一，根据罗素和爱因斯坦1955年发表的和平宣言，科学家们于1957年在加拿大的帕格沃希召开首次"帕格沃希科学与世界事务会议"。罗特布拉特是这个组织的发起人之一和核心人物，也担任过这个组织的主席。

一生为世界和平呼吁和坚决反对核武器的伟大科学家罗特布拉特获得诺贝尔和平奖是最当之无愧的。他的放射物理学已经得到国际上的承认：为了证明核物质并不总是意味着死亡，他甚至曾经少量饮用放射性液体。他在获得诺贝尔和平奖时说："很高兴我们的工作获得了正式认可，我希望这可以让科学家们明白他们的社会责任。"

第二节　诺贝尔奖得主的成功法则

一、立志，诺贝尔奖得主成功的前提

从诺贝尔奖得主的成功经历来看，立志是首要原则。但不同的人立志的时间与起因是不一样的，有的是从小树立坚定的信念，也有浪子回头幡然醒悟的。从立志的动机上，有的是以崇拜的偶像为目标，有的是以解决某一问题为己任，也有的是为实现自己的梦想而奋发。

以崇拜的偶像为目标而努力拼搏

法国物理化学家约里奥·居里，从小在阅读机械和化学方面的书籍时，居里夫妇艰辛奋斗的历程和坚定不移的意志以及他们取得的巨大成就深深打动了他。他怀着崇敬的心情从《大众读物》上剪下居里夫妇在实验室工作的照片，装上相框，恭恭敬敬地摆在洗漱室。家中的洗漱室成了他的实验室，他在居里夫妇的注视下开始了科学尝试。不仅如此，约里奥·居里决心继续求学，他选择的是居里夫妇奋斗过的巴黎市理化学校。约里奥·居里想尽可能离自己心中的偶像近些。此时，约里奥·居里已经明白自己要像居里夫妇一样从事科学研究。当时正值居里夫人的镭研究所急需一名助手，教授理所当然地把自己的得意门生约里奥·居里推荐给居里夫人。在居里夫妇的实验室，他认识了居里夫人的女儿伊雷娜·居里，并且与其结为夫妇。在西方，结婚后女方都要改姓丈夫的姓，而约里奥·居里却是将自己的姓后加上了代表坚定不移的精神和巨大成就的“居里”这个姓。之所以如此，是因为约里奥·居里想给自己施加压力，希望这一姓氏能时刻督促自己像居里夫妇那样以顽强的毅力、百折不挠的精神奋勇拼搏。约里奥·居里的改姓，不仅表现出他对居里夫妇精神的崇拜、对伊伦的爱，更可以看出他的决心和勇气。后来的事实可以证明他完全有资格称为“居里”。他不但没有辱没这一姓氏，同时给它增添了新的光彩。他和伊雷娜的合作，他们所发扬的居里家族的拼搏精神及取得的成就，使得后人将他们与居里夫妇相媲美，称他们是“小居里夫妇”。1935 年，发现了人工放射性元素并获得人造同位素的约里奥·居里和妻子将居里家族的诺贝尔奖牌增加到了五块，成为世界上独一无二的家庭科学神话。

诺贝尔奖获得者霍夫特认为：“最重要的不是所谓的成功，而是你要决定走什么样的道路。你可以成为一名科学家，可以去做医生，但是一定要选择你的道路。……找到你的位置，这将会使你变得与众不同，真正使你不同的就是你能够获得快乐的地方。我读书的时候最不喜欢的就是那些不知道自己一辈子想做什么的人。”

二、合作，诺贝尔奖得主成功的群体经验

从一百多年诺贝尔奖颁发的情况来看，大多数的科学奖获得者都不是一个人，更多是一种合作组合，一个合作团队。这既是科学研究本身的需要，也是科学研究者相互启发、相互借鉴的有效研究方式。在诺贝尔奖获得者的合作经历中，有朋友式的合作，有夫妇合作，有父子合作，有师徒合作。而这些合作者有的是长期在一起工作，有的则是身处不同的地方而仅在某项研究中相互交流。可以说，没有合作就不会有如此多的科学发现，没有今天科学的日新月异，也不会有如此多的因科学创造性发现而获诺贝尔奖的科学家。

科学合作中的优势互补

1955 年，美国科学家巴丁领导的超导研究小组遇到了困难，需要引进量子理论来解决难题，而这是他所不擅长的。在巴丁的邀请下，精通量子场论的物理学博士库珀来到了他领导的研究小组。

巴丁当时已是著名的物理学家。七年前，他就曾与另两位美国物理学家布拉顿和肖克利组成“三驾马车”，合作发明了世界上第一支晶体管，于 1956 年共同荣获诺贝尔物理学奖。巴丁善于根据不同人的专业优势开展科学合作。在他的超导研究小组中，库珀擅长运用量子力学进行理论研究，而另一位主要成员、当时还在攻读博士研究生的施里弗则精于数学计算。他们三人优势互补，相得益彰。

在巴丁的领导下，库珀提出了被后人称作“库珀对”的超导电子对概念，施里弗则完成了一系列精确的计算，他们共同构建起了完整的超导微观理论。人们把这一理论以巴丁、库珀和施里弗三人姓名的第一个字母命名为“BCS 理论”。这一理论不仅具有理论上的意义，而且帮助后来的科学家设计制造出多种超导合金材料。由于这一成果，巴丁、库珀与施里弗共同荣获了 1972 年诺贝尔物理学奖。

诺贝尔科学奖史上的并蒂莲

在诺贝尔科学奖的颁奖史上，有几对夫妻通过密切合作和刻苦研究共同获奖，他们被称为“诺贝尔科学奖史上的并蒂莲”。其中，最具代表性的就是居里夫妇，他们因为共同发现放射性元素镭在 1903 年共同获得诺贝尔物理学奖。居里夫妇的女儿与女婿，也于 1935 年因发现了人工放射性元素并获得人造同位素而共同获得了诺贝尔物理学奖，被人们亲切地称为“小居里夫

妇”。此外，还有被称为“雌雄一体”的科里夫妇也是夫妇合作的典型代表。科里夫妇在科学上的合作是非常成功的，他们的智慧与技能相互补充，合作亲密无间，他们彼此信赖，缺少任何一方，另一方都不完整。有人这样评论二人：“卡尔可不是实验天才，但他富有想象力；而格蒂是实验天才，兴趣广泛，拿什么看什么，贪婪地获取最新的信息。”事实上，善于想象的卡尔许多想法都来源于妻子的广泛涉猎，因为生物学上没有一个事实是孤立存在的。就这样，卡尔对问题深入思考的天赋与格蒂搜索信息的本领，使二人有了一个接一个的发现。卡尔的想象力加上格蒂的实验，使得二人发现了肝糖原的催化转变过程而共同获得了1947年的诺贝尔生理学/医学奖。

学识和见解需要互相启发，问题和疑难有待共同探讨，兴趣和爱好可以互相激励。正如英国文学家萧伯纳所言：“如果你有一个苹果，我有一个苹果，彼此交换，那么，每人还是一个苹果；如果你有一个思想，我有一个思想，彼此交换，我们每个人就有了两个思想，甚至多于两个思想。”有“科学鳄鱼”之称的卢瑟福强调“科学不是依赖于单独一个人的思想，而是取决于数以千计的人们的智慧。所有的人想一个问题，并且每一个人做它的部分工作，添加到正在建设的知识大厦之中。”费米也说：“在他的周围不仅聚集了向他学习研究的原理和方法的人们，而且还形成了一个向他学习作为科学家所需要的毅力和创造性的一个最大的和最成功的研究者集体。”

三、求实，诺贝尔奖得主成功的基石

求实，是一种科学的态度，也是一种科学研究的方法。科学源于实践，实践出真知。很多人都同意这种说法，但很多人都与这句话失之交臂，也与成功失之交臂。科学的态度应该是相信事实而又不迷信于人类已有的知识，更不迷信权威。实事求是是一名科研工作者必须具备的品质。

从诺贝尔奖得主的经历来看，首先必须要有实事求是的态度，坚持以事实说话，不盲目附和，不人云亦云。1961年，玻尔访问苏联，出席了莫斯科物理学家为他举行的一个欢迎会。在玻尔演讲的时候，有人问他：“您是怎样成功地创建了一个第一流的理论物理学派的？”玻尔不假思索地回答说：“可能因为我不怕在年轻人面前承认自己知识的不足，不怕承认自己是傻瓜。”一个世界一流的物理学派的领导人，一个与爱因斯坦齐名的量子物理学的科学奠基人，竟在大庭广众之下公开宣称“不怕承认自己是傻瓜”，这表现了一种怎样的襟怀和信念，它又创造了怎样的人间奇迹。对于玻尔来说,这是一种实事求是的科学态度,没有人是无所不知的。在科学发展的历程中,也正是由于这样一批人的求实精神才使科学得以不断地发现、证伪、创新。

尊重事实,勇于否定自己的错误

1895年德国物理学家伦琴发现了X射线后,引起了众多科学家的兴趣,法国物理学家贝克勒尔也投入到X射线的研究之中。贝克勒尔的祖父和父亲都是研究荧光和磷光的著名学者,而贝克勒尔也继承了家族的传统和事业。贝克勒尔坚信X射线是与荧光有关的一种光,想通过实验证实这一点。他把照相底片用黑纸包裹起来,与铀盐一起放在阳光下。他设想:阳光不会使包裹着黑纸的照相底片曝光,但会激发铀盐产生荧光;如果荧光中包含有穿透力极强的X射线,就会使照相底片曝光。最初的实验结果似乎证实了贝克勒尔的设想,底片果然曝光了。于是,他得出结论:荧光中有X射线。

但此后的四天连续阴雨,贝克勒尔无法进行阳光激发荧光的实验,他把铀盐和包裹黑纸的照相底片放入抽屉,并在纸包上压了一把钥匙。第五日天晴了,贝克勒尔来到实验室。他担心黑纸包的不严会漏光,于是冲洗了底片。结果令他大吃一惊:底片不仅已经感光,而且上面清晰地显示出钥匙的影像。这一现象显然与阳光无关,也无法用荧光加以解释,他原先所坚信的结论一下子被打得粉碎。贝克勒尔一时难以接受,但他更相信事实。他又进行了反复的实验,证实是由铀盐发出的一种与荧光无关的不知名射线使底片感光,这就是放射线。这一重大发现导致了后来的物理学革命,贝克勒尔因此荣获了1903年诺贝尔物理学奖。

求实还表现在实践出真知的研究方法。任何严密的推理,任何完美的假设都必须通过实践(实验)予以验证。“一切科学上最伟大的发现,几乎都来自精确的量度”,这是英国著名科学家瑞利的一句名言。他一生中花费了大量的精力去从事精确的实验测量,以进行严格的定量研究。他通过测定密度的方法发现了稀有气体中的氩气,从而荣获1904年的诺贝尔物理学奖。1882年,他向英国科学协会提供了一份报告,指出纯氢和氧的密度比不应是1∶15.96,而应是1∶15.882,并着手测量出了纯氮的密度。瑞典皇家科学院院长塞德布洛姆在授奖大会上所作的致词中这样写道:“证明存在一种新的元素是很重要的,而这一发现之所以特别有意义,是因为它是根据物理研究而得到的。研究方法的巧妙和精细是物理史上罕见的,并为其他惰性气体的发现奠定了基础。当然,物理学也会给予他一个在物理学史上永不磨灭的显著地位。因此,授予他诺贝尔物理学奖一定会受到真诚和完全满意的欢迎。”

四、坚持,诺贝尔奖得主成功的坚实保障

从诸多诺贝尔奖获得者的成长历程中可以发现,面对误解,面对困难,面对怀疑,坚持不懈是一条必然的成功法则。英国动物病理学家贝弗里说过:“发现者,尤其是一位初出茅庐的发现者,需要勇气才能无视他人的冷漠和怀疑,才能坚信自己发现的意义,并把研究继续下去。”

用一生追寻电磁波的马可尼

举世闻名的“无线电之父”马可尼在博洛尼亚大学求学时就开启了他追寻电磁波的旅程。大学毕业后,马可尼立即按自己的设想确定了实验方案。尽管每天都不断重复枯燥无味的实验,遭遇了许多意想不到的困难,也失败了很多次,但他毫不泄气。马可尼20岁时,他的无线电报实验终于获得了成功。不久,他就亲手试制出第一台无线电收发报机,并成功在英国西海岸南段的布里斯托尔海湾进行了跨海通信实验。

马可尼深谙科学的研究是永无止境的,所以他并没有满足于已有的发明和成功,而是继续埋头改进装置,想实现越过大西洋进行通信的宏伟计划。但是,这些计划和准备却招致了好些科学家的否定,他们坚持认为无线电波的长距离传输是根本不可能的。一位颇有声望的大学物理学教授甚至十分不以为然地说:“电磁波像光一样传播,它不可能越过大西洋弧形海面凸起的230千米高度。除非在很高的高空悬挂一面与大西洋一样大的镜子,让它把电磁波从英国反射到美洲。”马可尼没有理会这些或是善意的规劝亦或是恶意的挖苦,而是认真改进他的天线、发射机和接收机。1901年12月12日,27岁的马可尼成功地使电磁信号越过英国到加拿大长达两千多英里的跨洋距离,以坚韧不拔的毅力完成了这项重点研究。

勇敢地“固执己见”

阿伦尼乌斯从小就是一个聪明、好学、精力旺盛的孩子,特别喜欢物理和化学。遇到不解的问题他从不放过,总喜欢多问一些为什么,经常与同学们争论一番,甚至和老师辩个高低。1876年,阿伦尼乌斯以优异的成绩考入乌普萨拉大学,他选择有关电解质方面的课题作为学术论文。但是因为乌普萨

拉大学在这方面条件不足，阿伦尼乌斯果断地决定拜斯德哥尔摩大学的埃德隆教授为师。

当时正在研究和测量溶液电导现象的埃德隆教授非常欢迎阿伦尼乌斯的到来。在教授的指导下，阿伦尼乌斯开始接触和研究浓度很稀的电解质溶液的电导，安心度过了两年时光。1883 年的春天，阿伦尼乌斯已经完成了足够的实验。他离开了斯德哥尔摩大学的实验室，离开了那些电极、烧杯等实验设备，回到乡下的老家，开始探索实验数据背后的规律。

1883 年，阿伦尼乌斯带着他的论文和疑问回到了乌普萨拉大学，向很有名望的实验化学教授克莱夫请教。但克莱夫教授只说了一句："这个理论纯粹是空想，我无法相信。"在阿伦尼乌斯勉强获得博士学位后，他又到处寻找知名化学教授请教他的电离学说。幸运的是，在遭到几次冷遇后，著名化学家奥斯特瓦尔德教授在反复阅读了阿伦尼乌斯寄来的论文后觉得这个年轻人的观点是可取的，并且意识到，阿伦尼乌斯正在开创一个新的领域——离子化学。1903 年，阿伦尼乌斯因电离学说获得了诺贝尔化学奖。

成功只有两个条件：一是坚定，二是忍耐。通常，人们最信任的人就是那些意志最坚定的人。意志坚定的人也会遇到困难和挫折，但即使他们失败了，也不会败得一塌糊涂。许多人最终没有成功，不是因为他们能力不够、诚心不足或者没有成功的渴望，而是缺乏坚强的决心和坚持不懈的恒心。诺贝尔奖得主的成功更是如此。

五、创新，诺贝尔奖得主成功的关键

创新是科学精神的精髓，也是科学研究的生命所在。在科学的道路上，任何伟大学说的创立，任何伟大成果的发现，都是原始创新的结果。遵照诺贝尔的遗嘱，诺贝尔奖获得者在所获奖的领域里必须是"为人类作出杰出贡献的人"。因此，诺贝尔奖的评选中特别重视和强调获奖成果的原始性、创新性和开拓性。一个世纪以来，创新始终是诺贝尔科学奖得主获奖成果的核心和共同特点。

从诺贝尔科学奖的颁发历史来看，诺贝尔科学奖得主在科学研究过程中无不表现出勇于批判、大胆开拓的创新精神。1965 年获得了诺贝尔物理学奖的美国著名物理学家查理德 • 费曼，在小学的时候就表现出一种不同于一般小孩子的创新精神。他在做作业的时候并不把求得准确结果作为目标，而是尽量多地寻求解题方法。所以，有时候很少的作业他能做上一天，但正是因为这种训练，有时候很难的作业，他又能在很短的时间内高质量地完成。1986 年获诺贝尔化学奖的美籍华人李远哲在学习时从来不迷信书本,总要自己思考验证得出结论。上初中时,他在学习上就已开始"独树一帜"。他从来不按照老师讲解的思路做题,总要自己另外想出一种解法。从这些鲜活的例子中我们可以看出,拥有创新精神是进行科学研究的前提。

创新是科学研究的灵魂

曾两次获诺贝尔奖的美国化学家鲍林起初迷上的是化学,并下决心要成为一名化学家。后来,他在回忆录中这样写道:"我由此才知道,世界上有另一类变化——化学变化存在,一种物质能变成性质截然不同的另一种物质。"在后来的学习与研究中,鲍林把物理学家们发现的在原子内蕴藏的规律运用于化学,使化学更具理性,体系更严谨。他由于运用物理学中的量子力学来研究化学的分子结构,特别是在化学键方面的贡献获得了1954年的诺贝尔化学奖。后来,因致力于核武器的国际控制和发起反对核试验的运动,他又获得了1962年诺贝尔和平奖。1932年诺贝尔物理学奖获得者海森堡这样说:"在人类思想史上,最有价值的成果常常发生在两条不同的思想路线的交叉点上……如果它们在现实中相遇了,即它们至少已相互关联到能够发生真实地相互作用的程度,那么,人们可以期望新的具有意义的发展随之而来。"

创新还需要一种独特的思维模式。创新思维作为思维形式的核心,在科学研究中始终起着至关重要乃至决定性的作用。诺贝尔奖获得者的思维方式往往是多向型的、发散型的。他们在遇到难题的时候,总会问能有多少种方式看待这个问题,有多少种解决的方法?他们常常能对问题提出各种解决方法,而这些方法往往是非传统的。曾经有人问爱因斯坦:"你与普通人的区别在哪里?"爱因斯坦回答说:"如果说一位普通人在一个干草垛里寻找散落的针,那个人在找到一根针后就会停下来,而我则会把整个草垛都掀开,把可能散落在草垛里的针全部找出来。"

1919年诺贝尔生理学/医学奖的获得者是比利时微生物学家博尔德,他的成功在很大程度上得益于巧妙的联想所提供的方法论基础。德国科学家勒韦抓住了一闪即逝而又重新出现的灵感,从而以生物科学史上少有的利落、简单而又说明问题的实验，证明了蛙心跳动的化学媒介作用，从而获得1936年诺贝尔生理学/医学奖。1945年诺贝尔生理学/医学奖获得者弗莱明在研制盘尼西林的过程中，敏锐地观察到工作台上过期的培养皿受到了真菌污染。直觉告诉他这一定有研究的价值。于是，他决定找到合适的方法研究它们。大量的实验终于证明了青霉菌培养液具有极大的杀菌力，于是，他把青霉菌培养液中所含的这种物质命名为盘尼西林。

2000年诺贝尔物理学奖获得者克勒默在回答“要成为伟大的科学家需要什么素质”时说：“好奇心，或者说是探索的欲望，以及怀疑的态度。就是说你不是被动地接受所有别人交给你的东西，当然你不承认所有别人教给你的东西也是不对的。你应该养成怀疑的态度，而且应该有能力做一些很关键的思考。那就是当你发现你研究的东西走入死胡同时，应该及时跳出来，而不是钻进死胡同，把一生花在没有前途的研究上。”

成功的科学家什么最重要

正直、执着、勤奋、天赋、机遇、创造力、好奇心——在这七个选项中哪些才是一位成功的科学家最应具备的要素？在清华大学主楼接待厅里，朱棣文、埃里克·康奈尔、罗伯特·劳克林和盖若德·霍夫特四位诺贝尔奖得主用自己的亲身经历回答了清华学子的提问。

罗伯特·劳克林1998年获得了诺贝尔物理学奖，在他眼里，好奇心是最重要的。“我认为，每个人在小时候都会有很多的好奇心，可是这种好奇心却会随着年龄的增长而减少。如果不利用好孩童时候的好奇心的话，成年之后就不一定会具有创造力，这一点是最重要的。”罗伯特的回答引发了盖若德·霍夫特的共鸣，这位1999年获得诺贝尔物理学奖的教授说：“记得我小时候就是十分好奇的，我看见沙子里面有虫子在蠕动，就特别想去了解昆虫的生活方式是什么样的，就会想象在沙子里面挖一个洞钻进去究竟会是什么样的世界。要是没有好奇心的话，我很难会有正确的科学态度。”今年41岁的埃里克·康奈尔于2001年捧走了诺贝尔物理学奖，被他列在首位的是创造力：“要成为一名成功的科学家，首先应该学会创新。创新意味着你不但要熟悉已有的事物，还要在这个基础上产生许多自己的新想法，然后去创造出新的事物。”当大家把目光转到国内熟知的华裔科学家朱棣文身上时，我们发现，这位1997年诺贝尔物理学奖获得者的发言更像是在用这七个词语造句：“我发现这些因素其实是应该合而为一的。如果没有好奇心的话，你就不会对你的工作产生热情，而当你对你的事业充满了热情的时候，这种执着、勤奋就会结合成一个因素，这个时候机遇也是同样重要的。比如我以前在加州大学伯克利分校的时候，那里有很多伟大的科学家，我可以学习如何解决问题、如何思维，更重要的是学习他们选择去解决什么样的问题，这都是人们不能自己控制的……”

第三节　诺贝尔奖得主的成功经历及其借鉴意义

一、自信以自立，厚积而薄发

自信心是一个成功的人必备的心理品质。对于我们每一个在自己的人生路上艰难跋涉的年轻人来说，无论什么时候，我们都应当意识到自己的命运必须由自己来把握，计划好自己人生要走的每一步，并且尽自己的努力去实现自己的人生计划。

天才在自信中产生

诺贝尔物理学奖获得者丁肇中在北京中国科技会堂“庆祝中国科学院建院50周年学术报告会”上谈到他在1974年首先发现J粒子(即第四种夸克的束缚态)而于1976年荣获得诺贝尔物理学奖时，这样说道：“在夏天的雨季，一个像美国波士顿或中国北京这样的城市，1分钟之内也许要降落下千千万万粒雨滴，如果其中的一滴有着不同的颜色，我们就必须找到那滴雨。”丁肇中和他领导的研究小组差不多经过了10年，特别是1972～1974年这两年夜以继日的艰苦奋战，终于在1974年11月12日向全世界宣布，一种未曾预料过的新的基本粒子——J粒子被发现了。这种粒子有两个奇特的性质：质量重，寿命长。所以J粒子一定来自第四夸克。这推翻了过去认为世界只由三种夸克组成的理论，为人类认识微观世界开辟了一个新的境界。该发现被称为“物理学的十一月革命。”

在谈到他寻找J粒子要达到一百亿分之一的分辨率时，丁肇中既风趣又诚恳地说道：“在我做寻找新粒子的实验尚未成功之时，人们说我是傻子，因为成功的可能性极小。但当我找到新粒子的时候，人们又说我是天才。其实，傻子与天才之间只有一步之遥。要永远对自己充满信心，做自己认为是正确的事；同时，要对意料之外的现象有充分的准备。总之，要实现你的目标，最重要的是要有好奇心，不断地追求，再加勤奋地工作。”

对一个人而言，当自信心融合在思想里，潜意识会立即拾起这种震撼，把它变成等量的精神力量，再转送到无限智慧的领域里促成思想的物质化。在众多的诺贝尔奖得主中，他们成功的一个重要因素就是充满自信。像费米、丁肇中，他们总是坚信自己的使命和责任，坚持自己的研究方法。

在充分自信的基础上，还需要广学博识，厚积薄发。1995年诺贝尔化学奖得主马里奥·J·莫利纳在给年轻人的忠告时说：“我想告诉中国青年的是，科学一方面是一件非常美妙而充满魅力的事业，因为科学给人类带来很大的益处。我在年轻的时候经常问自己，怎么会有这么美妙的事情存在呢？——我干着我最喜欢的事情，还有人向我献上鲜花，给我金钱、名誉和地位；但是另一方面，科学又需要你付出极大的努力，需要耐心，需要执着。”他还认为：“不论你是做科学研究还是做任何一件工作，只要你潜下心来刻苦钻研，必然会一鸣惊人。”

埃利希和他的“606”

1908年获诺贝尔生理学/医学奖得主埃利希是化学疗法的先驱。他发明的驱梅特效药“606”为千千万万的梅毒患者解除了痛苦，被看成患者的救星。“606”的命名被很多人误解成是埃利希在实验了605次失败后第606次才成功的。其实，埃利希在研制“606”时，所做的实验远远超过606次。

19世纪70年代，埃利希在医学院求学期间，在德国对细胞的观察就进入了黄金时代。埃利希从那时起就对细胞的染色着了迷。他开始研究如何用不同的染料让不同的细胞着色，包括通过染色在显微镜下分辨出入侵人体的病原体，用以诊断疾病。他的同事和清洁女佣对他经常在实验桌上洒满染料颇有微词。一位同事就直截了当地说：“你一工作，桌上就留有染料痕迹。”他几乎使用过当时发现的所有染料。为了攻克梅毒的病原体，进行“606”的实验，埃利希带领实验室的助手凭着丰富的经验，实验了上千种化合物，做了上千次实验，最后终于通过临床试验表明“606”是治疗梅毒的有效药物。

因此，学习和积累了足够的知识、经历和人生经验，当需要进一步前行时，就可以凭借已打好的坚实基础步步前进，这正是厚积与薄发的关系。

二、让兴趣成为最好的老师

几乎所有的诺贝尔奖得主都同意这一观点：是兴趣和好奇心促使他们走上了科学研究的道路。朱棣文说：“当你对事业有好奇心时，所有的热情、执着就会自然被激发出来。”1961 年诺贝尔物理学奖得主穆斯堡尔认为自己完全是靠着兴趣走上科学家之路的，他说：“我对许多学科都感兴趣，包括数学。我那时也并不十分清楚自己要进入哪个领域，但我对物理的兴趣持续的时间最长，我参与了很多物理研究，最终选择了物理。”1980 年诺贝尔物理学奖得主韦尔·菲奇说：“从事科学研究是一项很孤独的工作，所以我所做的一切工作都是出于我天然的本性，纯粹是出于个人的兴趣。”1994 年诺贝尔化学奖获得者乔治·欧拉对年轻人说：“要做你真正感兴趣的事，尽努力做到最好，其他不用去考虑，一切都会来到。”

兴趣是科学研究的动力

与父亲一起获得 1915 年诺贝尔物理学奖的英国物理学家威廉·布拉格，从八九岁起就对无线电产生了浓厚的兴趣。他与小伙伴们利用意外获得的一台旧的发报机做了无数的实验，并且在 15 岁那年和朋友们制作出了自己的发报机。正是这种坚持自己的追求和勇于付出的精神，让威廉在 25 岁那年就获得了诺贝尔物理学奖，是迄今为止获得诺贝尔奖的学者里最年轻的一位。再如，获得 1975 年诺贝尔生理学/医学奖的美国著名病毒学家霍华德在 14 岁的时候参加了一个以生物学为主题的夏令营。夏令营的目的在于激发孩子们研究癌症的兴趣。夏令营组织者还专门联系了大批的生物学家，让他们用通俗易懂的语言给孩子们做讲座。霍华德在这里明白了生命的秘密、癌症的危害……更让他感兴趣的是，在活动期间，他亲手解剖了兔子，做了以前在学校里从来没有做过的实验。这些在当时的情况下都是很新奇的，给霍华德留下了深刻的印象。夏令营结束以后，他回到家里还念念不忘夏令营的各种活动，有时候甚至自己在家中动手仿照夏令营的方法做一些实验。后来，他连续三年参加了这类夏令营。这些经历激发了他对生物科学的兴趣，也使他明确了自己的人生目标。范特霍夫从上中学起就对化学实验课产生了强烈的兴趣，实验室的瓶瓶罐罐以及里面发生的种种奇妙变化深深地吸引了他。实验中红色的溶液瞬间变成紫色，平静的液体会突然冒出许多的小泡，这些现象都让他兴奋不已。这种兴趣促使他不断探究，成为第一位获得诺贝尔化学奖的科学家。

兴趣是一个人走向事业成功的动力。古今中外，卓有成就的人无不对自己所从事的事业有浓厚的兴趣。早在两千多年前，著名教育家孔子就说过："知之者不如好之者，好之者不如乐之者。"1958 年和 1980 年两次获诺贝尔化学奖的英国生物化学家桑格在谈及自己成功的原因时说："有时候我问自己，要获得诺贝尔奖，什么是我必须做的？我的答案是'我不知道，我从没试过。'但我知道，有一种方法是永远无法获奖的。有的人投身科学研究的主要目的就是为了获奖，而且一直千方百计地考虑如何才能获奖，这样的人是不会成功的。要想真正在科学领域有所成就，你必须对它有兴趣，你必须做好进行大量艰苦工作、遇到挫折时不会泄气和继续钻研的思想准备。"所以，兴趣能开阔眼界、丰富知识、开发智力，使人勇于探索、创新思维，从而爆发出创造性的智慧。

三、在实践中寻求真理

科学源于实践，任何一门学科都不是虚造而来的。脱离实践谈理论，只会把科学变成空谈。理论学习和实践操作是科研的两个方法，不可偏废其一。许多的诺贝尔奖获得者，也正是重视理论与实践的有机结合，才取得了一次又一次科学上的重大创新。2001 年诺贝尔物理学奖授予了美国物理学家康奈尔、维曼和德裔美国物理学家克特勒，他们的成就是采用独创的激光冷却和蒸发冷却技术实现了爱因斯坦在理论上预言的玻色-爱因斯坦凝聚现象。1924 年，印度物理学家玻色按照把辐射看作光量子的思路，将计算气体状态的统计方法改变，得出了与普朗克辐射分布定律相同的结果。爱因斯坦收到玻色的论文后，认为极有价值。他还将玻色全新的思想推广到有质量的理想气体的统计力学方面，并预言：一定数量的气体粒子足够靠近且速度足够慢时（温度足够低），这些粒子将一起进入最低能量状态，且相互之间没有作用力。这种状态被称为"玻色-爱因斯坦凝聚"。

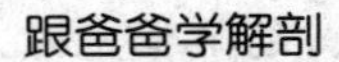
跟爸爸学解剖

雨果·西奥雷尔，瑞典生物化学家，发现了氧化酶的本质和作用方式，获得1955年诺贝尔生理学/医学奖。

雨果·西奥雷尔的父亲是个外科医生。父亲的高明之处在于：他善于满足孩子的好奇心。小西奥雷尔是个问题很多的孩子，经常跟在爸爸身后问来问去，爸爸总是尽量回答他，即使在很忙的时候也不烦躁。这一点让成年后的西奥雷尔很感激父亲，保护了他对于科学研究来说很宝贵的好奇心和探索精神。

有一次，西奥雷尔在和小伙伴们一起玩耍时，从树上掉下一条大虫子。虫子很丑，一些小孩子吓得哇哇大叫，西奥雷尔却一点也不怕。他上前去用纸把虫子包住，准备把这条大虫子带回家去解剖一下。他要弄明白这些虫子究竟有什么可怕之处，他们肚子里究竟有些什么东西。但这是西奥雷尔第一次解剖，他不知道该从哪里下手。正在拿不定主意的时候，父亲回来了，看到了那条四处乱爬的虫子。

西奥雷尔有些害怕，以为父亲要责备他。没想到父亲了解情况后，不但没有责备他，反而对他的这种求知欲望和探索精神大加赞赏，给予了热情的鼓励和支持，并且说："我们一起来解剖，你看好了，下次你就知道怎么正确解剖了。"边说边开始熟练地解剖起来，还不停地给西奥雷尔讲解。

从此以后，小西奥雷尔对父亲那把神秘的小手术刀产生了浓厚的兴趣。他很奇怪，父亲那把小刀子怎么那么神通广大。他对父亲所做的一切都充满神往，总想自己动手试一下。父亲鼓励他，希望他好好学习，将来当个医生。就这样，随着年龄的增长，小西奥雷尔的求知欲越来越浓。好奇是小西奥雷尔成才的起点，在勇于实践的过程中，西奥雷尔渐渐走向了科学的巅峰。

四、天道酬勤是永恒的定律

有远大志向的人，大都憧憬将来获得辉煌的成就，但要把美好的理想转化为现实，必须付出坚持不懈、锲而不舍的劳动。两次获得诺贝尔奖的居里夫人对努力与勤奋是这样解释的："懒惰和愚蠢在一起，消沉和失败在一起，勤劳和智慧在一起，努力和胜利在一起！"纵观百年诺贝尔奖得主的成功道路会发现，他们都有共同的性格因子——勤奋。1980年诺贝尔化学奖得主保罗·伯格因二战而中断学业，战争结束后他重返校园，经过努力，在获得生物化学学士学位后，又获得了生物化学博士学位。他在自述中写道："毫无疑问，先天的智慧是非常重要的，但对于我来讲，韧性是最重要的素质。韧性意味着你会毫不气馁地继续研究，不停地工作，每一次都必须作出改进，最终往往是直觉指引你找到正确的方向。很难判断一个年轻人将来是否会取得成功，但一个成功的人一定会成功很多次而不止一次。很多重大的科学研究项目都等待着你去发现，需要你的雄心壮志、强烈的动力、坚韧不拔的性格和对事业的献身精神来完成。我做学生时每天都要工作十八个小时以上。”

最艰难的诺贝尔奖得主——居里夫人

1867年，玛丽·居里出生在波兰华沙。1893年，她以第一名的成绩毕业于巴黎大学，并先后取得物理学和数学硕士学位。当人们谈起近代科学历史时，不能不联想到这位原子能时代的开创者。她在20世纪初一个划时代的发现带来了物理学的革命。玛丽·居里和她的丈夫皮埃尔·居里一道，发现了放射性元素镭。但发现镭的过程却是艰辛的。

1898年，居里夫人在提交给法国科学院的报告书上发表了自己的重大发现。这些发现动摇了几个世纪以来学者们所信守的基本理论和固有的经典概念，引起了那些墨守成规的科学家们的惊愕和疑惑。他们挑衅说：“没有人看见镭，没有原子量就没有镭！”面对这一挑战，他们意识到前进的道路上横着巨大的困难。但勇于创新的居里夫妇并没有退缩。

经过交涉，居里夫人在学校里找到了一个十分简陋的房间作为工作室。这实际上只不过是个破旧的棚屋，玻璃屋顶残缺漏雨，下面是泥土地，里面潮乎乎的，散发着霉味。没有精密的仪器和完备的设备，他们就用简陋的工具进行操作。要从数吨铀矿中提炼出镭并测定其原子量是十分复杂而艰巨的工作。铀沥青矿是一种贵重的矿物，需求量很大，而他们手头又没有经费，于是只能用废铀沥青矿代替。

这一大堆沥青对于居里夫妇来说是相当大的一个工作量。为了抓紧时间完成实验，他们进行了分工：一个人负责确定镭的特性，另一个人继续提炼纯镭盐。从早到晚，居里夫人总在棚屋外忙碌着。她装桶，用沉重的大棒搅拌。大桶大桶的铀矿渣被煮沸，居里夫人还要负责搅拌。下暴雨时，他们得把沥青往屋里搬；天晴朗了，又得重新搬出来。他们常常是累了就幕天席地，躺下就睡。

经过两年的辛劳终于换来了实验的成功，他们从废铀矿渣中提炼出了十分之一克氯化镭。

1934年7月4日，长期受到放射性物质的严重损害而患了白血病的居里夫人逝世。与居里夫人有着崇高真挚友谊的爱因斯坦在悼念她时说:“她一生中最伟大的科学功绩——证明放射性元素的存在并把它们分离出来——所以能取得,不仅是靠着大胆的直觉,而且也靠着在难以想象的极端困难情况下工作的热忱和顽强。这样的困难,在实验科学的历史中是罕见的。”也正如居里夫人自己所说:“在成功的道路上,流的不是汗水而是鲜血。他们的名字不是用笔而是用生命写成的。”

五、勇于质疑,敢于创新

科学的态度应该是相信科学,而又不迷信于人类已有的知识,更不迷信权威。中国著名物理学家周培源曾说:“要在科学上有所建树,就应该解放思想、破除迷信、敢于实践、大胆探索。”1987 年诺贝尔化学奖获得者、法国化学家莱恩在一次对青少年的讲演中提出:除了传播知识和推动技术进步外,科学给予社会最重要的影响就是赋予人类一种科学精神,使人们理智地面对世界、面对社会、面对生活。

勇于质疑、敢于创新是进行科学研究的灵魂,也是众多诺贝尔奖得主成功的一个重要因素。

在向权威的挑战中创新

英国科学家汤姆逊于 1897 年发现了电子。实际上,这是对“原子不可再分”的一个挑战。他因对“气体放电理论和实验研究”作出的重要贡献而获得了 1906 年的诺贝尔物理学奖。此后,他提出了一个原子结构的“西瓜模型”。假定“西瓜模型”中的瓜子为带负电荷的电子,西瓜瓤是带正电荷的物质,这二者相加达到平衡后,产生一个中性的原子。但汤姆逊的学生卢瑟福不同意老师的这种观点,他用一个实验否定了“西瓜模型”。他认为,原子应是一个像太阳系那样的行星模型。卢瑟福因首先提出了“放射性元素的蜕变理论”而获得了 1908 年的诺贝尔化学奖。有趣的是,卢瑟福的学生玻尔对其老师的理论也产生了怀疑。他认为“行星模型”有不足之处:若一个原子核在模型中间,电子绕其运转,电子的能量肯定会越来越小,最终会落到原子核上面。而卢瑟福的行星模型无法解释这种现象。玻尔把量子论引进到原子模型中,即当电子在围绕原子核运动时,只能在某些稳定的轨道上运行,只有当电子从能量较高的轨道跳到能量较低的轨道上时,才产生能量或耗损能量。因此,玻尔用量子论否定了卢瑟福的行星模型理论。他因从事“原子结构和原子辐射的研究”取得辉煌成果而于 1922 年获得诺贝尔物理学奖。玻尔的学生海森堡也是一个善于发现问题并敢于向权威挑战的人。有一次玻尔做学术报告时,他发现其报告中的破绽:即玻尔的理论或其构想的原子模型中包含玻尔的一些想象，并缺乏理论上的论证。玻尔认为海森堡提的问题击中了其理论的要害，这也是他多年想解决而未能解决的问题。这就是海森堡的量子力学取代玻尔的量子论才能解决的一些问题。海森堡因创立量子力学而获得了1932年的诺贝尔物理学奖。

一个敢于怀疑的人，他的创新能力与他的准确判断力以及敏锐的领悟力直接相关。因此，他总是能够捕捉到当代最新的科学前沿课题，并能对此进行研究、探索，而且还能大胆地提出新的科学论点。正如艾根所说："总是踏着别人的脚印前进而不敢越雷池半步的人，一生大多是碌碌无为的。只有敢走别人从未走过的路，敢于喊出属于自己的声音，才能独辟蹊径，才有成功的可能。"

思考与建议

1978年，75位诺贝尔奖得主在巴黎聚会，有个记者问其中一位："在您一生中，您认为最重要的东西是在哪所大学、哪个实验室里学到的呢？"

这位白发苍苍的诺贝尔奖得主平静地回答："是在幼儿园。"

记者感到非常惊奇，又问道："为什么是在幼儿园呢？您认为您在幼儿园里学到了什么呢？"诺贝尔奖得主微笑着回答："在幼儿园里我学会了很多。比如，自己的东西分一半给小伙伴们；不是自己的东西不要拿；学习要多思考，要仔细观察大自然。我认为，我学到的全部东西就是这些。"所有在场的人对这位诺贝尔奖获得者的回答报以热烈的掌声。

通过上面的材料你得到什么样的结论？

事实上，大多数科学家都认为，他们终身所学的最主要的东西，就是幼儿园老师教给他们的良好习惯。是的，事情看起来就这么简单，这些简单的理念成就了这些科学家今天的伟大。只是我们大多数的人被复杂的社会、复杂的生活所改造，没有坚持这些简单的理念而已。守住做人的基本理念，养成良好的习惯，你就可以成就大事。大道至简，简单往往离真理更近。

参 考 文 献

[1] 李臻. 诺贝尔奖得主的大学时代[M]. 上海：文汇出版社，2006.
[2] 季小兵. 100位诺贝尔奖获得者成长记录[M]. 北京：中国言实出版社，2005.
[3] 戴永良. 成长的足迹：诺贝尔奖之路探秘[M]. 北京：中国戏剧出版社，2002.
[4] 吴学东. 预约成功：诺贝尔奖得主的大学生涯[M]. 南宁：广西人民出版社，2002.

[5] 萧野. 诺贝尔奖获得者给年轻人的启迪[M]. 北京：中国纺织出版社，2005.
[6] 李臻. 诺贝尔奖得主的创业时代[M]. 上海：文汇出版社，2006.
[7] 于风川，岳翠平. 人类精英：诺贝尔奖得主之路[M]. 北京：民族出版社，2002.
[8] 王会，武爱民. 叩开成功之门：第 2 辑：百年诺贝尔奖获得者的故事[M]. 北京：农村读物出版社，2001.
[9] 查兴义. 诺贝尔奖金获得者的家教[M]. 北京：中华工商联合出版社，1995.
[10] 刘智勇. 中外名人成长故事[M]. 成都：西南财经大学出版社，2002.
[11] 廖红，郑艳秋. 50 位诺贝尔大师致中国青少年[M]. 北京：同心出版社，2002.
[12] 王渝生. 百年诺贝尔科学奖启示录[M]. 北京：农村读物出版社，2001.
[13] 张九庆. 自牛顿以来的科学家[M]. 合肥：安徽教育出版社，2002.
[14] 贝弗里奇. 科学研究的艺术[M]. 北京：科学出版社，1984.
[15] 劳厄. 物理学史[M]. 北京：商务印书馆，1978.
[16] 倪瀚，倪静安. 机遇：促进科学发展和进步的催化剂[J]. 江南大学学报：人文社会科学版，2005，10.
[17] 王海荣，李臻. 诺贝尔奖得主的成功法则[M]. 上海：文汇出版社，2008.

第七章
中国科学家与诺贝尔科学奖

如果你想在这个世界上得到充分的发展，那么你就应该做好一切必要的准备。只要你愿意付出代价，只要你能不懈地向着你的目标努力，你的愿望就一定会实现。在我寻找新粒子的实验尚未成功之前，人们说我是傻子，因为成功的可能性极小。

但是当我找到新粒子的时候，人们又说我是天才。其实，傻子与天才之间只有一步之遥。要有信心，有好奇心，不断地追求，再加勤奋地工作。

——丁肇中(1976 年获诺贝尔物理学奖)

诺贝尔科学奖对20世纪以来的科学发展起了极为重要的作用。正如李政道所说:“诺贝尔奖把人类文明提高到一个新的高度。”从1901年诺贝尔奖设立到2013年,全部六个奖项已有800多人获奖;其中三项科学奖获奖总人数已达563人,约占总获奖人数的60%左右。但是在获奖者中只有8位华裔科学家,仅占科学奖获奖人数的1.4%左右,与华人在世界人口中所占的比例很不相称。理性分析祖国大陆科学家没有产生诺贝尔科学奖得主的原因,正确客观地认识中国科学家的历史贡献,进一步明确中国科学家的努力方向,对于“科教兴国”战略的实施和国家创新体系的建设都具有重要意义。

第一节　中国科学家的诺贝尔科学奖之路

当今世界,人类在体力与智力两个方面进行的大角逐中,最引人关注的莫过于奥运会金牌的争夺战和诺贝尔科学奖。1984年,当奥运会进行到第79个年头,也就是新中国成立后的第35年,中国在洛杉矶奥运会上实现了金牌零的突破。2008年,中国成功举办了奥运会,并且取得了100枚奖牌的好成绩。现在,诺贝尔奖也已经走过了100多年的历程,新中国科学界已奋斗了60多年,可是祖国大陆的科学家仍与诺贝尔科学奖无缘,这不得不引人深思。

没有人认为唯有获得诺贝尔科学奖才是科学家追求的最终目标和从事科学研究的目的,才是国家科学追求的最高目标。但创造出诺贝尔科学奖成果是一种标志,是一个国家鼓励原始创新、在科学发现中处于领先地位的标志。因为诺贝尔科学奖所奖励的原始性科技成果,对整个人类文明和社会进步都具有重大作用。

一、中国科学家痛失的几次获奖机会

通常诺贝尔科学奖被认为是最公正和公平的,虽然仍不时传出争议。诺贝尔科学奖的争议焦点多在一些已获奖成果的被遗漏者上,其中中国科学家就有几次痛失了获得诺贝尔科学奖的机会。

美籍华裔科学家李政道、杨振宁首先对物理学的经典理论——宇称守恒定律

提出了质疑,并从理论上推导出了推翻这一定律的相反定律——宇称不守恒定律,认为至少在基本粒子弱相互作用的领域内是不守恒的。但理论总是灰色的,至多不过是一种假说,还得由事实来说话。用实验来证明这一理论的是旅美华人——有“中国居里夫人”美誉的女物理学家吴健雄。这一成果轰动了全球。但是,在1957年的诺贝尔科学奖获奖者中却只有李政道和杨振宁,而遗漏了吴健雄。

1987年,物理学奖授予“在发现陶瓷材料的超导性方面有重大突破”的两位合作者——德国的乔治·贝德诺兹和瑞士的亚历山大·缪勒,而美籍华人朱经武却因科学以外的原因被评奖机构忽视了。贝德诺兹和缪勒是超导现象的最初突破者,于1986年初发现了绝对温度30 K的超导陶瓷材料,使传统的超导理论受到严重冲击。1986年底,朱经武领导的研究小组却合成了绝对温度90 K以上的超导陶瓷材料,给了传统理论致命一击。许多人都认为朱经武至少应成为第三获奖者,但名单公布时,朱经武却名落孙山。可能的原因是,在朱经武发表消息的前后,另有一个中国小组和一个日本小组公布了类似的结果,评奖机构为避免国家荣誉纠纷,朱经武遂不幸地被遗漏了。

1993年10月,美、英两位生物化学家罗伯兹和夏普由于发现分离基因的卓越贡献获诺贝尔生理学/医学奖。10月底,美籍生物化学家周芷夫妇致信瑞典皇家科学院,说明分离基因是自己首先发现的,引发了一场“分离基因发现权”的争议。因为当年在纽约冷泉港实验室,周芷夫妇主持电子显微镜分析小组,罗伯兹主持核糖酸的剪接实验。罗伯兹的获奖论文刊登在《细胞》杂志上,论文中周芷夫妇的工作无人能取代。但结果却未能改变,周芷夫妇被诺贝尔评奖机构挡在了领奖台之外。

解密我国人工合成结晶牛胰岛素推荐提名诺贝尔奖始末

1965年,我国在世界上首次实现人工合成胰岛素,很多国内外的著名科学家都给予了肯定,认为是当年获得诺贝尔科学奖的大热点,相关科学家也进行了推荐。至于后来这一重大成果怎样与诺贝尔奖擦肩而过,当年的历史见证人、中科院院部常年从事生物科研组织管理工作的薛攀皋首次向公众讲述了那段鲜为人知的历史真相。

近几年,国内出版的一些专著、传记和报刊,都把我国人工合成胰岛素的科学家失去登上诺贝尔科学奖领奖台的机会归咎于我国有关机构违规申请诺贝尔科学奖。其中有代表性的说法当推两本专门研究中国人与诺贝尔奖的书，即栾建军的《中国人谁将获得诺贝尔奖——诺贝尔奖与中国获奖之路》（中国发展出版社，2003 年 4 月第一版）和吴东平的《华人的诺贝尔奖》（湖北人民出版社，2004 年 7 月第一版）。两本书的说法大同小异，概括起来就是：① 我国人工合成胰岛素研究成果是在“文化大革命”期间向诺贝尔奖委员会推荐的；② 美籍华裔物理学家杨振宁教授推荐了两次；③ “我国有关机构”也写了申请，推荐了四名候选人，虽不符合诺贝尔奖的规定，却又不肯更改，从而导致中国科学家失去了诺贝尔奖。

以上说法都是片面的或缺乏根据的，也是不确切的。因为诺贝尔奖不能自己申报，只能由他人推荐。事实是：① 向诺贝尔奖委员会推荐我国人工合成胰岛素研究成果只有一次，是 1979 年 1 月；② 杨振宁确实十分关注向诺贝尔奖委员会推荐我国人工合成胰岛素的研究成果，1972 年和 1978 年先后向周恩来和邓小平提出过，但也只在 1979 年作了一次推荐；③ 中科院只是应杨振宁等有资格提名或推荐诺贝尔奖候选人的人士的要求，向他们提供了一份代表人工合成胰岛素工作的全体人员的名单，作为诺贝尔奖 1979 年候选人的有关资料，并没有以自己的名义同诺贝尔奖有关部门进行过任何联系。

我国人工合成胰岛素的研究成果正式通过国家鉴定的时间是“文革”前夕的 1966 年 4 月。1966 年 5 月，“文化大革命”席卷中国大地。我国科学事业在“文革”中遭受空前浩劫。1972 年，杨振宁曾向周恩来提出，拟向诺贝尔奖委员会推荐我国人工合成胰岛素研究成果。

钱三强为促进推荐我国人工合成胰岛素成果参与 1979 年度诺贝尔奖评选做了大量工作。1977 年 6 月 12 日至 30 日，以钱三强为团长的中科院代表团访问澳大利亚。在同澳大利亚科学家的一次谈话中，有人对钱三强说：“你们人工合成胰岛素的工作是应该获得诺贝尔奖的，问题在于你们愿不愿意接受。”

1978 年 9 月，杨振宁向邓小平提出他准备提名人工合成胰岛素的中国科学家为诺贝尔奖候选人。与此同时，中科院上海生物化学研究所所长王应睐收到瑞典皇家科学院诺贝尔化学奖委员会主席 B·乌尔姆斯特洛姆等六位教授的来信，要他在 1979 年 1 月 31 日前推荐 1979 年度诺贝尔化学奖候选人。

在得到中科院党组书记方毅、副书记李昌的同意后，钱三强便开始运作，向杨振宁发去电报和信函。

1978 年 11 月 3 日，国家科委党组与中科院党组举行联席会议。会议认为,我国人工合成胰岛素的科学家可以作为候选人向诺贝尔奖委员会推荐。

接下来的难题是,按诺贝尔奖的有关规定,从参与人工合成胰岛素的众多科学家中推选出代表作为诺贝尔奖的候选人。我国人工合成胰岛素的研究成果是三个不同单位人员共同合作的结晶,仅最后一两年直接参加研究工作的人员就有30余人。

为此,1978年12月11日至13日,钱三强组织并主持召开了人工合成胰岛素工作总结评选会议。会议初步选出在合成工作中四名成绩突出者:钮经义(生物化学研究所)、邹承鲁(原生物化学研究所,1970年调北京生物物理研究所)、季爱雪(北京大学化学系,女)和汪猷(有机化学研究所)。

1978年12月,正式推选出钮经义为代表作为1979年度诺贝尔化学奖候选人。

会议认为,如以四人申请难以被接受;出三人,矛盾较多,而且美国、原联邦德国在胰岛素人工合成方面也取得了较好成绩,有可能此奖将由两国或三国科学家共同获得。据此,我国推荐一名代表为宜。北京大学和有机化学研究所认为,如出一名代表,理应由生物化学研究所选出。生物化学研究所则推荐钮经义为代表,认为他自始至终参加B链合成,成绩突出,也有一定学术水平。评选委员会表示赞同。

钱三强主持起草,亦代表中科院签发了1978年12月25日呈报国务院的《关于向诺贝尔奖委员会推荐我国人工合成胰岛素研究成果的请示报告》。

一周后,请示报告获得批准。按要求所需的各种推荐材料由钱三强出函,以最快速度寄给杨振宁,以及同时受诺贝尔奖委员会邀请推荐候选人的美籍华裔科学家王浩。与此同时,王应睐也作了推荐。我国人工合成胰岛素研究集体的代表钮经义,被推荐为诺贝尔化学奖1979年度候选人的过程和事实就是如此。

最后,1979年度诺贝尔化学奖的得主为美国人布朗和德国人维提希,我国的钮经义未能获选。

二、华人诺贝尔科学奖得主的成功探索

祖国大陆未能获奖,但海外华人科学家却七次敲开了诺贝尔科学奖的大门,八人获得了诺贝尔科学奖。他们是:

杨振宁,1949年与费米教授一起提出基本粒子的结构模型即费米-杨模型,1954年与李政道合作提出了宇称不守恒定律,1957年与李政道共同获诺贝尔物理学奖。

李政道,1954年与杨振宁合作提出了宇称不守恒定律,1957年与杨振宁携手走上诺贝尔奖台,当时年仅31岁,成为诺贝尔奖历史上次年轻的四位获奖者之一。

丁肇中,1974年8月发现一个新粒子,即"J粒子",1976年与斯坦福大学的里克特教授分享诺贝尔物理学奖。

李远哲,1986年因化学动力学中交叉分子束法的研究成就与哈佛大学的赫希巴奇、加拿大多伦多大学的波拉尼教授同获诺贝尔化学奖。

朱棣文,1997年与美国标准与技术研究所的菲利普斯和法国学者科昂·塔努吉共同获得诺贝尔物理学奖。他们因开发了超低温冷冻气体方法而获奖。

1998年,崔琦因发现分数量子霍尔现象荣获诺贝尔物理学奖。

2008年,中国导弹之父钱学森的堂侄、在美国加州大学圣迭戈分校任教的钱永健,凭借着对水母发出的绿色荧光的应用,获得了2008年度的诺贝尔化学奖。

2009年,高锟因"在光学通信领域——光在纤维中的传输方面的突破性成就"荣获诺贝尔物理学奖。

三、中国科学家的不懈科学追求

祖国大陆的科学家没有获得诺贝尔科学奖,并不能说中国没有获诺贝尔科学奖水平的成果。到目前为止,祖国大陆科学家虽然还没有获得诺贝尔科学奖,但是,我们国家的老一辈科学家已经具备或早已有了冲击诺贝尔科学奖的实力和成果,只是因为多方面的原因致使诺贝尔科学奖与我们失之交臂。我国科学家曾经对诺贝尔科学奖作过很强的冲击,吴有训、赵忠尧、王淦昌和钱三强等杰出科学家的成就都非常接近诺贝尔科学奖。中国具有诺贝尔科学奖水平的研究甚至可追溯到新中国成立前。

"在肺鼠疫防治实践与研究上的杰出成就及发现旱獭(土拨鼠)于其传播中的作用",这是韩森对于一位诺贝尔生理学/医学奖候选人的评价——他就是1935年的诺贝尔医学奖候选人、中国现代医学的开拓者、中国卫生防疫事业的先驱伍连德博士。在2007年诺贝尔基金会官方网站公开的1901~1950年的诺贝尔奖候选人资料中,伍连德博士是自1901年诺贝尔科学奖开始颁发以来第一位真正接近诺贝尔科学奖的华人。遗憾的是,作为对人类鼠疫防治作出重大贡献的医学家,伍连德博士最终却未能获得诺贝尔医学奖。在人类的传染病史上,鼠疫对人类的危害远甚于其他的传染病，可诺贝尔医学奖的获奖名单中却没有关于鼠疫的研究者。但是，诺贝尔医学奖史上关于传染病和免疫方面的获奖者却有 26 人次之多，甚至存在两位科学家因研究疟疾而在不同年份获奖的记录。虽然我们不能否认这些科学家对人类作出的巨大贡献，但从防治传染病的意义来说，对人类危害最大的鼠疫却未在诺贝尔科学奖上出现，这可就是传染病防治史上最大的遗憾了。

1923 年美国科学家康普顿提出 X 射线量子散射理论，1924 年与中国科学家吴有训合写论文。1926 年吴有训发表《在康普效应中变线与不变线的强度比率》等论文，进一步证明了康普顿效应。康普顿因此获得 1927 年诺贝尔物理学奖，而物理学史上"康-吴效应"中的吴有训却与诺贝尔奖无缘。

1930 年，美国科学家狄拉克根据量子力学的研究结果预言了反物质的存在。同年，赵忠尧发表《硬 γ 射线在物质中的吸收系数》和《硬 γ 射线的散射》等论文，发现了 γ 射线通过量子物质时的"反常吸收"，即正负电子对湮灭现象。他当时的研究居于国际领先地位。由于种种原因，赵忠尧在这一领域的研究中断了，而继续研究的日本学者后来获得了诺贝尔奖。

1946～1947 年，钱三强与何泽慧夫妇合作发现了铀核裂变的三分裂现象和四分裂现象。在约里奥・居里夫妇的指导下，钱三强写出长篇论文，在实验和理论两个方面有理有据地对原子核三分裂现象和四分裂现象作了全面详细的介绍。但他的发现直到 20 世纪 60 年代才被大量重复实验进一步证实。

1941 年王淦昌设想出用观察原子 K 俘获过程中的核反冲方法来验证中微子存在的实验方案并写成论文，投寄到美国的《物理学评论》杂志，于 1942 年 1 月发表。同年，美国科学家艾伦根据王淦昌的设想，在实验室里证实了中微子的存在。后来，美国科学家莱因斯在王淦昌设想的启发下，用核反应堆做实验比较，精确地测定出中微子物质的存在，并因此与别人分享了 1995 年的诺贝尔物理学奖，而实验的最初设计者王淦昌却被遗忘。1960 年王淦昌在苏联杜布拉国家原子能研究所工作的时候，发现了一个新的带负电的超子"反西格马负超子"。当时这是世界上第一个在实验室发现的带负电的超子，这一发现至今仍被列为杜布拉国家原子能研究所建所以来最重要的发现之一。可惜随着中苏两国关系的恶化，王淦昌再次失去了冲击诺贝尔奖的机会。

张文裕首先用实验证实了 μ 介子不是强相互作用粒子。而后，1948 年他在美国普林斯顿大学实验室工作期间，发现了带负电的 μ 介子在速度减慢之后，可以像电子一样在原子轨道上形成一个特殊的原子。后来，人们把这一发现称为 μ 原子。μ 原子的发现不但突破了传统的原子结构框架，而且开拓了奇异原子研究领域，对物质微观组成结构研究有重大意义。

1965年9月17日，由中科院生化研究所、北京大学化学系和中科院有机化学研究所经过七年的刻苦拼搏和协作攻关，完成了结晶牛胰岛素的人工合成。人工结晶牛胰岛素的结构、生物活力、理化性质和结晶形状等都和天然的牛胰岛素完全一样，成为世界上第一个人工合成的蛋白质。首次人工合成有生命活力的结晶蛋白质，使人类在认识生命奥秘的道路上又迈进了一步，但最终还是与诺贝尔奖擦肩而过。

2011年9月是中国生物医学史上一个不平凡的日子。在美国纽约，诞生了人称“诺贝尔风向标”的拉斯克奖得主名单，其中最引人注目的就是一位81岁高龄的中国女药学家屠呦呦。拥有这个颇具诗意名字的人，是第一次出现在该奖项上的中国人，更是第一位中国女性。这位精神矍铄、慈眉善目的老人从中药中发现了“青蒿素”，拯救了全世界数以百万计的疟疾患者。

作为美国乃至世界上最有声望的生物医学大奖之一，拉斯克奖的分量仅次于诺贝尔生理学/医学奖。可以说，屠呦呦获得的拉斯克临床医学奖是中国生物医学界迄今为止获得的最高级别的世界级大奖。因为颁奖时间先于诺贝尔奖的颁奖时间，拉斯克奖以获奖者与诺贝尔奖得主的高重合率而闻名，被誉为诺贝尔奖风向标。

第二节　祖国大陆科学家未获诺贝尔科学奖的原因分析

百年诺贝尔科学奖是人类原始性创新的重要标志。回顾历届诺贝尔科学奖的成果，重大基础性的理论创新几乎全部获奖，而且20世纪以来，科技创新的大格局一直被诺贝尔科学奖所引导。那些曾获得诺贝尔奖的科学成就，确实推动了社会生产和人类文明在20世纪的巨大进步。在诺贝尔奖激励下所产生的重大科学成果，已经引发了20世纪以来全世界重大的技术革命。科学技术真正成为了第一生产力，并深刻改变着人们的生产方式、生活方式和产业结构，改变着人类社会的面貌。

百年诺贝尔奖是科学发展软、硬环境建设的重要标志。科技投入是硬环境，获得诺贝尔奖的研究往往需要很大的投入，因此，获得诺贝尔科学奖的多少就成为一个国家科技投入，尤其是基础研究投入状况的标志。没有高投入和先进的仪器设备,要想获得诺贝尔科学奖是很困难的。教育是软环境,获得诺贝尔奖需要有深厚的知识积累和科技储备,需要有很好的创新教育环境。目前,不少国家已经把获诺贝尔科学奖人数的多少,作为衡量一个国家、一个学校和一个科研机构科学水平高低的指标;有的国家则把诺贝尔科学奖获奖人数的变化,当成检验科技、教育政策成败的标志。

百年诺贝尔科学奖是科学精神的集中体现。科学研究是一种高度创造性劳动,科研新成果是否具有科学性,必须经过实验的检验。所以,诺贝尔奖的颁发,一般都在科学发现之后十几年甚至几十年,为了让科学实验有足够的时间去检验科学创新的成果。从另一个视角看,诺贝尔奖精神提倡献身,科学家没有献身精神,就会无所作为。

祖国大陆的科学家至今与诺贝尔科学奖无缘,确实值得认真思考和分析。

一、教育因素

1. 从教育历史传统来看

教育作为文化传承的工具,不同的教育反映的是不同的社会文化内涵。教育传统必然根植于其文化传统。纵观东西文化的差异,孰优孰劣难下定论。几千年的传统文化,以儒家“仁”、“义”为核心的我国伦理文化崇善,把教育的最高目标定位于道德完善;而西方科学文化崇尚理性,把爱智作为最高范畴,两者显然大相径庭。我国教育具有重视德育的优良传统,偏重于人伦和社会方面的教育,与西方教育相比,显然忽视了自然现象方面各种事物知识的教育。从孔子、董仲舒再至宋代程朱理学,无不把人的伦理生活置于物质生活之上,把伦理原则和人的物质利益完全割裂开来。这种“重义轻利”的思想观念反映到教育上,即表现为重视教育的伦理价值,而忽视教育的实用价值,造成教育只重视人的道德价值,而忽视人其他方面的价值。在长期的历史进程中,这种理念必然“会使人的多元化的行为方式归结为一种单向的道德评价。人的丰富多彩的价值活动统统被纳入不变的道德评价框架之中,必使人的生命创造力严重受阻。”

受传统思维方式的影响,我国教学认识论和方法论重内省而轻外求。在我国的传统文化中,逻辑并没有被作为独立的研究对象。从孔子到庄子,都视思辨为无用之物,都反对对概念等思辨形式本身作思辨的探讨。这种传统的思维方式是造成长期以来我国学者不去从事理论科学研究的一个重要原因,也说明了为什么在相当长的历史时期中(宋以前),我国应用技术走在世界前列,而系统的科学理论却极不发达,出现不了高度抽象的“逻辑构造型”科学论著的原因。其次,我国传统的教学认识论和方法论重视对事物的整体的把握。普列高津说:“西方经典科学强调的是‘实体’的原子、分子和基本粒子、生物分子等，注意把对象分解为各种要素来研究。中国传统的自然哲学强调其‘关系’，注意研究整体的协调和协作。”这种整体把握的教学方式和学习方式容易使学习者看到万事万物运动的统一性与整体性，具有明显的优越性。但也应该看到，“这种只重关系、整体，不重实体、分体的教学方式，也容易形成对事物认识的不精确性和笼统性，它也不可能像西方那样从把对象分解为要素发展到运用科学实验进行验证，从而在教学中形成重视实验的良好传统。”因此，我们必须批判性地去继承传统文化，弘扬优秀的中华传统文化，经过从传统到创新的扬弃，中国传统文化和其影响下的教育才能重放异彩，才能造就出冲击诺贝尔科学奖的大批英才。

2. 从教育价值取向来看

首先表现在中国教育传统中的社会性价值取向。从历史上教育作为“治国安民”的工具，到今天教育目的所表述的“培养符合社会所需要的人才”。而在西方教育中，教育更多地体现在如何培养人的自由和完善。

其次表现在中国教育当前的工具性或是功利性价值取向。把教育作为“敲门砖”，因而创新人才的培养受到很大制约。中国传统的人文文化实用理性发达，理论理性薄弱，难以酝酿出现代科学。李政道认为：中国的基础教育着重的是打基础，“学多悟少”；而美国的教育着重的是培养创造力的教育，“学少悟多”。杨振宁先生认为：美国、中国的教育各有所长。用中国的训练方法，可以使 80% 的人成才，但不利于培养冒尖的创造性人才。

科学创新最终依赖于创新主体的素质。一般认为，科学创新主体需要具备动力层面素质、知识层面素质和创造力层面素质，而合适的教育有助于培养或发展这些素质。诺贝尔奖获得者的成长道路表明，他们大多数都受过良好教育，选择名校是他们进入科学超级精英行列的自觉努力，家庭对获奖人的影响是通过提供有效的教育环境而实现的。中国近代科学是伴随西方列强的坚船利炮“打”进中国的，并非传统文化的自然产物。

应当承认，我国基础科学仍然与世界先进水平相距甚远，尤其是基础科学知识积累不够。知识的积累不仅与前人的劳动有关，而且还与两代人之间的智力接力有密切的关系。孕育一个诺贝尔科学奖获得者，至少要有三代人的知识积累方能见效。这其中包括教育、科研环境，尤其是家庭教育的奠基作用。“知识遗传”因素的影响，更主要地体现在他们对前辈的治学态度、研究方法以及思维习惯的潜移默化的继承上。而我国在这方面明显不足。对中、老年两代中科院院士的抽样估测结果显示：出身于专业世家的平均不足，而其下一代继续从事高层次科学研究的则更不足。

3. 从现实教育观念与行为来看

亲身经历并深深了解中国教育近百年发展历史的李政道，对中国目前教育问题是做过深入的思考的。他说，中国传统的基础教育有好几千年的历史，它有一个好处就是比较系统地给学生以知识，遗憾的是大部分的基础教育过多地注重了传授知识，要学生真正掌握知识，就应该研究如何让学生把这些知识变为自己的东西，而这个过程在我们教育系统中间是比较欠缺的。

中国教育从基础教育到高等教育本质上均属于传授—接受模式，属于应试教育。李远哲先生沉痛地说，由科举制度遗留下来的考试文化是一个危害教育最深的传统遗产。在升学主义挂帅旗帜下，用考试分数衡量教育的效果，学生的好奇心与创造力消失了。我们不是在教育学生，而是在努力训练他们成为解题的技工。具体而言，中国教育模式的五个特点极大地阻碍了创造性人才的培养。

(1) 重共性、轻个性。重共性、轻个性是中华民族的整体文化特征，当它与教育过程结合起来的时候，便表现出巨大的乘数效应。当我们把教师比作园丁的时候，主要是从正面加以赞颂，却很少从负面予以观照，即修剪花木的园丁实际上扮演了一个求同去异、扼杀个性的角色。重共性、轻个性反映在要求和手段上必然是重一致、轻多样，重服从、轻民主。从幼儿园开始，我们的教师就训练学生的依从性，听话的孩子就是好孩子。学生受教育的过程，实际上也就是服从意识不断内化的过程。

(2) 重主宰、轻主体。教学过程变成了“传授”过程，师生关系变成了“主从”关系。其结果必然如同杨振宁先生所说，中国学生胆小，不敢提出问题和质疑权威。华裔诺贝尔奖获得者崔琦说：“比较东方与西方的年轻人，东方人较服从，相信书本，相信权威；但西方人(特别是美国人)则倾向于挑战权威。东方家庭自小就教小孩子要听话，这种太过顺从权威的习惯，对科学精神的发展的确会有影响。”

(3) 重结果、轻过程。不是引导学生去发现未知问题，而是训练学生解决已有定论的问题；关注的是知识的结果和结论，忽视的是获取知识的过程和方法。掌握教材的捷径就是直接记住教科书上那些“真理”和“结论”。于是，“教育成了一种储蓄行动”。题海战术、死记硬背严重破坏了学生的学习兴趣和求知欲，进而磨灭了他们的好奇心和创造性。

(4) 重灌输、轻探索。教师讲课便是灌输知识，并通过频繁的考试来检验这种灌输的效果。因为灌输，学生自然而然会思维钝化、想象力贫乏、丧失问题意识。近年来，中小学大力开展教学改革，提倡启发式、讨论式、研究式教育，但学生不习惯也提不出像样的问题。李政道博士说过:“求学问,须学问,只学答,非学问。”发现问题比解决问题更重要,提不出问题,当然也就难有创造。

(5) 重逻辑、轻形象。形象思维是右脑的功能,是创造性的发射源。由于激烈的升学竞争,中小学表现出严重的应试倾向。音乐、美术等有助于发展形象思维的科目,由于中考、高考不考,这两门课程实际上形同虚设。儿童本来是富于想象力的,但随着教育训练的加强,不但思维逐渐标准化,大脑右半球的功能亦逐渐退化,想象力趋于贫乏。

中国教育弊端的上述概括同样适用于高等教育,只不过是表现形式、程度的区别罢了。英国著名高等教育家阿什比说:“大学教育就其最高境界而论,就是培养学生反抗流行的理论和向传统进行挑战。”

4. 从办学模式来看

我国高校长期以来通行的专业教育、文理分割的培养模式亦严重限制了人的学术视野,难以适应当今自然科学研究的特点和趋势,极不利于科学创新。新中国成立后,我国高等教育一度存在两大问题:一是文理分割、理工分家,从院校设置到课程设置均是如此,新中国成立初期的院系调整中,发展单科性院校、削减综合性大学背离了世界高等教育发展的潮流;二是重理工、轻人文,重专业教育、轻通识教育,培养“现成的专家”。这使得理工科学生的人文熏陶不够,特别是哲学素养不足,缺失科学创造所必需的想象力和直觉洞察力。虽然 20 世纪 80 年代以来,高校的专业和课程设置以及教学方式方法都在不断改革,也取得了相当进展,但上述问题并未得到根本解决。

文理科的知识本来就是相通的,文理分科反而把学生的知识弄得支离破碎。李政道认为,进入大学后也不要一下子把学生领到一个小胡同里去,轻易地确定他们的专业方向,而应让学生在大学的“大观园”里自由地浏览一下,然后再让学生逐步地看自己在哪方面会有所发现、有所贡献,再来决定自己的专业方向。

回顾百年诺贝尔科学奖,从获奖成果的性质看,获奖率居于首位的往往是交叉学科成果,随着时间的推移,交叉学科成果获奖的比例呈逐年上升趋势;从获取成果的主体看,科研呈现集体化趋势,愈到后来,共同获奖者的比例愈高。

上述特点表明,科学家要获诺贝尔科学奖,就要顺应这种趋势,必须具有通才素质。具有交叉学科背景的科学家更能够利用不同学科思维方式、科研方法的差异,更易触类旁通,获得直觉和灵感。此外,由不同学科专家攻克某一课题,彼此之间也有一个相互沟通、理解的问题,否则无法合作。这亦要求科学家具有通才素质。

二、制度因素

1. 人才培养与任用机制缺乏

长期以来,知识分子受到重视不够,其后果是我国人才流失严重。据《光明日报》报道,中国派出的留学生,每年归国服务的不足 1/3。七位美籍华裔是诺贝尔奖的获得者,本来都是中国人,到美国后获诺贝尔奖,这其实就是国家的人才流失。人才流失对我国科技、教育的发展和冲刺诺贝尔奖的负面影响是不容忽视的。中国在 21 世纪必须营造一个"尊重知识,尊重人才"的社会风气,建立一套合理的"培养人才、留住人才、吸引人才"机制,否则冲刺诺贝尔奖的进程恐怕是举步维艰。

2. 科技体制不健全、不完善

新中国成立前,谈不上完整意义上的科技体制。新中国成立后,中国的科技体制主要是向苏联学习,制定的是一种高度集中型的科技体制。它在特定的历史条件下,对我国科技事业的发展起过促进作用。但随着科技、经济、社会的发展,这种长期集中型的科技体制已难以适应中国科技事业的发展。其中,最明显、最突出的依然是科技与经济建设相脱节,科技与经济是"两张皮",科技难以发挥其应有的生产力功能。从根本上说,这是科技体制不合理、不健全造成的。首先,从科技管理体制上看,科技机构独立于企业之外,科技部门与经济部门分离。在这种情况下要求科技人员作出特别适合企业需要的成果无疑是一种苛求。只有企业自己的研究机构才能了解企业需要什么,能够接受什么,有什么困难,才能选择企业最需要、最适合的技术,解决企业最迫切需要解决的问题。其次,从科技运行机制方面看,科技体系条块分割严重。中科院系统、国防军工系统、高校系统、各部、各地方等几大科技力量基本上维持部门所有、自成一体的状况。这使得"机构重叠、力量分散、低水平重复"问题至今难以解决。科研投资主体不合理。我国科技经费的投入,政府占主导地位,政府研发经费投入一直在 60%左右,而在美国等经济发达国家,企业才是研发活动的主要投资者。现在美国研发经费的一半以上来自工业界(企业)。韩国过去政府投资占大多数,近十多年来出现了大逆转,目前政府投资下降到 16%~18%,而民间投资占大多数,高达 80%以上。日本政府的研发投入和韩国相当,为 18.4%。我国研发经费的 55%左右分配给政府研发机构,仅 30%左右分配给企业。

从以上分析和对比中可以看出:发达国家的企业研发机构,既是研发资金的主要投资者,又是活动的主要承担者;而我国恰好相反。

在美、日等发达国家,技术创新的主体是企业,而不是政府研究开发机构,因为前者的经费投入和经费使用均占绝对优势。而我国作为科技创新的主体是企业外的科研机构，包括大专院校的科研机构和政府办的科研机构，而不是企业。这种科技创新主体的错位表现出来的弊端是：第一，科技创新成果的市场适应性较弱，有闭门造车之嫌；第二，科技成果的推广费用高，使其难以推广；第三，科技创新经费紧张，束缚了科技创新的进一步发展。

3. 科技激励机制不够

1901年以来，我国没有建立起一整套健全有效的科技激励机制，对于我国的科技发展是不利的。从管理心理学角度看，激励机制是其核心内容，可以激发人的冲击力与创造力。但多年来，我国科技激励机制主要是通过“官方的科技奖励”来实现。这种奖励实行“精神奖励为主、物质奖励为辅”的原则。事实上，由于各种社会因素的影响，存在精神奖励不足、物质奖励太少的状况。

在这种科技体制下，科技不能较快地转化为生产力，影响经济的发展；科研投资主体不合理造成科研经费的投入比较单一和严重不足；技术创新主体错位使科技成果推广费用高；科技激励机制不够难以发挥科研工作者的主动性、积极性和创造性，这一切都会影响中国科学家冲刺诺贝尔科学奖。

4. 长期传统的计划经济体制对科技发展的影响

新中国成立以来，中国长时间实行的是计划经济体制，在特定的历史阶段对科技的发展起过积极作用。但随着科技、经济、社会的发展，传统的计划经济体制对于中国科技的发展和诺贝尔科学奖的冲刺起了阻碍作用。计划经济体制遏制了科研的生机和活力。在计划经济体制下，教育与科研部门完全受政府的控制。国家对教育和科研机构管理得过多、过死，教育和科研机构由国家包下来，运用单一的行政手段进行管理，缺乏自主权，遏制了教育与科研的生机与活力。计划经济体制使科研与市场脱节，导致科技与生产力是“两张皮”。在传统的计划经济体制下，科研成果不能面向市场，科学技术不能应用到生产中去，科技不能转化为现实的生产力，使科学技术不能真正面向经济与市场，影响了经济发展。经济上不去反过来影响科技的发展，科技发展不好又影响中国冲刺诺贝尔科学奖。

三、社会因素

1. 政治层面

政局不稳定未给中国冲刺诺贝尔科学奖提供一个安定的社会环境。中国自1840年鸦片战争以来，长期处于战争和政治运动的漩涡中。它不仅影响人们的生产生活，也影响中国科学事业的发展。20世纪60年代的“文革”几乎中断了中国科学技术发展的进程。而这十年，正是半导体、集成电路、计算机、激光等科学技术迅速发展的时期。所以“文革”使中国丧失了几代科学家，丧失了十年以上的宝贵光阴。没有一个稳定的社会环境，没有一个安定团结的政治局面，也就没有经济、教育和社会的发展，更不用说冲刺诺贝尔奖这种科学界的最高奖项了。

2. 经济层面

经济落后，科研经费严重不足，未给科教的发展提供良好的物质基础。众所周知，我国的生产力不发达，经济落后，未能给科教的发展提供足够的经费，科技难以得到很好的发展。缺乏充足的科研经费作为冲刺诺贝尔科学奖这个系统的物质基础，客观上影响了国人冲刺诺贝尔科学奖。从诺贝尔科学奖的历史来看，不论是研究个体还是研究机构，都是有着充足或是较为充足的科学经费作为保障的，缺乏必要的物质基础，科学研究是无法真正有效地进行的。

3. 文化层面

西方文化倾向于具体性、精确性，表现出严密的逻辑思维。而中国传统文化则多表现为直观的、类比的形象思维方式，总是用一种简约的、模糊的、大而笼统的寥寥数字将自然与社会一揽子地概括进去。前者比后者更利于科学创造。

西方科学有着良好的"求异"传统，他们总是刻意求新。而中国传统文化最重视思想的"守一"和"齐一"，这种大一统的思想控制，严重地抑制了人们的创造性。中国科学家与外国科学家从素质上比，差距并不明显，差距大的是他们所处的科学土壤与科学环境。中庸之道的思维观在把握事物上往往采取模棱两可、适可而止的态度，缺乏大胆创新的精神。其实，许多世界著名的科学家都具有创新精神。正是这种勇于创新的思维方式以及义无反顾、坚持到底的科学精神，在科学发展中起了重要的作用，并使科学家在科研中走上成功之路，达到光辉的顶点。

儒家文化经世效用的实用主义价值观妨碍了中国人的思维。长期以来，人们一提科学就总是想到它的应用价值。当然，从根本上说，科学研究是为了应用，但并非每一项研究都能直接或立即与应用联系起来。科学同时也是一种精神的追求，一种纯粹的精神满足。科学研究工作的一个主要特点是智力和进取心，要有在解决宇宙奥秘的问题中去了解和锻炼自己智力的愿望。法国科学家彭加勒说得好："科学家并不是因为大自然有用才去研究它，他研究大自然是因为他感到了乐趣，而他对大自然感到乐趣是因为它的美丽。如果大自然不美，那它就不值得认识。"因此，科学研究切忌急功近利和迫不及待，而应是以从容闲适的心情，静静地去玩味它、欣赏它、体会它、把握它，从中获得一种特殊的快感和灵感，揭开未知的奥秘。

四、科学研究的内部因素

1. 科学意识淡漠

古代中国是一个缺乏科学意识的国度，应用科技发达，思辨与逻辑落后。儒家文化中“天人合一”、“物我交融”的思想严重制约了科学家的理性思维。他们缺乏以物为本的精神，主客体不分，普遍相信天人感应理论，因而从根本上怀疑深层自然规律的存在与稳定。

近代以来，中国人学习科学并非自觉自愿，而是受外部环境逼迫，与救亡图存、富国强兵的历史主题相关联的，缺乏科学理性精神的铺垫和引导；对科学的理解也是从“器”与“技”开始的，学习西方技术的目的是“师夷长技以制夷”，主张“中学为本，西学为用”，导致中国学习现代科学的不正常心态。中国人学习任何知识，必须能立见其用，否则一概拒绝。这种心态是滋生功利主义科学观的温床。中国科学基本是依循功利主义的科学观发展起来的。它注重科学的工具价值、技术价值和功利价值，并以科学的实用来评价科学。因此，“这种观点从根本上说是把科学看作一种实现目标的手段，而不是为了获得知识。”

2. 科学精神匮乏

科学精神是科学传统的一部分，是人类在从事科学活动时所体现的精神，是理想主义科学观的体现。亚里士多德认为，求知是人类的本性，为求知而从事学术并无任何实用目的，即不为任何其他利益而寻求智慧，这是求知的最高境界。他认为高级学术并不是一门“制造学术”，“古往今来人们开始哲理探索，都应起于对自然万物的惊异。他们先是惊异于种种迷惑的现象，逐渐积累一点一滴的解释，对一些较重大的问题，例如日月与星辰的运行以及宇宙之创生，作出说明。”在他的思想影响下，产生了“为知识而知识、为真理而学术”的理想主义科学观。这种“爱智”精神的本质是非实用、非功利的，它显示了科学的本质，是科学文化的核心和灵魂。古希腊哲人倡导的这种精神通过文艺复兴在欧洲复苏而绵延数百年，至今仍是西方理解科学的主导观点，其精髓就是对宇宙万物之“发生”的惊讶心态和由纯粹好奇心所驱动的探究精神。我们从无数科学家身上都能看到那种求真求实、不断探索、为真理而献身、为人类的自由和解放、为人类造福而献身的科学精神。布鲁诺为捍卫哥白尼的日心说被宗教法庭送上了火刑场；伽利略也因为出版他的《关于托勒密和哥白尼两大世界体系的对话》一书，支持哥白尼学说而被终身监禁。在现代科学史上，也涌现了不少像两次诺贝尔科学奖获得者居里夫人那样为科学而奉献和奋斗一生的伟大科学家。居里夫人的话很有代表性，她说：“我和其他科学家一样，坚信科学是一项非常美好的事业，并准备为之献出自己的一切。我相信在科学上对未来的热爱和对冒险的追求并不能导致我们的没落；相反我认为，这恰恰是社会进步的唯一希望。”爱因斯坦在《悼念玛丽·居里》一文中指出：“第一流人物对时代和历史进步的意义，在其道德品质方面，也许比单纯的才智成就方面还要大。她的坚强，她的意志之纯洁，她的律己之严，她的客观、公正不阿的判断——所有这一切都难得地集中在一个人的身上。她在任何时候都意识到自己是社会的公仆，她的极端谦虚，永远不给自满留下任何余地。居里夫人的品德力量和热忱，哪怕只要有一小部分存在于欧洲的知识分子中间，欧洲就会面临一个比较光明的未来。”这就是科学家的理想追求、行为规范和价值准则，这就是科学精神，也是科学给予人类的崇高道德境界。我国与诺贝尔奖科学奖无缘除上述原因外，更重要的原因是缺乏科学精神。

3. 功利主义泛滥

功利主义科学观由来已久。17 世纪初，“培根已经在他的‘知识就是力量’和知识的基本目的是‘增进人类财富’这些格言中唱出了功利主义的调子。”但是，培根的功利主义科学观是着力于长远的。他认为，从长远看，科学作为一个整体将会、也应当会大大造福于人类。他不宣扬任何目光短浅的观点，例如那种认为每项科学研究无论开始或结束时都应当根据其实际效果来评价的观点。相反，他告诫世人，这种目光短浅的功利主义只会败坏自己。由于科学在社会各领域的广泛应用，特别是对经济发展所起的决定性作用，功利主义科学观在当今社会的传播非常广泛并居于支配地位。

功利主义科学观的局限性在于它有可能导致科学的片面发展，例如只重视应用科学的研究和开发，而忽视基础科学的深层探索与发展，以致最终妨碍科学的前进。极端功利主义科学观狭义地解释功利规范，对科学强加限制，认为只有当科学直接可获利时才是可取的。有用性一旦变成科学成就的唯一标准，具有内在科学重要性的大量问题就会遭到排斥。因此，功利规范限制了科学潜在生长的可能方向，威胁了科学研究作为一种有价值的社会活动的稳定性和连续性。萨顿认为，科学的主要目的和它的主要报酬是有趣的发现，而科学已经产生的和正在产生的无穷无尽的财富只不过是它的副产品而已。将科学的价值仅仅归结为功利价值，正如将艺术价值仅仅归结为商品价值一样，是相当肤浅的。科学最宝贵的价值是科学精神，它比科学给人类带来的物质利益更加宝贵，是科学的生命。

第三节 中国科学家挑战诺贝尔奖的努力方向

一、欧美等发达国家的科技创新战略

面对知识经济时代的挑战，欧美等发达国家和一些新型国家纷纷把科技创新提升到国家战略层面，出台了一系列的政策措施，试图进一步增强自己的创造力，力图在世界竞争中掌握先机。

（一）美国的科技发展计划

1994 年和 1996 年，美国先后发布《科学与国家利益》和《技术与国家利益》两份报告，系统地阐述了美国在新时期的科学技术政策，分别提出了美国科学发展的五大目标和技术发展的五大目标：在全部科学前沿领域保持领先地位；增加基础研究与国家目标之间的联系；鼓励合作伙伴关系以推进基础科学和工程学的投资，有效地利用物力、人力和财力资源；造就 21 世纪最优秀的科学家和工程师；提高美国人的科学和技术素养；创造一个提高企业创新能力和竞争力的商业环境；促进技术产业化（技术的开发、商业化和应用）；投资建设面向 21 世纪的一流的基础设施；促进军民工业基础一体化，满足国防和民用的双重需要；发展一支世界一流的劳动大军。这两份报告同时提出了实现这些目标的政策建议，从而在国家科技发展战略的层面为美国科技发展作了规划。

此外，美国还提出了多项具体的科技计划：1990 年的“先进技术计划”和“人类基因组计划”；1993 年的“信息高速公路计划”；1999 年的“21 世纪信息技术计划”；2000 年的“国家纳米计划”；2006 年的“先进能源计划”等。这些计划的提出与实施，对美国的科技发展产生了很大的影响。

美国不仅大力提升科学技术水平，还着力支持技术的商业化。从 1995 年到 2000 年，美国政府先后颁布了《国家技术转让与促进法》(1995)、《联邦技术转让商业化法》(1997)、《技术转让商业化法》(2000)等，为技术成果的商业化应用创造有利于创新的环境。2006 年 1 月 31 日，美国总统布什在国会发表国情咨文时，宣布了耗资 1360 亿美元的“美国竞争力计划”。这一计划旨在通过大力支持物质科学

的基础研究和能源研究来提升美国的竞争力，其主要内容有：凡增加研究预算的公司将获得永久性减税的待遇；在十年中耗资500亿美元以使物质科学基础研究经费翻倍；在一年内为教育部提供3.8亿美元的资助，提高中小学的数学和科学教育。

（二）法国的科技发展计划

2003年，法国出台了《国家创新计划》。该计划鼓励创建高新技术企业，强调要加强企业与科研部门的合作，增强企业的研发能力，并实现欧盟为成员国确定的2010年国内研发经费投入占国内生产总值3%的目标。为此，法国从金融和税收等方面提出了设立单人风险基金公司、引导大学生进入研究和创新领域等多项措施。

2005年，法国政府出台了“竞争点”计划，希望通过整合优势、突出重点、以点带面的方式促进法国企业的技术创新，从而推动法国经济的发展。所谓“竞争点”是指在有潜在竞争力培育前景的地区，企业、培训中心和研究机构应组成合作伙伴，发挥优势互补的作用，共同开发以创新为特点的项目，从而最大限度地提高竞争力。为了确保这项计划的有效实施，法国政府将自2006年起的三年内对66个“竞争点”提供15亿欧元的资金支持。同时，法国政府还进行了机构改革，新成立了“企业创新署”，以配合其他机构为法国企业在技术的研发和应用、研究经费的筹措以及产品的推广等方面提供切实的服务。

2006年，法国总统希拉克推出六项工业创新计划，以图通过工业创新带动法国科技和经济的发展。这六大计划分别是绿色化工（BIOHUB）、节能住宅（HOMES）、新型无人驾驶地铁列车（NEOVAL）、多媒体搜索引擎（QUAERO）、移动电视（TVMSL）和混合动力汽车（VHD）。

（三）德国的科技发展计划

2002年，德国修订并实施了新的职员发明法。根据这项修订后的法律，高等院校的科研成果可以更快、更有针对性地得到使用，这有利于系统地开发高等院校和科研机构的研究潜力。

2003年3月14日，德国政府提出了“2010年议程”一揽子方案，决心进行全面改革。根据这项议程，德国将在未来10年内使全国的研发强度达到3%。这项议程的另一个重要内容是科技体制改革，重点是在科研经费的分配上引入竞争机制，同时要继续对科研机构进行优化重组，将研究方向、内容相似或有互补性的研究所合并，以提高重点研究领域的创新能力和竞争力。

2004年1月，德国政府正式启动“主动创新”战略，其核心内容是促使经济界和科学界联合起来，在研发领域结成创新伙伴，从而研发出更多的高新技术产品。为了给德国的科学和研究创造更好的条件，德国联邦政府和各州于2005年6月正式批准了“顶尖科研资助项目”以及《研究和创新协定》。据此，德国将投入巨资培育一批世界一流大学，建立一批世界顶尖的研究中心，着力培养青年科学家。

（四）英国的科技创新计划

1994年以来，英国政府先后公布了多份以创新为主题的白皮书和行动计划：1994年提出的“实现我们的潜能——科学、工程和技术战略”；1998年提出的“我们的竞争——建设知识型经济”；2000年提出的“卓越与机遇——21世纪科学与创新政策”；2001年提出的“变革世界中的机遇——创业、技能和创新”；2002年提出的“投资与创新”；2003年提出的“在全球经济下竞争——创新挑战”；2004年提出的“科学与创新投资框架（2004～2014）”、“从知识中创造价值”等，全面阐述了英国在21世纪的科学和创新战略。

二、中国科学家与国家创新体系的建设

中国的国家创新体系研究始于20世纪90年代中期。中科院借鉴国外对国家创新体系研究的成果和实践经验，结合中国的国情，在《迎接知识经济时代，建设国家创新体系》的报告中，提出了关于中国国家创新体系的概念：“国家创新体系是由与知识创新和技术创新相关的机构和组织构成的网络系统，其主要组成部分是企业、科研机构和高等院校等；广义的国家创新体系还包括政府部门、其他教育培训机构、中介机构和起支撑作用的基础设施等。”这表明中国创新体系是知识创新和技术创新并举的系统。

（一）我国国家创新体系的构筑

1. 我国国家创新体系构筑的特点

我国国家创新体系的构筑，主要表现出以下几个特点。

（1）创新是具有经济和社会目标导向的行为，创新的实质是发展经济。建设国家创新体系必须体现科学技术是第一生产力的思想，落实科教兴国战略，实现国民经济整体素质的提高和经济结构的优化，提高国家经济实力和竞争力。

（2）国家创新体系的建设，必须从中国自己的国情和未来发展的需要出发，既要在世界最前沿领域开拓进取，也要有符合中国国情的发展战略与重点，发展高技术产业，用高技术改造传统产业及发展农业和农村经济。

（3）在中国，创新的核心是要从体制上、机制上解决好科技与经济结合的问

题，创新的关键是提高科技促进经济社会发展的能力和实力。

(4) 创新不仅表现为知识和技术的转移，而且表现在创新系统多元化要素的有效地使用与协同，构成知识与技术的创造、获取、转移和应用的网络。

2. 我国国家创新体系的结构

我国的国家创新体系包括知识创新系统、技术创新系统、知识传播系统和知识应用系统。

(1) 知识创新系统是由与知识的生产、扩散和转移相关的机构和组织构成的网络系统，其核心部分是国立科研机构和教学科研型大学。知识创新系统的主要功能是知识的生产、传播和转移，基本上是政府起主导作用，以政府行为为主。对于知识创新系统，国家实施了重大基础研究项目计划（“攀登计划”）、重大科学工程、国家重点基础研究发展规划、“知识创新工程”（试点）等。

(2) 技术创新系统是由与技术创新全过程相关的机构和组织构成的网络系统，其核心部分是企业。技术创新系统在进入国家创新体系之后会发生许多变化，其中最重要的变化是它和知识创新一起丰富自己的内涵，成为因知识的应用和传播而效益更为显著的创新行为。技术创新系统有国家工程研究中心建设计划、“产学研”联合开发工程计划、技术创新工程等。

(3) 知识传播系统主要指高教系统和职业培训系统，其主要作用是培养具有最新知识、较高技能和创新能力的人力资源。国家知识和信息基础设施、知识和信息传播网络等在知识传播中发挥着越来越重要的作用。知识传播系统有“211 工程”和跨世纪人才培养工程等。

(4) 知识应用系统的主体是企业和社会，其主要功能是知识和技术的实际应用。知识应用主要是市场机制起主导作用，社会和企业是行为主体。政府的作用是制定并执行法律、法规和政策，引导、监督和宏观调控社会及企业的行为，应用知识作出科学的决策，以提高知识转化成现实生产力的能力和效率，促进知识密集型制造业和服务业的发展。知识应用系统有“星火计划”、“火炬计划”和科技成果重点推广计划等。

国家创新体系是一个网络系统，是知识创新系统、技术创新系统、知识传播系统和知识应用系统之间相互作用的整体。国家所实施的“中国 21 世纪议程”、高技术研究发展计划（“863 计划”和超级“863 计划”）、国家自然科学基金、国家重点实验室建设和国家科技攻关计划等对于国家创新系统的相关子系统的建设都有积极作用。尤其是“211 工程”、“技术创新工程”和“知识创新工程”等三大工程的实施，构成了国家创新系统的核心内容，在国家层次上形成了建设国家创新系统的战略布局。

3. 我国国家创新体系的要素

我国的国家创新体系是由创新资源、创新机构、创新机制和创新环境四个相互关联、相互协调的主要部分构成的。

推进国家科技创新，要充分发挥国家创新体系在合理配置创新资源，促进各类创新机构密切合作和良性互动，完善创新活动的运行机制，保持创新活动与社会经济环境相协调等方面的重要作用。在国家创新体系中，创新资源是创新活动的基础要素，要把创新人才的培养作为促进创新的核心资源，高度重视知识信息、知识及知识产权等战略型资源在创新活动中所起的关键性作用。创新机构是创新活动的行为主体，是国家创新体系中最重要的组成部分，要充分激发各创新主体的积极性，促进各创新主体间相互协调与联合。创新机制是保证创新体系有效运转的关键因素，要逐步建立和完善在市场经济基础上的分配激励机制，有利于创新资源和要素流动与互动的公平竞争机制，保证创新活动客观、公正和科学。创新环境是维系和促进创新的保障因素，要努力创造有利于创新的法律法规、政府激励政策、信息网络、大型科研设施与创新基地等国内软硬环境，逐步形成能有效参与国际竞争与合作的国际互动外部环境。

加强创新主体间的有机联系与分工合作是国家创新体系的核心。国家创新体系的作用体现在对其组成主体的政府、企业、科研机构和大学的组织与协调，使它们相互作用，发挥各自的优势，其本质是在创新主体间形成协调机制。国家创新体制作为科技体制的一种新形式，其性质属于科技政策，即调整各科技创新主体间的相互关系，优化科技发展的外部发展环境。政府是创新的发起者、组织者和推广者，通过投入、科技计划、立法和政策手段、制定科技发展战略推动科技创新。

（二）高校在国家创新体系中的地位与作用

1. 高校在国家创新体系中的地位

“211 工程”和“985 工程”建设以来，我国高水平大学的办学面貌发生了根本性变化。高等学校总体实力增强，已经形成了一批规模适当、学科综合和人才汇聚的高水平大学。这些高水平大学已经成为我国培养高层次创新人才的主要基地、我国基础研究的主力军、高技术领域原始创新的源头，在解决国民经济重大科技问题、实现技术转移成果转化方面发挥着日益重要的作用，同时也对整个高等教育事业的发展起到了巨大的牵引和带动作用。目前，国家创新体系（大学）框架已基本形成。

国家创新体系（大学）由三个金字塔和一个平台组成。一个金字塔是知识创新体系，它的顶层为国家实验室和大科学中心，中层是国家重点实验室，底层为省部级重点实验室。另一个金字塔是工程技术创新体系，顶层为国家工程研究中心和未来的国家工程实验室，下层依次是国家工程技术研究中心和省部级工程（技术）中心。第三个金字塔是哲学社会科学创新基地。一个平台就是成果转化与服务平台，包括大学科技园、技术转移中心等。“985 工程”二期启动之初，明确把科技创新平台建设作为重点任务，要求将 65％的经费用于平台建设。有关高校共建设平台 252 个，有效地推动了高校科技创新能力建设。

2. 高校在国家创新体系中的作用

高校在知识创新系统中具有重要地位和发挥主导作用。由诺贝尔奖获奖情况可以看出，高校以其独特的人文环境在基础研究方面具有极大的优势。它可以以较少的资金投入得到高得多的回报，这点无论在国内还是国外均是如此。因此，高校在知识创新的基础研究方面具有的重要地位和作用是其他机构所不能替代的。高校应成为知识创新系统的第一执行主体，尤其是对于我们这样一个经济相对落后、资金相对匮乏的国家。

知识创新过程（即基础研究）有许多特点：它是一个自由探索过程，因此它不能有很强的计划性；它具有失败的风险性，它的前景是不定的，而且也不会立即产生经济效果；它需要政府的补贴，因此市场经济对它是失效的；它需要多学科的综合和一种宽松的环境；它需要最富于创新的人才群体……这些特征决定了它只能在大学、有政府补贴的国家研究中心或者企业补贴的研究所中进行。而在这些机构中，大学则是这一活动最适宜的环境，其原因是大学教师除了教学工作外有很多自由支配的时间；大学有宽松的环境与多学科的交叉和渗透；大学可以获得政府的财政补贴，它的研究机构可以同时承担教学与科研双重任务，而不必过于为经费担心；它又有各学科的优秀学术带头人和年轻而又富于创新精神的硕士生、博士生等人才群体，可以教学相长、互为促进。中外的实际情况也证明了大学的确是知识创新最主要的执行主体。

对 1901～1982 年间诺贝尔物理学奖的获奖者情况进行统计发现，这期间共有 119 人获奖，其中有 97 人在大学工作，占总人数的 81.5％；22 人在国家研究所或企业研究所（如苏联国家研究所、美国贝尔实验室等）工作，占 18.5％，22 人中又有多人在大学担任兼职教授。

全世界 2/3 的《Nature》和《Science》论文、3/4 的诺贝尔奖是大学发表和获得的；其中前 100 名的大学发表的《Nature》和《Science》论文占大学论文总数的 3/4 左右，获得的诺贝尔奖占大学获奖总数的 94％，体现了一流大学是知识创新的核心力量。1998 年至 2012 年，祖国大陆共有 48 所大学作为第一作者单位在《Nature》和《Science》杂志上发表论文 191 篇。其中清华大学发表《Nature》和《Science》的论文全国最多,共 32 篇。1987 年,SCI 收录的我国科技人员发表论文数量在世界上的排位是 20 多位。到了 2010 年,我国发表 SCI 论文 12.75 万篇(含港澳台地区),排在世界第二位,但是也还不到美国论文数的一半。与发达国家相比,我国平均每篇论文的被引用次数(简称篇均被引次数)还比较低,目前的篇均被引次数低于世界平均值。截至 2011 年 11 月,中国热点论文数量为 196 篇,占世界热点论文总数的 9.9%,居世界第五位,比 2010 年上升一位。但热点论文排名第一的美国,其数量高达 1070 篇。2011 年,中国国际科技论文平均被引用 6.21 次,比上年度提高 5.8%,而当年世界平均值为 10.71 次,比上年度提高 1.3%。在这一评定标准上,中国只居于中流,对此我们要有清醒的认识。

统计数据显示,高等学校作为国家基础研究主力军、高新技术研究重要力量的地位日益凸现,解决国民经济和社会发展重大科技问题的能力不断增强。"十一五"期间,高校新增中科院院士 36 人、中国工程院院士 33 人,分别占增选数的 56.25%和 40.74%。2010 年,全国高校有中科院院士 310 人、工程院院士 278 人,分别占全国总数的 43.72%和 37.02%。截至 2010 年,面向海内外遴选长江学者特聘教授、讲座教授 1804 人,培育支持高水平创新团队 391 个,培养支持 5643 名新世纪优秀人才,培养了十余万名青年骨干教师。

目前,依托高校建立的国家重点实验室有 137 个,占全国总数的 62%;教育部重点实验室共 583 个;依托高校建立的国家工程(技术)研究中心有 102 个,占全国总数的 30.5%;依托高校建立的国家工程实验室共有 27 个,占全国总数的 29.7%。

"十一五"期间,教育部共资助科学技术研究重点项目和重大项目 1877 项,投入经费超过 2 亿元。高等学校博士学科点专项资助课题数由 6000 多项增加到 11011 项。2006~2008 年期间,全国分批共设立了 126 个创新引智基地,17 个培育基地,累计投入经费 11.8 亿元。

"十一五"期间,高校承担了 30%左右的国家科技重大专项。2006~2010 年,高校作为第一承担单位承担"973 计划"项目 232 项,占总数的 56.7%;承担重大科学研究计划项目 118 项,占总数的 49.4%;承担"863 计划"课题 4376 项,经费 75 亿,占总数的 30%;承担国家科技支撑计划项目 1055 项,经费 46 亿元,占总数的 20%;承担国家自然科学基金面上项目 40523 项,占总数的 81.05%,重点项目 1272 项,占总数的 66.88%。

"十一五"期间,全国高校累计获得国家自然科学奖 102 项,技术发明奖 151 项,科技进步奖 711 项。2010 年的国家三大奖项中,高校获奖比例均超 70%。高校授权专利数累计达 115489 件,年均增长 40.1%。

高校科技工作的基本经验是:坚持以科学发展观统领高校科技工作全局;坚持科学研究与人才培养相结合是发展科学技术和高等教育的成功之路;坚持产学研结合是发展科学技术的根本途径;坚持多学科交叉是发展科学技术的重要方向;分层次、多模式组织科研是高教系统科技管理的有效方式。

新时期高校科技工作的战略目标是:用10～15年的时间在我国高校建立一批国际知名的科技创新和人才培养基地,形成一批高水平的研究型大学;建立起一支世界先进水平的科技创新队伍;构建起适应国际科技发展趋势的、富有创新活力的国家创新体系(大学),力争取得有世界影响的原始性创新成果,解决一批制约国民经济和社会发展的重大科技问题,形成新格局,开创新局面,为增强我国的科技竞争力和经济社会发展提供持续的人才和科技创新贡献。

以中科院、中国工程院、研究型大学和国有大企业为主力军的创新体系骨架已经形成,并进入实际操作阶段。现在要立足国情,引入竞争机制,打破壁垒,形成合力,真正建立起自己的创新体系,为增强中华民族的科技创新能力、创造出一流的诺贝尔科学奖成果提供体制保障。

(三)“十一五”期间我国科技成果有了较大发展

“十一五”期间,随着社会经济的稳定持续发展,我国的科学技术事业也迎来了一个蒸蒸日上、成果丰硕的时期。在这一时期,各项科技计划顺利实施,基础研究得到加强,高技术产业快速发展,科技投入持续增加,科技实力不断增强。在这期间,我们取得了“嫦娥”卫星奔月、“神舟”七号载人飞行、“天河一号”超级计算机等一系列举世瞩目的重要成就,奏响了自主创新、建设创新型国家的时代强音。

1.《规划纲要》全面推进,科技计划顺利实施,创新体系建设取得新进展

(1)“走自主创新道路,建设创新型国家”是党中央作出的重大决策。2006年年初,时任国家主席的胡锦涛同志在全国科技大会上发表重要讲话,强调要围绕建设创新型国家的奋斗目标,进一步深化科技改革,大力推进科技进步和创新,大力提高自主创新能力,推动经济社会发展切实转入科学发展的轨道。同年,我国正式发布了《国家中长期科学和技术发展规划纲要(2006～2020年)》(以下简称《规划纲要》)这一纲领性文件,这是我国进入新世纪、新阶段对科学技术发展进行的第一次全面规划,也是社会主义市场经济条件下制定的第一个中长期科技发展规划。它对未来15年我国的科技发展作出了总体部署,从重点领域及其优先主题、重大专项、前沿技术和基础研究等方面确定了重点任务,明确了今后我国科技工作的着力点和主攻方向。为确保《规划纲要》实施,国家还制定了科技投入、税收激励、金融支持等十个方面60条配套政策。《规划纲要》及其配套政策的正式部署和全面

推进，推动了一系列科技计划的组织实施，拉开了我国新时期科技发展的大幕。

“十一五”以来，以高技术研究发展计划（“863 计划”）、国家重点基础研究发展计划（“973 计划”）、集中解决重大问题的科技攻关（支撑）计划等主体性计划和火炬计划、星火计划等产业化计划为代表的各项科技计划顺利实施。据初步统计，五年间国家共安排了 8200 多项“863 计划”课题，在节能与新能源汽车、先进钻井技术与装备、天然气水合物勘探开发关键技术、主要动植物功能基因组研究、信息技术、生物医药等领域取得了重大进展，部分领域达到国际先进水平；共安排 4800 多项科技支撑计划课题，重点解决重大公益技术和产业共性技术问题，着力突破能源、环境、人口健康等技术瓶颈，为经济社会持续协调发展提供了全面有力的支撑。

(2) 推进和完善国家创新体系建设是我国科技事业发展的迫切要求。近年来，以企业为主体、市场为导向、产学研相结合的技术创新体系不断发展，为增强自主创新能力、建设创新型国家提供了体制和机制保障。企业在技术创新中的主体地位越来越稳固，以建立企业技术中心为主要形式的企业技术创新体系建设不断加强。至 2010 年，国家认定的企业技术中心已有 729 家，是“十一五”期初的 2 倍；省级企业技术中心达 5532 家，比 2007 年增加 1500 多家。国家认定的企业技术中心 2010 年研发经费投入合计超过 1800 亿元，是“十一五”期初的 4.2 倍，按相同口径计算，五年间年平均增长 21.4%；技术中心所在企业新产品销售收入超过 3.5 万亿元，平均每家企业将近 50 亿元，是“十一五”期初的 1.5 倍，企业的自主创新能力进一步提高。针对产业化融资困难的问题，国家还于 2009 年启动实施了新兴产业创投计划，支持设立了 20 家创业投资企业，推动了一些新兴产业的发展。

2. 科技投入持续增加，科技人才队伍不断扩大

国家对科技创新的支持力度进一步加大，财政科技投入逐年增加。2009 年，国家科技财政拨款为 3224.9 亿元，是“十一五”期初的 2.4 倍，年均增长达 24.7%；“十一五”以来财政科技拨款占财政总支出的比重一直保持在 4%以上。在加大国家财政扶持力度的同时，国家还采取有效措施积极引导全社会加大对科技事业的投入。在全社会共同努力下，我国研发经费投入稳步增长，为科技事业的持续发展注入了强劲动力。据初步统计，2010 年全国研究与试验发展（R&D）经费投入达 6980 亿元，是“十一五”初的 2.8 倍，年均增长 23.3%，按汇率折算，预计有望超过德国，排到世界第三位；R&D 经费投入与国内生产总值（GDP）之比为 1.75%，比“十一五”期初增加了 0.43 个百分点。

近年来，我国科技人力资源保持稳定增长，科技队伍进一步壮大。截至 2009 年年底，公有经济企事业单位共有工程技术人员、农业技术人员、科学研究人员、卫生技术人员和教学人员等五类专业技术人员 2321 万人，比“十一五”期初增长

5.6%。同时，我国科技人力投入不断增加。据初步统计，2010 年全国研究与试验发展（R&D）人员达 252 万人，比“十一五”期初增长 85%。目前，我国已成为世界第一的科技人力资源大国。

3. 基础研究得到加强，高技术产业快速发展，技术市场日趋活跃

基础研究是科学技术发展的根基，对社会经济的持续发展具有举足轻重的作用。近年来，我国对基础研究的扶持力度不断加大。据初步统计，2010 年全国用于基础研究的经费支出有 328 亿元，是“十一五”期初的 2.5 倍；而 2009 年用于基础研究的人力投入达到 16.5 万人/年，比“十一五”期初增长 42.6%。以基础研究作为重点资助对象的国家自然科学基金对基础研究的扶持力度加大，2010 年安排各类项目资助金额近百亿元，全年资助面上项目 13030 个，比“十一五”期初增加近 4000 个；资助经费 45.2 亿元，比“十一五”期初翻了一番；单项平均资助金额 34.7 万元，比“十一五”期初增加了近 10 万元。同时，我国重点领域原始创新能力不断提升，五年间涌现出了北京正负电子对撞机上发现一个新粒子、室温条件下具有超大塑性的块体金属玻璃材料的合成、亚洲人二倍体基因组测序完成、中国陆地生态系统碳平衡状况查明等一系列具有原创性和广泛社会影响的研究成果，显示出我国在一些领域的基础研究已达到较高水平。

近年来，我国高技术产业保持了较好的发展势头。初步统计结果显示，我国以医药制造业、航空航天制造业、电子及通信设备制造业、电子计算机及办公设备制造业、医疗设备及仪器仪表制造业为代表的高技术产业在 2010 年实现工业总产值 76156 亿元，是“十一五”期初的 2.2 倍。在国家相关政策引导下，我国高新技术产业开发区建设进一步推进，产业集群加速形成。截至 2009 年年底，全国 56 个国家高新区内企业数已达 5.4 万家，从业人员 815 万人，分别比“十一五”期初 53 个高新区时增长了 28%和 56%；总收入和总产值分别达到 7.9 万亿元和 6.1 万亿元，分别是“十一五”期初的 2.3 倍和 2.1 倍。2010 年国家又陆续批准建设了一批国家高新技术产业开发区，至年底时全国高新区已达 83 个，这将对经济跨越式发展和现代化建设起到更好的示范、辐射和带动作用。

作为科技成果转化与推广的重要环节，“十一五”以来，我国技术市场健康发展，交易规模稳步扩大。据统计，“十一五”期间全国累计签订技术合同近 110 万项，技术合同累计成交金额 13655 亿元。其中，2010 年全国共签订技术合同 23 万项，技术合同成交金额 3906 亿元，平均每份技术合同成交金额达 169.8 万元，是“十一五”期初的 2.9 倍。技术市场的日趋活跃，使科学技术对经济社会发展的推动作用得到充分发挥，有效促进了科技成果向生产领域的转化。

4. 科技产出成绩斐然，重大成果振奋人心，专利和论文位居世界前列

“十一五”期间，全国累计登记省部级以上重大科技成果17.9万项；累计颁发国家自然科学奖160项，国家技术发明奖263项，国家科学技术进步奖1305项，国际科学技术合作奖22项；李振声、闵恩泽、吴征镒、王忠诚、徐光宪、谷超豪、孙家栋、师昌绪、王振义等九位科学家获得国家最高科学技术奖。在这五年还涌现出了一大批有着深远影响的重大科技成果。“嫦娥”一号、二号探月卫星成功发射，使我国跨入深空探测新领域；“神舟”七号载人航天飞船发射成功，使我国成为世界上第三个独立掌握空间出舱技术的国家；千万亿次超级计算机系统“天河一号”研制成功，并在国际TOP 500组织的最新排名中位居世界第一；“中国下一代互联网示范工程”取得了一系列重大创新成果；北京正负电子对撞机重大改造工程建设任务圆满完成；上海同步辐射光源建成；首架具有完全自主知识产权的支线飞机完成总装下线并首飞成功；首台深海载人潜水器“蛟龙号”海上试验突破3700米水深纪录；首次环球大洋科考凯旋；水稻基因育种技术再获突破性进展；甲型H1N1流感疫苗全球首次获批生产……一系列振奋人心的成果，为经济社会的发展提供了有力支撑，也成为创新型国家建设中的一道亮丽风景。

专利数量是反映一国科技产出能力的重要指标。“十一五”期间，我国专利部门累计受理境内专利申请363.6万件，授予专利权202.8万件，境内专利申请量和授权量分别以24.7%和35.4%的年平均增长速度递增。其中，2010年受理境内专利申请108.4万件，受理境内发明专利申请28.1万件，发明专利申请所占比重为26%，比“十一五”期初提高了2.6个百分点；2010年授予境内专利权71.9万件，授予境内发明专利7.4万件，分别是“十一五”期初的4.5倍和4倍；至2010年底，全国境内有效专利数为173.2万件，其中有效发明专利23万件，分别是2006年的3.5倍和3.6倍。2010年我国通过《专利合作条约》(PCT)申请的专利国际申请量超过1.2万件，排名已上升至世界第四位。专利数量的持续增加，反映了我国自主创新能力和水平的日益提高。

论文也是科技产出成果的重要体现形式。2008年科学引文索引(SCI)、工程索引(EI)、科学技术会议录索引(ISTP)三种国际上较有影响的主要检索工具分别收录我国论文11.7万篇、8.9万篇和6.5万篇，分别是“十一五”期初的1.7倍、1.6倍和2.1倍，世界排位分别从第五位、第二位、第五位上升到第二位、第一位和第二位。

“十一五”以来，我国的科技事业蓬勃发展，取得了举世瞩目的巨大成就，为经济发展、社会进步、民生改善、国家安全提供了重要支撑。但同时也应看到，在我国的科技发展中仍存在不少问题，很多领域的科技水平和世界发达国家相比仍存在着相当大的差距。为此，我们必须要抓住机遇、迎难而上，以举国之力大幅度提升我国的自主创新能力，奋力推进由科技大国向科技强国的转变，为实现跻身世界创新型国家行列的宏伟目标而不懈奋斗。

三、挑战诺贝尔奖的11大标准条件

原中科院院长、中科院院士路甬祥教授分析了百年来诺贝尔获奖情况后，提出了11个讨论的问题，可以称为中国科学家挑战诺贝尔奖的“11大标准条件”。

1. 重大理论形成的条件、环境

自然科学的重大理论突破，需要善于发现已有理论与实际的矛盾，需要勇于挑战传统理论的自信与勇气；重大理论的创建和形成，往往要经历长时间的争论甚至非难，在得到反复验证后才被承认。

狭义相对论的创建

精心设计的迈克尔逊-莫罗实验对传统的“以太”漂移学说给出了否定的结果；洛伦兹的解释虽然起到了修补漏洞的作用，但仍囿于传统时空观；爱因斯坦革命性地提出了统一的时空观，带动了整个物理学的革命。虽然爱因斯坦1921年因对数学物理作出的贡献和阐明光电效应规律而获诺贝尔物理学奖，但遗憾的是，他在1905年对狭义相对论和1916年对于广义相对论的贡献却没有作为获奖的主要理由。然而，这些正是20世纪物理学最伟大的理论成就。

量子论的提出

基于麦克斯韦经典电磁理论推演出的黑体辐射定律在长波区的实验中暴露出了矛盾，在原有理论框架下解释这一矛盾的努力均未获成功。普朗克革命性地提出了能量的变化不是连续的，而是有一个最小单元，引入了普朗克常数的概念，导致了量子论的诞生。普朗克因此获得了1918年的诺贝尔物理学奖。

高分子理论的创立

德国化学家施陶丁格针对当时许多科学家都把高分子溶液视为胶体的情况，首先提出高分子化合物的概念，并提出高分子是由以共价键相连接的长链分子所组成的理论。他不同意把橡胶、纤维等结构看作胶体小分子的物理缔合。经过长达十余年的激烈论战，由于超离心机的发明，测出了高分子的大分子量，以及其他一些实验研究结果的证实，高分子理论才被人们所接受。施陶丁格因此获得了1953年的诺贝尔化学奖。

2. 原始性重大发现多来源于对实验事实敏锐的观察和独具创意的实验

X射线的发现

1896年11月下旬的一个晚上，伦琴在探索阴极射线的研究中，在检测实验装置是否有漏光时，意外地发现了1米外涂有钡铂氰化物晶体的护罩上有发光现象。他敏锐地认识到这是一种具有强穿透力的新射线，并设计了一系列实验加以验证。这一重大发现不但改变了近代物理学的面貌，而且为现代材料和医学科学研究与诊断提供了崭新的手段。伦琴获1901年诺贝尔物理学奖。

遗传物质DNA的发现

美国科学家赫尔希精密地设计了一个实验，用放射性同位素标记噬菌体中的DNA和蛋白质外壳，为证明DNA是遗传物质找到了直接证据。他与德尔布鲁克、卢里亚一起因为将细胞遗传学研究转变为可精确测量和定量实验的科学而分享1969年诺贝尔生理学/医学奖。

“移动控制基因”的发现

美国女生物学家麦克林托克在长期对玉米进行杂交实验中，观察斑点玉米的放大照片，发现玉米粒斑点的出现频率和出现部位的变化率用孟德尔的遗传法无法解释，由此发现了“移动控制基因”，获1983年诺贝尔生理学/医学奖。

3. 新的科学仪器和装置的发明往往会打开一扇新的科学之门

粒子加速器的发明

粒子加速器是研究核物理学和粒子物理学的强大实验手段，它的发展与核物理学和粒子物理学的发展休戚相关，也可以说是理论科学、实验科学和技术科学相互依存、相互促进的一个典型代表。1930 年第一台回旋加速器建成，开创了实验粒子物理的新纪元。美国科学家劳伦斯因发明回旋加速器并由此获得大量放射性同位素，获 1939 年诺贝尔物理学奖。

电子显微镜与隧道扫描显微镜的发明

电子显微镜的发明为 20 世纪材料科学和生命科学研究微观结构提供了新的工具。隧道扫描显微镜使人类第一次能够实时地观察单个原子在物质表面的排列状态，了解与表面电子行为有关的物理、化学性质，在材料科学、生命科学等领域的研究中具有重大的意义。德国科学家宾宁和瑞士科学家罗赫尔因发明隧道扫描显微镜与在 50 年前设计第一台电子显微镜的德国工程师鲁斯卡共享 1986 年的诺贝尔物理学奖。

“激光冷却”实验装置俘获原子

美籍华裔科学家朱棣文利用一些光学和原子物理学的原理，巧妙地设计了“激光冷却”实验装置，使人们能够将孤立的原子运动冷却变慢并俘获它。这项技术在制造高精度原子钟、重力测量仪和原子“物质波”激光器等方面有着广泛的应用前景。朱棣文与法国人科昂·塔洛德基以及另一位美国科学家菲利浦斯共获 1997 年的诺贝尔物理学奖。

4. 重大科学发现和技术与方法的发明往往对人类健康、社会经济的进步产生巨大的推动作用和深远的影响

这一类科学发现尽管并不属于传统意义上的基础科学，它们或属于应用科学、或属于技术和工具的发明，但同样对人类健康、社会与经济的进步有着巨大的推动作用和深远的影响，同样受到科学界和社会的高度评价与尊重。

青霉素和链霉素的发现

英国剑桥大学细菌学家弗莱明在 1928 年抓住了偶然观察到的青霉菌抑制葡萄糖菌生长的现象进行研究，发现在除去青霉菌后，培养基同样具有杀菌作用。他由此推论出，这种杀菌剂是青霉菌在生长过程中的代谢产物，遂称之为“青霉素”。青霉素的发现与应用挽救了千百万人的生命。弗莱明和发现青霉素巨大疗效以及发明浓缩、提纯青霉素技术的英国牛津大学教授钱恩和弗洛里共同获得了 1946 年诺贝尔生理学/医学奖。

由于青霉素的发现震动了医药学界，因此不少人投入到寻找新的抗生素的工作中。1944年，出生在俄国的美国微生物学家瓦克斯曼在默克公司的资助下，从土壤中分离出链霉素。链霉素是第一种对革氏阴性结核杆菌有效的抗生素。20世纪40年代末，链霉素批量生产，行销全球，使长期困扰人类的结核病得到了有效治疗，他因此获1954年的诺贝尔生理学/医学奖。

核磁共振技术的发明

在诺贝尔获奖者中，有六人因核磁共振相关技术获奖，其中美国科学家拉比因发明记录原子核磁性的共振法获1944年诺贝尔物理学奖；1946年，美籍瑞士科学家布洛赫、美国科学家珀塞尔因发展精密测量核磁的新方法以及由此作出的发现获1952年诺贝尔物理学奖；法国科学家卡斯特莱因发明并发展用以研究原子核内共振的光学方法获1966年诺贝尔物理学奖；瑞士科学家恩斯特因在高分辨率核磁共振分光法分析分子结构发展方面的贡献获1991年的诺贝尔化学奖。核磁共振技术不但广泛运用在科学研究和医学上，而且是发展量子计算机的主要技术手段之一。

晶体管的发明

20世纪40年代，美国贝尔实验室的物理学家肖克利、巴丁和布拉顿发明了晶体管。在晶体管广泛应用十年后的1958年，美国的基尔比和他的同事制作的集成相移振荡器电路成为世界上第一批集成电路，拉开了信息革命的序幕。肖克利、巴丁和布拉顿因发现晶体管效应和半导体方面的研究获1956年的诺贝尔物理学奖。

激光技术的发明

美国科学家汤斯、苏联科学家巴索夫和普洛霍洛夫由于分别独立研制微波激光器以及他们在量子电动力学方面的贡献导致激光器的诞生，获1964年诺贝尔物理学奖。激光技术广泛应用于光通信、医疗诊断与治疗技术、全息照相技术、激光照排技术、激光核聚变技术。计量基准中，激光技术设备已经成为物理、化学、生物等学科必不可少的实验装备。激光器的诞生使匈牙利出生的英国科学家盖伯发明的全息照相技术成为实用技术，他因此获得了1971年的诺贝尔物理学奖。

5. 良好的科学基础和前沿性、交叉性的研究也可能偶发重大的科学发现，偶然中寓必然

宇宙背景辐射的发现

彭齐亚斯和威尔逊在用新型卫星天线接受系统进行测量时，发现了一种相当于绝对温度 3.5 K 的“噪声辐射”，经与普林斯顿大学理论物理学家进一步研究，终于确信这种“噪声辐射”是宇宙背景辐射，为宇宙大爆炸学说提供了最有力的支持。因此，他们获得了 1978 年的诺贝尔物理学奖。

中子的发现

1932 年，查德威克在研究天然放射性 α 粒子对非放射性元素轰击时，从测得的结果发现其散射与当时已有的知识不一致。他回忆起若干年前卢瑟福曾推测可能存在一种中性的质量与质子类似的放射性粒子，他推测 α 粒子轰击铍引起的辐射是中子，并列出了方程：

$$94Be+42\alpha \longrightarrow 126C+10n$$

稍后他还指出 α 粒子轰击硼也能产生中子即：

$$115B+42\alpha \longrightarrow 147N+10n$$

他还确定了中子的原子量。中子的发现使他获 1935 年的诺贝尔物理学奖。

6. 数学与计算机工具的创造性应用也可能带来自然科学、工程技术、经济与管理科学方法与理论的突破

数学对量子力学创立的作用

海森伯用矩阵方法写成的矩阵力学和薛定谔用代数方法写出的量子力学理论在数学上被证明是等价的，狄拉克在此基础上建立了完整的量子力学的数学表述，在理论上预言了正电子的存在，并为规范场的研究建立了坚实的数学基础，构筑了量子力学的理论体系。三人因此分别于 1932 年、1933 年获诺贝尔物理学奖。

测定分子结构的新方法

美国科学家豪普特曼和卡尔勒应用计算机技术，发明了可以通过计算机三维图像重建直接显示被 X 射线透射的分子立体结构的新方法，并测出包括

维生素、激素等数万种分子的结构,推动了有机化学、药物学及生物学的发展,荣获了1985年诺贝尔化学奖。

数学对经济学、管理科学发展的作用

从1969年设立诺贝尔经济学奖以来,有相当多的工作是非常数学化的,其中不乏数学家获诺贝尔经济学奖,如康德洛维奇将线性规划方法应用到物资调拨理论而获1975年经济学奖;克莱因因建立"设计预测经济变动的计算机模式"获1980年经济学奖;陶宾因建立"投资决策的数学模型"获1981年经济学奖。此外,数学家冯·诺伊曼和经济学家摩根斯坦长期合作的结晶《对策论与经济行为》的出版,被认为是20世纪经济学重大成就之一。

现代管理科学方法很多也来自数学方法,如运筹学、控制论等学科。建立数学模型、采用有效的算法和利用计算机已成为重要手段。

7. 对已有知识的科学整理与发掘也可能有新的重大发现与理论创新

原子结构理论的建立

玻尔在卢瑟福的原子模型和普朗克的量子论的基础上建立了原子结构理论,他因此获得1922年诺贝尔物理学奖。

门捷列夫的元素周期表

门捷列夫在前人对大量化学元素研究的基础上总结出了元素周期律。遗憾的是,在他生前,元素周期律未能得到科学的评价,未能获奖。

DNA及螺旋结构模型的提出

沃森和克里克集中了化学家鲍林关于DNA碱基结构特征的化学信息、富兰克林女士的DNA X射线衍射照片以及威尔金斯对照片的解释,进行深入研究,最终提出DNA的双螺旋结构模型,成为生命科学研究进入到分子水平的标志。因此,他们与威尔金斯共获1962年诺贝尔生理学/医学奖。

8. 良好的创新氛围和高水平的创新基地是产生高水平创新成果的温床

从诺贝尔奖获奖单位相对集中可以看出,创新基地的建设对于取得高水平的创新成果十分重要。诺贝尔奖获奖者中师生关系、学术亲缘关系屡见不鲜,说明高

水平人才的集中凝聚、跨学科交流以及在高水平学术带头人的领导和指导下选择前沿领域和战略方向，对于创新学术氛围的形成和重大创新突破都有重要意义。

从诺贝尔奖获奖者作出代表性工作到最终获奖，一般需要十余年，并且有增长的趋势，说明高水平创新工作被科学界和社会所认同需要时间。产生世界级的原始创新是一项艰巨和长期的目标，不可急功近利，需要稳定的科技政策予以支持。

9. 中青年时期是科学家实现创新突破的峰值年龄

从诺贝尔奖获得者的年龄分析可以看出，科学家创新的高峰期是在30～40岁之间，许多是博士学位论文期间的工作。因此，在重视发挥中老年杰出科学家指导作用的同时，必须建立起正常的人才新老交替和合理流动制度，破除论资排辈、因循守旧的陋习，支持中青年优秀人才，创造性地开展研究工作。特别需要鼓励和支持二十几岁的科学家在前沿领域和重大战略方向上开始独立的创新研究与发展工作。

10. 创新意识、原始性创新思想与创新战略比经费与设备更具有决定意义

20世纪以来，许多具有重大意义的原始创新突破并不都发生在投资最大的地方。例如，提出相对论的爱因斯坦，当时是瑞士伯尔尼专利局的低级职员，并无专项研究经费；沃森和克里克构建DNA双螺旋结构模型研究小组的经费消耗据说也只有数百英镑；魏格纳的大陆板块与漂移学说的提出也主要得益于他的创新科学思想。一些实验科学的原始性重大发现也并不在于特别昂贵的实验设备，而在于研究人员的创新意识、独特的实验构思、周密的实验和观测以及科学思维，并且许多是研究生阶段的工作。必要的资金和设备是科技创新的必要条件，但不是首要条件和充分条件。当然，随着物质科学向研究极端条件空间和尺度下的物质结构、相互作用及运动规律转移，生命科学与信息科学向分子和原子等微观层次、向着纳米尺度和飞秒量级发展，在具有原始创新科学思想和正确创新战略的前提下，充裕的资金与设备保证仍然是十分必要的。

11. 重大科技创新突破及其推广应用需要相应的创新体制和科学管理机制保证

英国剑桥大学的卡文迪许实验室(29人次获诺贝尔奖)，德国的马普学会(17人次获诺贝尔奖)是从事基础研究基地的代表，贝尔实验室(11人次获诺贝尔奖)与IBM实验室(5人次获诺贝尔奖)是公司实验室的卓越代表，其共同的特点是领导人具有高瞻远瞩的战略眼光，善于识别与培养创新人才，尤其是善于发现、培养和支持青年人才的创新研究，善于选择研究战略方向和重点领域，充分尊重科学家的自主权和学术自由，建立公正的、适时的乃至国际化的科学评估与管理，开展广泛而经常的国际合作交流，以及营造了优良的研究条件和创新文化氛围。

四、中国科学家冲击诺贝尔奖的基本对策

原中科院院长、我国著名科学家周光召在充分吸纳学者们研究成果的基础上，比较详细地分析了我国产生重大科学发现的条件和对策，被科学界广泛认同并称为我国科学家冲击诺贝尔奖的“十大行动纲领”或基本对策。

1. 正视产生重大科学发现的困难

重大科学发现一般是在学科交叉的生长点上出现的，而不是按照常规计划，在可预见结果的情况下进行实验和逻辑推理就能得到的。因为计划只能在原有的科学原理框架内制订，科学家个人又受到知识面狭窄和学科传统观念的限制，多数人很难有观念上的突破。这种局限和困难必须努力克服。

2. 充分认识科学发现的偶然性和必然性

通常在科研探索过程中要出现多次的失败，但在失败中可能发生偶然出现的现象，其中包含启发新思想的萌芽。只有不怕失败、观察敏锐的人才能在单调重复的试探中注意到新的现象或思想的萌芽，并将其发展下去。而科学发现的时机一旦成熟，发现就成为必然；至于由哪一位科学家发现则是偶然的。历史已经证明，只有那些及时抓住机遇的科学家才能成为最初的发现人。

3. 有创新力是科学家必备的素质

包袱少，失败后不怕人笑话，对新事物非常敏感，有强烈的好奇心，不受原有思维方式和原有理论的束缚，敢想敢干；身体相对健康，精力充沛，工作非常努力；受各种社会和家庭事务的干扰少，脑子高度集中，日夜处于创新的临界状态，因而容易作出重要的成果。

4. 自信、善于学习和做好战略选择是有所发现的基本条件

要有严格的科学态度，掌握先进的科学方法，在此基础上建立起充分的自信。自信不足、不敢碰难问题、仅仅满足于跟踪模仿都是巨大的思想障碍。要善于学习，既能站在巨人的肩膀上前进，又不盲从权威人士的意见；要从自身的实际条件出发，做好课题方向的战略性选择；要扬长避短，着力发现学科的新生长点和突破点，集中力量、坚持不懈，才有收获。在这方面，有经验的学科带头人会起到重要的作用。

5. 要形成创新的学术集体和良好的科学生态环境

要在开放流动的环境下建立能不断创新的学术集体；要有追求真理、实事求是、崇尚科研道德的精神。科研人员来往要频繁，学术争论气氛要热烈。通过各种学术观点的激烈交锋、单个学科的深入开拓、不同学科的交叉融合，才能形成良好的科学生态环境，实现科学系统的协同进化，科学家个人也才能在这个环境中激发

出创造力和新思维。

6. 充分发挥哲学和科学方法论的作用

当前，科学前沿研究的对象多是复杂的系统，很多对象具有无穷多自由度，过去常用的科学方法和思维方式很可能不能满足需要，必须进一步发展才能处理复杂系统。因此，要加强对哲学的研讨，加强对科学方法论、数学及计算方法的研究。另外，观测仪器是发现新现象的先导，要重视新仪器的研制和实验手段的开发。

7. 攀登顶峰永不停歇，处于逆境更应奋进

许多人在还没有建树时，渴望得到社会的承认、得到稳定的社会职业和社会地位，有一股拼劲；但一旦拿到永久职位和职称，就不再努力，缺少内在的动力去攀登科学的顶峰。显然，条件过于优越，可能使人懈怠，而逆境却常能促使人奋发图强。现在还没有得到社会承认、没有列入重点支持范围的科技工作者不要灰心，很可能将来出现重大创新的部分科学家是那些身在祖国内地、没有得到国家重大资助的科学家。

8. 青年要成为科研的主力军

青年最有条件具备上面所说的素质和条件，因而可能最有创新的活力。青年要想有所发现，就必须刻苦学习和锻炼。科学研究没有捷径可走，尝试、失败，再尝试、再失败。只有经过千锤百炼直到最后才可能取得成功，只有从心理、身体、知识和能力诸方面做好准备的青年，才能抓住难得的机遇，实现理想，取得重大的科学发现。

9. 搞好老中青三结合，发挥中年科技工作者的骨干作用

一个好的科研集体中，老、中、青科学家各有各的作用，他们互相支持、共同协作，才能形成思想活跃、干劲十足、经验得到继承、技术不断发展、科研方向始终处于前沿的集体。

当前，在着力培养和选拔年轻科技人员的同时，要充分发挥中年科技工作者的骨干作用和老年科技工作者的指导作用。有造诣的中年科学家已经得到社会的承认，承担了许多重要科研项目的领导任务，是多数科研课题的负责人。在没有经过识别、也没有更好识别机制的情况下，社会应当也只能将这些职责主要交给中年的一代，而不会交给品质和能力尚未充分显现的青年。

10. 尊重和发挥老师的作用

很多时候年轻人作出的工作还不完善，需要有经验的科学家给予指导和加工，如量子力学的完整理论是海森堡在老师玻恩带领下完成的。年轻人的才华常常要由有经验的科学家来识别，给予培养和鼓励，才能得到发挥的机会。一个成功的年轻科学家身后必定都有一些值得称道的老师。很多科学大师，如玻尔、玻恩、布拉

格、费米等，在他们生命的后期都带出了一大批杰出的青年科学家。

此外，中国科学家要冲击诺贝尔奖，除了上述十个方面外还必须注意以下几个方面。

1. 教育是基础

百年大计，教育为本。教育是推进科技进步的基础和源泉。一个国家、一个民族的素质是由其受教育的程度决定的。美国前总统克林顿上台后提出，保证美国在世界领导地位的一个重要战略就是保证美国18岁至23岁大学年龄段的青年人全部进入大学。日本靠发展教育崛起，大学入学率在20世纪内保持在35%以上。而目前我国大学入学率不到10%，远远赶不上发展的需要。所以，要培养跨世纪的尖端人才，必须下大力气发展教育、办出几所世界一流的大学，办出自己的牛津、剑桥、哈佛和普林斯顿。我们必须转变教育思想，更新教育观念，变应试教育为素质教育，变模式教育为开化教育，注重挫折教育，建立创造性教育的机制。精心培养学生致力于探求知识、富有批评性地追根究底的精神，使学生在专业领域内更善于思考、更具有创造性；学生不应是四平八稳、不求有功但求无过的小绵羊；他们应有自己独特的思想，要敢于怀疑、敢于提出问题、勇于到“诺贝尔”门前“班门弄斧”。只有这样才能逐步培养出冲击诺贝尔科学奖的科技英才。

2. 创新是关键

创新是一个民族的灵魂，一个国家兴旺发达的不竭动力。当今世界科学技术发展的事实印证了这一观点。20世纪以来，科学技术突飞猛进，科学理论和发明的物化和被应用的时间越来越短。18世纪的蒸汽机花了近100年，19世纪的电动机和电话机花了50年，电子管也花了30年；而20世纪以来的雷达、电视机、晶体管、原子能和激光仅分别花了15年、12年、5年、3年和1年。科学出版物过去十年增长了一倍；现在全世界每天发表科技论文6000～8000篇，一年半就增长一倍。因此，中国科学技术的发展，社会各项事业的进步，最终要靠创新，不创新就不能在世界上占有一席之地。

3. 管理是保证

获得诺贝尔奖是一项大工程，需要有管理帅才来组织、管理和协调。合理调配资源，优势互补；倡导团体精神、协作精神，靠集体的智慧占领制高点；吸引和凝聚一流的创新队伍，增加知识科技储备，建立起遴选诺贝尔奖人才的机制。

4. 青年是主体

应大力扶持、资助有希望的青年科学家。韦伯分布表明，历史上重大科学发现、科学成果的发明者大都年龄在25～45岁，概率峰值是37岁。鼓励处于最佳年龄段的科技人员发挥创造力，早日成才，对我国获得诺贝尔奖至关重要。其次，国家要创造一个良好的氛围和一个公平竞争的科研环境，鼓励科学家冲击诺贝尔科学奖。

5. 交流是桥梁

加强与名校的交流和名师对青年科学家的指点至关重要。让中国的中青年科学家走出去，把著名科学家请进来，坚持双向交流，加强培养，必有成效。名师出高徒，事实也是如此。从诺贝尔科学获奖者的名单中发现，有师徒关系的比例高达40%以上。我们所要做的就是更进一步地挖掘这种有利条件，加强与著名大学和科学家的交流与合作。中国需要诺贝尔奖，更需要蕴含在诺贝尔奖中的科学精神。

思考与建议

1. 通过学习，你认为中国未能获得诺贝尔科学奖的主要原因是什么？
2. 你知道近现代科学中，中国有哪些科学成果是世界一流的？
3. 通过本章学习，中国要创造一流的科学成就，还需要朝哪些方面努力？

参考文献

[1] 路甬祥. 规律与启示：从诺贝尔自然科学奖与20世纪重大科学成就看科技原始创新的规律[J]. 西安交通大学学报：社会科学版，2000，4.

[2] 王晓勇. 科学精神与诺贝尔奖[J]. 自然辩证法研究，2001，9.

[3] 孙敬水. 中国科学家为何至今与诺贝尔奖无缘[J]. 中国软科学，2002，2.

[4] 袁祖望. 中国科学创新薄弱原因探讨[J]. 华中师范大学学报：人文社会科学版，2006，1.

[5] 冉祥华. 中国无缘诺贝尔奖原因探析[J]. 商丘师范学院学报，2001，5.

[6] 毛新志. 中国未获诺贝尔奖的社会因素分析[J]. 齐齐哈尔大学学报：哲学社会科学版，2001，1.

[7] 田文泽. 叩响诺贝尔医学奖大门的中华第一人：伍连德[J]. 医学史研究，2010，10.

[8] 刘铮筝. 屠呦呦：离诺贝尔奖最近的中国女人[J]. 法律与生活. 2012，1.

[9] http://www.stats.gov.cn/tjfx/ztfx/sywcj/t20110311_402709774.htm

[10] http://www.gov.cn/gzdt/2011-03/10/content_1821592.htm

[11] http://www.edu.cn/20060109/3169609.shtml

附录一　1901～2013年度
诺贝尔科学奖获奖名录

1901年12月10日第一届诺贝尔科学奖

德国科学家伦琴因发现X射线获诺贝尔物理学奖。

荷兰科学家范托霍夫因化学动力学和渗透压定律研究获诺贝尔化学奖。

德国科学家贝林因血清疗法防治白喉、破伤风获诺贝尔生理学/医学奖。

1902年12月10日第二届诺贝尔科学奖

荷兰科学家洛伦兹因创立电子理论、荷兰科学家塞曼因发现磁力对光的塞曼效应而共同获得诺贝尔物理学奖。

德国科学家费歇尔因合成嘌呤及其衍生物多肽获诺贝尔化学奖。

美国科学家罗斯因发现疟原虫通过疟蚊传入人体的途径获诺贝尔生理学/医学奖。

1903年12月10日第三届诺贝尔科学奖

法国科学家贝克勒尔因发现天然放射性现象、居里夫妇因发现放射性元素镭而共同获得诺贝尔物理学奖。

瑞典科学家阿伦尼乌斯因电解质溶液电离解理论获诺贝尔化学奖。

丹麦科学家芬森因光辐射疗法治疗皮肤病获诺贝尔生理学/医学奖。

1904年12月10日第四届诺贝尔科学奖

英国科学家瑞利因发现氩获得诺贝尔物理学奖。

英国科学家拉姆赛因发现六种惰性气体，并确定它们在元素周期表中的位置获得诺贝尔化学奖。

俄国科学家巴甫洛夫因消化生理学研究的巨大贡献获得诺贝尔生理学/医学奖。

1905年12月10日第五届诺贝尔科学奖

德国科学家勒纳因阴极射线的研究获得诺贝尔物理学奖。

德国科学家拜耳因研究有机染料及芳香剂等有机化合物获得诺贝尔化学奖。

德国科学家科赫因对细菌学的发展获诺贝尔生理学/医学奖。

1906年12月10日第六届诺贝尔科学奖

英国科学家J·J·汤姆逊因研究气体的电导率获得诺贝尔物理学奖。

法国科学家穆瓦桑因分离元素氟、发明穆瓦桑熔炉获得诺贝尔化学奖。

意大利科学家戈尔吉和西班牙科学家拉蒙·卡哈尔因对神经系统结构的研究而共同获得诺贝尔生理学/医学奖。

1907年12月10日第七届诺贝尔科学奖

美国科学家迈克尔逊因测量光速获诺贝尔物理学奖。

德国科学家毕希纳因发现无细胞发酵获诺贝尔化学奖。

法国科学家拉韦朗因发现疟原虫在致病中的作用获诺贝尔生理学/医学奖。

1908年12月10日第八届诺贝尔科学奖

法国科学家李普曼因发明彩色照片的复制获诺贝尔物理学奖。

英国科学家卢瑟福因研究元素的蜕变和放射化学获诺贝尔化学奖。

德国科学家埃利希因发明“606”、俄国科学家梅奇尼科夫因对免疫性的研究而共同获得诺贝尔生理学/医学奖。

1909年12月10日第九届诺贝尔科学奖

意大利科学家马可尼、德国科学家布劳恩因发明无线电报技术而共同获得诺贝尔物理学奖。

德国科学家奥斯特瓦尔德因催化、化学平衡和反应速度方面的开创性工作获诺贝尔化学奖。

瑞士科学家柯赫尔因对甲状腺生理、病理及外科手术的研究获诺贝尔生理学/医学奖。

1910年12月10日第十届诺贝尔科学奖

荷兰科学家范德瓦尔斯因研究气体和液体状态工程获诺贝尔物理学奖。

德国科学家瓦拉赫因脂环族化合作用方面的开创性工作获诺贝尔化学奖。

俄国科学家科塞尔因研究细胞化学蛋白质及核质获诺贝尔生理学/医学奖。

1911年12月10日第十一届诺贝尔科学奖

德国科学家维恩因发现热辐射定律获诺贝尔物理学奖。

法国科学家玛丽·居里(居里夫人)因发现镭和钋,并分离出镭获诺贝尔化学奖。

瑞典科学家古尔斯特兰因研究眼的屈光学获诺贝尔生理学/医学奖。

1912年12月10日第十二届诺贝尔科学奖

荷兰科学家达伦因发明航标灯自动调节器获诺贝尔物理学奖。

德国科学家格利雅因发现有机氢化物的格利雅试剂法、法国科学家萨巴蒂埃因研究金属催化加氢在有机化合成中的应用而共同获得诺贝尔化学奖。

法国医生卡雷尔因血管缝合和器官移植获诺贝尔生理学/医学奖。

1913年12月10日第十三届诺贝尔科学奖

荷兰科学家卡曼林欧尼斯因研究物质在低温下的性质,并制出液态氦获诺贝尔物理学奖。

瑞士科学家韦尔纳因分子中原子键合方面的作用获诺贝尔化学奖。

法国科学家里歇特因对过敏性的研究获诺贝尔生理学/医学奖。

1914 年 12 月 10 日第十四届诺贝尔科学奖

德国科学家劳厄因发现晶体的 X 射线衍射获诺贝尔物理学奖。

美国科学家理查兹因精确测定若干种元素的原子量获诺贝尔化学奖。

奥地利科学家巴拉尼因前庭器官方面的研究获诺贝尔生理学/医学奖。

1915 年 12 月 10 日第十五届诺贝尔科学奖

英国科学家威廉·亨利·布拉格和威康·劳伦斯·布拉格父子因用 X 射线分析晶体结构获诺贝尔物理学奖。

德国科学家威尔泰特因对叶绿素化学结构的研究获诺贝尔化学奖。

1916 年 12 月 10 日第十六届诺贝尔科学奖

未颁奖。

1917 年 12 月 10 日第十七届诺贝尔科学奖

英国科学家巴克拉因发现 X 射线对元素的特征发射获诺贝尔物理学奖。

1918 年 12 月 10 日第十八届诺贝尔科学奖

德国科学家普朗克因创立量子论、发现基本量子获诺贝尔物理学奖。

德国科学家哈伯因氨的合成获诺贝尔化学奖。

1919 年 12 月 10 日第十九届诺贝尔科学奖

德国科学家斯塔克因发现正离子射线的多普勒的效应和光线在电场中的分裂获诺贝尔物理学奖。

比利时科学家博尔德因发现免疫力，建立新的免疫学诊断法获诺贝尔生理学/医学奖。

1920 年 12 月 10 日第二十届诺贝尔科学奖

瑞士科学家纪尧姆因发现合金中的反常性质获诺贝尔物理学奖。

德国科学家能斯特因发现热力学第三定律获诺贝尔化学奖。（1921 年补发）

丹麦科学家克罗格因发现毛细血管的调节机理获诺贝尔生理学/医学奖。

1921 年 12 月 10 日第二十一届诺贝尔科学奖

美籍德裔科学家爱因斯坦阐明光电效应原理获诺贝尔物理学奖。

英国科学家索迪因研究放射化学、同位素的存在和性质获诺贝尔化学奖。

1922 年 12 月 10 日第二十二届诺贝尔科学奖

丹麦科学家玻尔因研究原子结构及其辐射获诺贝尔物理学奖。

英国科学家阿斯顿因用质谱仪发现多种同位素并发现原子获诺贝尔化学奖。

英国科学家希尔因发现肌肉生热、德国科学家迈尔霍夫因研究肌肉中氧的消耗和乳酸代谢而共同获得诺贝尔生理学/医学奖。

1923 年 12 月 10 日第二十三届诺贝尔科学奖

美国科学家密立根因测量电子电荷,并研究光电效应获诺贝尔物理学奖。

奥地利科学家普雷格尔因有机物的微量分析法获诺贝尔化学奖。

加拿大科学家班廷、英国科学家麦克劳德因发现胰岛素而共同获得诺贝尔生理学/医学奖。

1924 年 12 月 10 日第二十四届诺贝尔科学奖

瑞典科学家西格班因研究 X 射线光谱学获诺贝尔物理学奖。

荷兰科学家埃因托芬因发现心电图机制获诺贝尔生理学/医学奖。

1925 年 12 月 10 日第二十五届诺贝尔科学奖

德国科学家弗兰克、赫兹因阐明原子受电子碰撞的能量转换定律而共同获得获诺贝尔物理学奖。

奥地利科学家席格蒙迪因阐明胶体溶液的复相性质获诺贝尔化学奖。

1926 年 12 月 10 日第二十六届诺贝尔科学奖

法国科学家佩林因研究物质结构的不连续性,测定原子量获诺贝尔物理学奖。

瑞典科学家斯韦德堡因发明高速离心机并用于高分散胶体物质的研究获诺贝尔化学奖。

丹麦医生菲比格因对癌症的研究获诺贝尔生理学/医学奖。

1927 年 12 月 10 日第二十七届诺贝尔科学奖

美国科学家康普顿因发现散射 X 射线的波长变化、英国科学家威尔逊因发明可以看见带电粒子轨迹的云雾室而共同获得诺贝尔物理学奖。

德国科学家维兰德因发现胆酸及其化学结构获诺贝尔化学奖。

奥地利医生尧雷格因研究精神病学、治疗麻痹性痴呆获诺贝尔生理学/医学奖。

1928 年 12 月 10 日第二十八届诺贝尔科学奖

英国科学家理查森因发现电子发射与温度关系的基本定律获诺贝尔物理学奖。

德国科学家温道斯因研究丙醇及其维生素的关系获诺贝尔化学奖。

法国科学家尼科尔因对斑疹伤寒的研究获诺贝尔生理学/医学奖。

1929 年 12 月 10 日第二十九届诺贝尔科学奖

法国科学家德布罗意因提出粒子具有波粒二象性获诺贝尔物理学奖。

英国科学家哈登因有关糖的发酵和酶在发酵中作用研究、瑞典科学家奥伊勒歇尔平因有关糖的发酵和酶在发酵中作用而共同获得诺贝尔化学奖。

荷兰科学家艾克曼因发现防治脚气病的维生素 B1、英国科学家霍普金斯因发现促进生命生长的维生素而共同获得诺贝尔生理学/医学奖。

1930 年 12 月 10 日第三十届诺贝尔科学奖

印度科学家拉曼因研究光的散射,发现拉曼效应获诺贝尔物理学奖。

德国科学家费歇尔因研究血红素和叶绿素,合成血红素获诺贝尔化学奖。

美国科学家兰斯坦纳因研究人体血型分类、并发现四种主要血型获诺贝尔生理学/医学奖。

1931 年 12 月 10 日第三十一届诺贝尔科学奖

德国科学家博施、伯吉龙斯因发明高压上应用的高压方法而共同获得诺贝尔化学奖。

德国科学家瓦尔堡因发现呼吸酶的性质的作用获诺贝尔生理学/医学奖。

1932 年 12 月 10 日第三十二届诺贝尔科学奖

德国科学家海森堡因提出量子力学中的测不准原理获诺贝尔物理学奖。

美国科学家朗缪尔因提出并研究表面化学获诺贝尔化学奖。

英国科学家艾德里安因发现神经元的功能、英国科学家谢灵顿因发现中枢神经反射活动的规律而共同获得诺贝尔生理学/医学奖。

1933 年 12 月 10 日第三十三届诺贝尔科学奖

英国科学家狄拉克、奥地利科学家薛定谔因建立量子力学中的波动方程而共获诺贝尔物理学奖。

美国科学家摩尔根因创立染色体遗传理论获诺贝尔生理学/医学奖。

1934 年 12 月 10 日第三十四届诺贝尔科学奖

美国科学家尤里因发现重氢获诺贝尔化学奖。

美国科学家迈诺特、墨菲、惠普尔因发现治疗贫血的肝制剂而共同获得诺贝尔生理学/医学奖。

1935 年 12 月 10 日第三十五届诺贝尔科学奖

英国科学家查德威克因发现中子获诺贝尔物理学奖。

法国科学家约里奥 · 居里夫妇因合成人工放射性元素获诺贝尔化学奖。

德国科学家斯佩曼因发现胚胎的组织效应获诺贝尔生理学/医学奖。

1936 年 12 月 10 日第三十六届诺贝尔科学奖

奥地利科学家赫斯因发现宇宙辐射、美国科学家安德林因发现正电子而共同获得诺贝尔物理学奖。

荷兰科学家德拜因 X 射线的偶极矩和衍射及气体中的电子方面的研究获诺贝尔化

学奖。

英国科学家戴尔、德国科学家勒维因发现神经脉冲的化学传递而共同获诺贝尔生理学/医学奖。

1937年12月10日第三十七届诺贝尔科学奖

美国科学家戴维森、英国科学家G·P·汤姆逊因发现电子在晶体中的衍射现象而共获诺贝尔物理学奖。

英国科学家霍沃恩因研究碳水化合物和维生素、瑞士科学家卡勒因研究胡萝卜素、黄素和维生素而共同获得诺贝尔生理学/医学奖。

1938年12月10日第三十八届诺贝尔科学奖

意大利科学家费米因用中子辐射产生人工放射性元素获诺贝尔物理学奖。

德国科学家库恩因研究类胡萝卜素和维生素获诺贝尔化学奖。但因纳粹的阻挠而被迫放弃领奖。

比利时科学家海曼斯因发现呼吸调节中颈动脉窦和主动脉窦的作用获诺贝尔生理学/医学奖。

1939年12月10日第三十九届诺贝尔科学奖

美国科学家劳伦斯因发明回旋加速器获诺贝尔物理学奖。

德国科学家布特南特因性激素方面的工作、瑞士科学家卢齐卡因聚甲烯和性激素方面的研究工作而共同获得诺贝尔化学奖。布特南特因纳粹的阻挠而被迫放弃领奖。

德国科学家多马克因发现磺胺的抗菌作用获诺贝尔生理学/医学奖，但因纳粹的阻挠而放弃。

1940～1942年的诺贝尔奖因第二次世界大战爆发的影响而中断。

1943年12月10日第四十三届诺贝尔科学奖

美国科学家斯特恩因发明质子磁矩获诺贝尔物理学奖。

匈牙利科学家赫维西因在化学研究中用同位素作示踪物获诺贝尔化学奖。

丹麦科学家达姆因发现维生素K、美国科学家多伊西因研究维生素K的化学性质，而共同获得诺贝尔生理学/医学奖。

1944年12月10日第四十四届诺贝尔科学奖

美国科学家拉比因用共振方法测原子核的磁性获诺贝尔物理学奖。

德国科学家哈恩因发现重原子核的裂变获诺贝尔化学奖。

美国科学家厄兰格、加塞因发现单一神经纤维的高度机能分化，而共同获得诺贝尔生理学/医学奖。

1945年12月10日第四十五届诺贝尔科学奖

奥地利科学家泡利因发现量子的不相容原理获诺贝尔物理学奖。

芬兰科学家维尔塔宁因发明酸化法贮存鲜饲料获诺贝尔化学奖。

英国科学家弗莱明、弗洛里、钱恩因发现青霉素及其临床效用,而共同获得诺贝尔生理学/医学奖。

1946 年 12 月 10 日第四十六届诺贝尔科学奖

美国科学家布里奇曼因高压物理学的一系列发现获诺贝尔物理学奖。

美国科学家萨姆纳因发现酶结晶、美国科学家诺思罗普、斯坦利因制出酶和病毒蛋白质纯结晶而共同获得诺贝尔化学奖。

美国科学家马勒因发现 X 射线辐照引起变异获诺贝尔生理学/医学奖。

1947 年 12 月 10 日第四十七届诺贝尔科学奖

英国科学家阿普尔顿因发现高空无线电短波电离层——阿普顿层获诺贝尔物理学奖。

英国科学家罗宾逊因研究生物碱和其他植物制品获诺贝尔化学奖。

美国科学家科里夫妇因发现糖代谢过程中垂体激素对糖原的催化作用、阿根廷科学家何塞因研究脑下垂体激素对动物新陈代谢作用而共同获得获诺贝尔生理学/医学奖。

1948 年 12 月 10 日第四十八届诺贝尔科学奖

英国科学家布莱克特因核物理和宇宙辐射领域的一些发现获诺贝尔物理学奖。

瑞典科学家蒂塞利乌斯因研究电泳和吸附分析血清蛋白获诺贝尔化学奖。

瑞士科学家米勒因合成高效有机杀虫剂 DDT 获诺贝尔生理学/医学奖。

1949 年 12 月 10 日第四十九届诺贝尔科学奖

日本科学家汤川秀树因发现介子获诺贝尔物理学奖。

美国科学家吉奥克因研究超低温下的物质性能获诺贝尔化学奖。

瑞士赫斯因发现中脑有调节内脏活动的功能、葡萄牙科学家莫尼兹因发现脑白质切除治疗精神病的功效而共同获得诺贝尔生理学/医学奖。

1950 年 12 月 10 日第五十届诺贝尔科学奖

英国科学家鲍威尔因研究原子核摄影技术、发现介子获诺贝尔物理学奖。

德国科学家狄尔斯、阿尔德因发现并发展了双稀合成法而共同获得诺贝尔化学奖。

美国科学家亨奇因发现可的松治疗风湿性关节炎、美国科学家肯德尔和瑞士科学家莱希斯坦因研究肾上腺皮质激素及其结构和生物效应而共同获得诺贝尔生理学/医学奖。

1951 年 12 月 10 日第五十一届诺贝尔科学奖

英国科学家科克劳夫特、爱尔兰科学家沃尔顿因加速粒子使原子核嬗变而共同获得诺贝尔物理学奖。

美国科学家麦克米伦、西博格因发现超铀元素镎等而共同获得诺贝尔化学奖。

南非医生蒂勒因研究黄热病及其防治方法获诺贝尔生理学/医学奖。

1952年12月10日第五十二届诺贝尔科学奖

美国科学家布洛赫、珀赛尔因建立核子感应理论，创立核子磁力测量法而共同获得诺贝尔物理学奖。

英国科学家马丁、辛格因发明分配色谱法而共同获得诺贝尔化学奖。

美国科学家瓦克斯曼因发现链霉素获诺贝尔生理学/医学奖。

1953年12月10日第五十三届诺贝尔科学奖

荷兰科学家塞尔尼克因发明相位差显微镜获诺贝尔物理学奖。

德国科学家施陶丁格因对高分子化学的研究获诺贝尔化学奖。

美国科学家李普曼因发现辅酶A及其中间代谢作用、英国科学家克雷布斯因阐明合成尿素的鸟氨酸循环和三羧循环而共同获得诺贝尔生理学/医学奖。

1954年12月10日第五十四届诺贝尔科学奖

德国科学家玻恩因对粒子波函数的统计解释、德国科学家博特因发明符合计数法而共同获得诺贝尔物理学奖。

美国科学家鲍林因研究化学键的性质和复杂分子结构获诺贝尔化学奖。

美国科学家恩德斯、韦勒、罗宾斯因培养小儿麻痹病毒成功而共同获得诺贝尔生理学/医学奖。

1955年12月10日第五十五届诺贝尔科学奖

美国科学家兰姆因研究氢原子光谱的精细结构、美国科学家库什因精密测量出电子磁矩而共同获得诺贝尔物理学奖。

美国科学家迪维格诺德因第一次合成多肽激素获诺贝尔化学奖。

瑞典科学家西奥雷尔因发现氧化酶的性质和作用获诺贝尔生理学/医学奖。

1956年12月10日第五十六届诺贝尔科学奖

美国科学家肖克利、巴丁、布拉顿因研究半导体、发明晶体管而共同获得诺贝尔物理学奖。

英国科学家欣谢尔伍德、苏联科学家谢苗诺夫因研究化学反应动力学和链式反应而共同获得诺贝尔化学奖。

德国医生福斯曼、美国医生理查兹、库南德因发明心导管插入术和循环的变化而共同获得诺贝尔生理学/医学奖。

1957年12月10日第五十七届诺贝尔科学奖

美籍华裔科学家杨振宁、李政道因发现在弱对称下宇称不守恒原理而共同获得诺贝尔物理学奖。

英国科学家托德因研究核苷酸和核苷酸辅酶获诺贝尔化学奖。

意大利科学家博韦因发明抗过敏反应特效药获诺贝尔生理学/医学奖。

1958 年 12 月 10 日第五十八届诺贝尔科学奖

苏联科学家切伦科夫、弗兰克、塔姆因发现并解释切伦科夫效应而共同获得诺贝尔物理学奖。

英国科学家桑格因确定胰岛素分子结构获诺贝尔化学奖。

美国科学家比德尔、塔特姆因对化学过程的遗传调节的研究、美国科学家莱德伯格因有关细菌的基因重组和遗传物质结构方面的发现而共同获得诺贝尔生理学/医学奖。

1959 年 12 月 10 日第五十九届诺贝尔科学奖

美国科学家塞格雷、张伯论因确证反质子的存在而共同获得诺贝尔物理学奖。

捷克斯洛伐克科学家海洛夫斯基因发现并发展极谱分析法，开创极谱学获诺贝尔化学奖。

美国科学家奥乔亚、科恩伯格因人工合成核酸，并发现其生理作用而共同获得诺贝尔生理学/医学奖。

1960 年 12 月 10 日第六十届诺贝尔科学奖

美国科学家格拉雷因发明气泡室获诺贝尔物理学奖。

美国科学家利比因创立放射性碳测定法获诺贝尔化学奖。

澳大利亚科学家伯内特、英国科学家梅达沃因发现并证实动物抗体的获得性免疫耐受性而共同获得诺贝尔生理学/医学奖。

1961 年 12 月 10 日第六十一届诺贝尔科学奖

美国科学家霍夫斯塔特因确定原子核的形状与大小、德国科学家穆斯堡尔因发现穆斯堡尔效应而共同获得诺贝尔物理学奖。

美国科学家卡尔文因研究植物光合作用中的化学过程获诺贝尔化学奖。

美国科学家贝凯西因研究耳蜗感音的物理机制获诺贝尔生理学/医学奖。

1962 年 12 月 10 日第六十二届诺贝尔科学奖

苏联科学家兰道因研究物质凝聚和超流超导现象获诺贝尔物理学奖。

英国科学家肯德鲁、佩鲁茨因研究蛋白质的分子结构获诺贝尔化学奖。

英国科学家克里克、威尔金斯、美国科学家沃森因发现脱氧核糖核酸的分子结构而共同获得诺贝尔生理学/医学奖。

1963 年 12 月 10 日第六十三届诺贝尔科学奖

德国科学家詹森、美国科学家梅耶因创立原子核结构的壳模型理论、美国科学家维格纳因发现原子核中质子和中子相互作用力的对称原理而共同获得诺贝尔物理学奖。

意大利科学家纳塔、德国科学家齐格勒因合成高分子塑料而共同获得诺贝尔化学奖。

澳大利亚科学家埃克尔斯、英国科学家霍奇金、赫克斯利因研究神经脉冲、神经纤维传递而共同获得诺贝尔生理学/医学奖。

1964年12月10日第六十四届诺贝尔科学奖

美国科学家汤斯、苏联科学家巴索夫、普罗霍罗夫因制成微波激射器和激光器而共同获得诺贝尔物理学奖。

英国科学家霍奇金因用X射线方法研究青霉素和维生素B12等的分子结构获诺贝尔化学奖。

美国科学家布洛赫、德国科学家吕南因发现胆固醇和脂肪酸的代谢而共同获得诺贝尔生理学/医学奖。

1965年12月10日第六十五届诺贝尔科学奖

美国科学家施温格、费恩曼、日本科学家朝永振一郎因研究量子电动学基本原理而共同获得诺贝尔物理学奖。

美国科学家伍德沃德因人工合成类固醇、叶绿素等物质获诺贝尔化学奖。

法国科学家雅各布、利沃夫、莫洛因发现体细胞的规律性活动而共获诺贝尔生理学/医学奖。

1966年12月10日第六十六届诺贝尔科学奖

法国科学家卡斯特勒因发现、研究原子中赫兹共振的光学方法获诺贝尔物理学奖。

美国科学家马利肯因创立化学结构分子轨道学说获诺贝尔化学奖。

美国科学家哈金斯、劳斯因研究治癌原因及其治疗而共同获得诺贝尔生理学/医学奖。

1967年12月10日第六十七届诺贝尔科学奖

美国科学家贝蒂因发现恒星的能量来源获诺贝尔物理学奖。

德国科学家艾根、英国科学家波特和诺里什因发明快速测定化学反应的技术而共同获得诺贝尔化学奖。

美国科学家哈特兰因研究视觉和视网膜的生理功能、美国科学家沃尔德因研究视觉的心理特别是视色素、瑞典科学家格拉尼特因发现视网膜的抑制过程而共同获得诺贝尔生理学/医学奖。

1968年12月10日第六十八届诺贝尔科学奖

美国科学家阿尔瓦雷斯因发现了氢泡室及其分析技术、发现了共振态获诺贝尔物理学奖。

美国科学家昂萨格因创立多种热动力作用之间相互关系的理论获诺贝尔化学奖。

美国科学家霍利、科拉纳、尼伦伯格因解释遗传密码而共同获得诺贝尔生理学/医学奖。

1969年12月10日第六十九届诺贝尔科学奖

美国科学家盖尔曼因发现亚原子粒子及其相互作用分类法获诺贝尔物理学奖。

英国科学家巴顿、挪威科学家哈赛尔因在测定有机化合物的三维构相方面的工作而共同获得诺贝尔化学奖。

美国科学家德尔布吕克、赫尔希、卢里亚因研究并发现病毒和病毒病而共同获得诺贝尔生理学/医学奖。

1970 年 12 月 10 日第七十届诺贝尔科学奖

瑞典科学家阿尔文因在磁流体动力学中的发现、法国科学家奈尔因发现反铁磁性的亚铁磁性而共同获得诺贝尔物理学奖。

阿根廷科学家莱格伊尔因发现糖核甙酸及其在碳水化合物的生物合成中的作用获诺贝尔化学奖。

美国科学家阿克塞尔罗德、英国科学家卡茨、瑞典科学家奥伊勒因发现神经传递的化学基础而共同获得诺贝尔生理学/医学奖。

1971 年 12 月 10 日第七十一届诺贝尔科学奖

英国科学家加博尔因发明全息照相技术获诺贝尔物理学奖。

加拿大科学家赫茨伯格因研究分子结构、美国科学家安芬森因研究核糖核酸酶的分子结构而共同获得诺贝尔化学奖。

英国科学家萨瑟兰因在分子水平上阐明激素的作用机理获诺贝尔生理学/医学奖。

1972 年 12 月 10 日第七十二届诺贝尔科学奖

美国科学家巴丁、库珀、施里弗因创立超导理论（BCS 理论）而共同获得诺贝尔物理学奖。

美国科学家安芬森、穆尔、斯坦因因研究蛋白质的一级结构和核糖核酸酶的分子结构而共同获得诺贝尔化学奖。

美国科学家埃德尔曼、英国科学家波特因对抗体化学结构的研究而共获诺贝尔生理学/医学奖。

1973 年 12 月 10 日第七十三届诺贝尔科学奖

日本科学家江崎玲於奈因发现半导体中的隧道效应并发明隧道二极管、美国科学家贾埃沃因发现超导体隧道结单电子隧道效应、英国科学家约瑟夫森因创立超导电流通过的势垒的约瑟夫森效应而共同获得诺贝尔物理学奖。

德国科学家费舍尔、英国科学家威尔金森因有机金属化学的广泛研究而共同获得诺贝尔化学奖。

奥地利科学家弗里施、洛伦茨、英国科学家廷伯根因发现动物习性分类而共同获得诺贝尔生理学/医学奖。

1974 年 12 月 10 日第七十四届诺贝尔科学奖

英国科学家赖尔因对射电天文学观测技术方面的创造、英国科学家赫威斯因研究射电望远镜发现脉冲星而共同获得诺贝尔物理学奖。

美国科学家弗洛里因研究高分子化学及其物理性质和结构获诺贝尔化学奖。

美国科学家克劳德因研究细胞的结构和功能、比利时科学家德·迪夫因发现溶酶体、美国科学家帕拉德因发现核糖核酸蛋白质而共同获得诺贝尔生理学/医学奖。

1975年12月10日第七十五届诺贝尔科学奖

丹麦科学家玻尔、莫特尔森、美国科学家雷恩沃特因创立原子结构新理论而共同获得诺贝尔物理学奖。

英国科学家康福思因研究有机分子和酶催化反应的立体化学、瑞士科学家普雷洛格因研究有机分子及其反应的立体化学而共同获得诺贝尔化学奖。

美国科学家杜尔贝科、特明、巴尔的摩因研究肿瘤病毒与遗传物质相互关系而共同获得诺贝尔生理学/医学奖。

1976年12月10日第七十六届诺贝尔科学奖

美国科学家里克特、美籍华裔科学家丁肇中因发现新的基本粒子而共同获得诺贝尔物理学奖。

美国科学家利普斯科姆因研究硼烷的结构获诺贝尔化学奖。

美国科学家布卢姆伯格、盖达塞克因研究传染病的起因和传染而共获诺贝尔生理学/医学奖。

1977年12月10日第七十七届诺贝尔科学奖

美国科学家安德森提出固态物理理论，英国科学家莫特因磁性非晶态固体中电子性状的研究、美国科学家范弗莱克因对磁学的巨大贡献而共同获得诺贝尔物理学奖。

比利时科学家普里戈金因提出热力学理论中的耗散结构获诺贝尔化学奖。

美国科学家雅洛因建立放射免疫分析法、美国科学家吉尔曼、沙利因合成下丘脑释放因素而共同获得诺贝尔生理学/医学奖。

1978年12月10日第七十八届诺贝尔科学奖

苏联科学家卡皮察因发明并利用氦的液化器、美国科学家彭齐亚斯、威尔逊因发现宇宙微波背景辐射而共同获得诺贝尔物理学奖。

英国科学家米切尔因生物系统中的能量转移过程获诺贝尔化学奖。

瑞士科学家阿尔伯、美国科学家史密斯、内森斯因发现并应用脱氧核糖核酸的限制酶而共同获得诺贝尔生理学/医学奖。

1979年12月10日第七十九届诺贝尔科学奖

美国科学家格拉肖、温伯格、巴基斯坦科学家萨拉姆因提出亚原子粒子的弱作用的电磁作用的统一理论而共同获得诺贝尔物理学奖。

美国科学家布朗、德国科学家维蒂希因在有机物合成中引入硼和磷而共获得诺贝尔化学奖。

美国科学家科马克、英国科学家豪斯费尔德因发明CT扫描而共同获得诺贝尔生理学/医学奖。

1980年12月10日第八十届诺贝尔科学奖

美国科学家克罗宁、菲奇因发现K介子衰变时电荷共轭宇称不守恒现象而共获诺贝尔物理学奖。

美国科学家伯格因研究操纵基因重组DNA分子、美国科学家吉尔伯特、英国科学家桑格因创立DNA结构的化学和生物分析法而共同获得诺贝尔化学奖。

美国科学家贝纳塞拉夫、斯内尔因创立移植免疫学和免疫遗传学、法国科学家多塞因研究抗原抗体在输血及组织器官移植中的作用而共同获得诺贝尔生理学/医学奖。

1981年12月10日第八十一届诺贝尔科学奖

瑞典科学家西格班因发明用于化学分析的电子能谱术、美国科学家布洛姆伯根、肖洛因在光谱术中应用激光器而共同获得诺贝尔物理学奖。

日本科学家福井谦一因提出化学反应边缘机道理论、美国科学家霍夫曼因提出分子轨道对称守恒原理而共同获得诺贝尔化学奖。

美国科学家斯佩里因研究大脑半球的功能、瑞典科学家维厄瑟尔、美国科学家休伯尔因研究大脑视神经皮层的功能结构而共同获得诺贝尔生理学/医学奖。

1982年12月10日第八十二届诺贝尔科学奖

美国科学家威尔逊因提出关于相变的临界现象理论获诺贝尔物理学奖。

英国科学家克卢格因以晶体电子显微镜和X射线衍射技术研究核酸蛋白复合体获诺贝尔化学奖。

瑞典科学家伯格斯特龙、萨米尔松、英国科学家范恩因对前列腺的化学与生物学研究而共同获得诺贝尔生理学/医学奖。

1983年12月10日第八十三届诺贝尔科学奖

美国科学家昌德拉塞卡因对恒星结构方面的杰出贡献、美国科学家福勒因与元素有关的核电应方面的重要实验和理论而共同获得诺贝尔物理学奖。

美国科学家陶布因对金属配位化合物电子能移机理的研究获诺贝尔化学奖。

美国科学家麦克林托克因研究玉米的转座因子获诺贝尔生理学/医学奖。

1984年12月10日第八十四届诺贝尔科学奖

意大利科学家鲁比亚、荷兰科学家范德梅尔因领导发现W±和Z0粒子而共获诺贝尔物理学奖。

美国科学家梅里菲尔德因对发展新药物和遗传工程的重大贡献获诺贝尔化学奖。

丹麦科学家杰尼、德国科学家科勒、阿根廷科学家米尔斯坦因发现生产单克隆抗体的原理而共同获得诺贝尔生理学/医学奖。

1985年12月10日第八十五届诺贝尔科学奖

德国科学家冯克利津因发现量子霍尔效应获诺贝尔物理学奖。

美国科学家豪普特曼、卡尔勒因发展了直接测定晶体结构的方法而共同获得诺贝尔化学奖。

美国科学家布朗、戈尔茨坦因在胆固醇新陈代谢方面的贡献而共同获得诺贝尔生理学/医学奖。

1986年12月10日第八十六届诺贝尔科学奖

德国科学家鲁斯卡、比尼格、瑞士科学家罗勒因研制出扫描式隧道效应显微镜而共同获得诺贝尔物理学奖。

美国科学家赫希巴赫、美籍华裔科学家李远哲因发现交叉分子束方法、德国科学家波拉尼因发明红外线化学研究方法而共同获得诺贝尔化学奖。

美国科学家科恩因发现了说明细胞发育和分裂过程如何进行的表皮生长因子、意大利科学家利瓦伊·蒙塔尔奇尼因发现神经生长因子而共同获得诺贝尔生理学/医学奖。

1987年12月10日第八十七届诺贝尔科学奖

瑞士科学家缪勒、德国科学家贝德诺兹因发现新型超导材料而共同获得诺贝尔物理学奖。

美国科学家克拉姆因合成分子量低和性能特殊的有机化合物、法国科学家莱恩、美国科学家佩德森因在分子的研究和应用方面的新贡献而共同获得诺贝尔化学奖。

日本科学家利根川进因阐明人体怎样产生抗体抵御疾病获诺贝尔生理学/医学奖。

1988年12月10日第八十八届诺贝尔科学奖

美国科学家施瓦茨、莱德曼、斯坦伯格因利用粒子加速器制出中微子而共获诺贝尔物理学奖。

德国科学家戴森霍费尔、胡贝尔、米歇尔因第一次阐明由膜束的蛋白质形成的全部细节而共同获得诺贝尔化学奖。

英国科学家布莱克因制成治疗冠心病的β-受体阻滞剂——心得安(普萘洛尔)、美国科学家埃利肖、希琴斯因研制出不损害人的正常细胞的抗癌药物而共同获得诺贝尔生理学/医学奖。

1989年12月10日第八十九届诺贝尔科学奖

美国科学家拉姆齐因发明观测原子辐射和计量原子辐射频率的精确方法、美国科学家德默尔特因创造冷却捕集电子的方法、德国科学家保罗因在50年代发明的“保罗捕集法”而共同获得诺贝尔物理学奖。

美国科学家切赫、加拿大科学家奥尔特曼因发现核糖核酸催化功能而共同获得诺贝尔化学奖。

美国科学家毕晓普、瓦穆斯因发现致癌基因是遗传物质，而不是病毒而共获得诺贝尔生理学/医学奖。

1990 年 12 月 10 日第九十届诺贝尔科学奖

美国科学家弗里德曼、肯德尔、加拿大科学家泰勒因发现夸克的第一个证据而共同获得诺贝尔物理学奖。

美国科学家科里因创立关于有机合成的理论和方法获诺贝尔化学奖。

美国医生默里因成功地完成第一例肾移植手术、美国医生托马斯因开创骨髓移植而共同获得诺贝尔生理学/医学奖。

1991 年 12 月 10 日第九十一届诺贝尔科学奖

法国科学家热纳因把研究简单系统有序现象的方法，应用到更为复杂物质、液晶和聚合体的组合上作出贡献获诺贝尔物理学奖。

瑞士科学家恩斯特因对核磁共振光谱高分辨方法发展作出重大贡献获诺贝尔化学奖。

德国科学家内尔、扎克曼因发现细胞中单离子道功能，发展出一种能记录极微弱电流通过单离子道的技术而共同获得诺贝尔生理学/医学奖。

1992 年 12 月 10 日第九十二届诺贝尔科学奖

法国科学家夏帕克因发明多线路正比探测器，推动粒子探测器发展获诺贝尔物理学奖。

美国科学家马库斯因对化学系统中的电子转移反应理论作出贡献获诺贝尔化学奖。

美国科学家费希尔、克雷布斯因在逆转蛋白磷酸化作为生物调节机制的发现中作出巨大贡献而共同获得诺贝尔生理学/医学奖。

1993 年 12 月 10 日第九十三届诺贝尔科学奖

美国科学家赫尔斯、泰勒因发现一对脉冲双星，即两颗靠引力结合在一起的星，这是对爱因斯坦相对论的一项重要验证而共同获得诺贝尔物理学奖。

美国科学家穆利斯因发明“聚合酶链式反应”法，在遗传领域研究中取得突破性成就、加拿大籍英裔科学家史密斯因开创“寡聚核甙酸基定点诱变”方法而共同获得诺贝尔化学奖。

英国科学家罗伯茨、美国科学家夏普因发现断裂基因而共同获得诺贝尔生理学/医学奖。

1994 年 12 月 10 日第九十四届诺贝尔科学奖

加拿大科学家布罗克豪斯和美国科学家沙尔因在凝聚态物质的研究中发展了中子散射技术，而共同获得诺贝尔物理学奖。

美国科学家欧拉因在碳氢化合物即烃类研究领域作出了杰出贡献而获得诺贝尔化学奖。

美国科学家吉尔曼、罗德贝尔因发现 G 蛋白及其在细胞中转导信息的作用，而共同获得诺贝尔生理学/医学奖。

1995年12月10日第九十五届诺贝尔科学奖

美国科学家佩尔、莱因斯因发现了自然界中的亚原子粒子：Υ轻子、中微子，而共同获得诺贝尔物理学奖。

德国科学家克鲁岑、美国科学家莫利纳、罗兰因阐述了对臭氧层产生影响的化学机理，证明了人造化学物质对臭氧层构成破坏作用，而共同获得诺贝尔化学奖。

美国科学家刘易斯、维绍斯、德国科学家福尔哈德因发现了控制早期胚胎发育的重要遗传机理，并利用果蝇作为实验系统，发现了同样适用于高等有机体（包括人）的遗传机理，而共同获得诺贝尔医学/生理学奖。

1996年12月10日第九十六届诺贝尔科学奖

美国科学家D·M·李、奥谢罗夫、理查森因发现在低温状态下可以无摩擦流动的氦-3，而共同获得诺贝尔物理学奖。

美国科学家柯尔、斯莫利、英国科学家克罗托因因发现了碳元素的新形式——富勒氏球（也称布基球）C_{60}而获得诺贝尔化学奖。

澳大利亚科学家多尔蒂、瑞士科学家青克纳格尔因发现细胞的中介免疫保护特征，而共同获得诺贝尔医学/生理学奖。

1997年12月10日第九十七届诺贝尔科学奖

美籍华裔科学家朱棣文、美国科学家菲利普斯、法国科学家科昂·塔努吉因发明了用激光冷却和俘获原子的方法，而共同获得诺贝尔物理学奖。

美国科学家博耶、英国科学家沃克尔、丹麦科学家斯科因发现人体细胞内负责储藏转移能量的离子传输酶，而共同获得诺贝尔化学奖。

美国科学家普鲁西纳因发现了一种全新的蛋白致病因子——朊蛋白，并在其致病机理的研究方面作出了杰出贡献，而获得诺贝尔生理学/医学奖。

1998年12月10日第九十八届诺贝尔科学奖

美国科学家劳克林、斯特默、美籍华裔科学家崔琦因发现了分数量子霍尔效应，而共同获得诺贝尔物理学奖。

美国科学家科恩因提出的密度作用理论为简化原子键的计算打下了基础。英国科学家波普尔因1970年设计了一种日后被广泛应用的计算程序而获得1998年的诺贝尔化学奖。他发展的计算方法使人们能够对分子、分子的性质、分子在化学反应中如何相互作用进行理论研究。

美国科学家芬奇戈特、伊格纳罗、穆拉德发现氧化氮可以传递信息而获得诺贝尔生理学/医学奖。

1999年12月10日第九十九届诺贝尔科学奖

荷兰科学家霍夫特、韦尔特曼因阐明了物理中电镀弱交互作用的定量结构，而共同获得诺贝尔物理学奖。

美国科学家泽维尔因用激光闪烁照相机拍摄到化学反应中化学键断裂和形成的过程，而获得 1999 年的诺贝尔化学奖。

美国科学家布洛伯尔发现蛋白质有内部信号决定蛋白质在细胞内的转移和定位而获得诺贝尔生理学/医学奖。

2000 年 12 月 10 日第一百届诺贝尔科学奖

俄罗斯科学家阿尔费罗夫、美国科学家基尔比、克雷默因奠定了资讯技术的基础，而共同获得诺贝尔物理学奖。

美国科学家黑格、麦克迪尔米德、日本科学家白川秀树因发现能够导电的塑料，而共同获得诺贝尔化学奖。

瑞典科学家卡尔松、美国科学家格林加德、奥地利科学家坎德尔因在人类脑神经细胞间信号的相互传递方面获得的重要发现，而共同获得诺贝尔生理学/医学奖。

2001 年 12 月 10 日第一百零一届诺贝尔科学奖

德国科学家克特勒、美国科学家康奈尔、维曼因在碱性原子稀薄气体的玻色－爱因斯坦凝聚态，以及凝聚态物质性质早期基础性研究方面取得的成就，而共同获得诺贝尔物理学奖。

美国科学家诺尔斯、夏普莱斯、日本科学家野依良治因在“手性催化氢化反应”领域取得的成就，而共同获得诺贝尔化学奖。

美国科学家哈特韦尔、英国科学家亨特、纳斯因发现了细胞周期的关键分子调节机制，而共同获得诺贝尔生理学/医学奖。

2002 年 12 月 10 日第一百零二届诺贝尔科学奖

美国科学家里贾科尼、戴维斯、日本科学家小柴昌俊因在探测宇宙中微子方面取得的成就，并导致中微子天文学的诞生，而共同获得诺贝尔物理学奖。

美国科学家芬恩、日本科学家田中耕一、瑞士科学家维特里希因发明了对生物大分子进行确认和结构分析、质谱分析的方法，而共同获得诺贝尔化学奖。

英国科学家布雷内、苏尔斯顿、美国科学家霍维茨因选择线虫作为新颖的实验生物模型，找到了对细胞每一个分裂和分化过程进行跟踪的细胞图谱，而共同获得诺贝尔生理学/医学奖。

2003 年 12 月 10 日第一百零三届诺贝尔科学奖

俄罗斯科学家阿布里科索夫、金茨堡、英国科学家莱格特因在超导体和超流体理论上作出的开创性贡献，而共同获得诺贝尔物理学奖。

美国科学家阿格雷、麦金农因在细胞膜通道方面作出的开创性贡献，而共同获得诺贝尔化学奖。

美国科学家劳特布尔、英国科学家曼斯菲尔德因在核磁共振成像技术领域的突破性成就，而共同获得诺贝尔生理学/医学奖。

2004 年 12 月 10 日第一百零四届诺贝尔科学奖

美国科学家格罗斯、波利泽和维尔泽克因在夸克粒子理论方面所取得的成就共同获得诺贝尔物理学奖。

以色列科学家西查诺瓦、赫尔什科和美国科学家罗斯三人因在蛋白质控制系统方面的重大发现而共同获得诺贝尔化学奖。

美国科学家阿克塞尔和巴克两人在气味受体和嗅觉系统组织方式研究中作出的贡献共同获得诺贝尔生理学/医学奖。

2005 年 12 月 10 日第一百零五届诺贝尔科学奖

美国教授格劳伯、豪和德国教授汉斯因为对光学一致性的量子理论的贡献和以激光为手段的精密光谱学的贡献而获得诺贝尔物理学奖。

法国科学家沙文，两位美国科学家格鲁布斯及施洛克因为在有机化学的烯烃复分解反应研究方面取得的成就获得诺贝尔化学奖。

澳大利亚科学家马歇尔和沃伦发现幽门螺杆菌以及该细菌对消化性溃疡病的致病机理而获得诺贝尔生理学/医学奖。

2006 年 12 月 10 日第一百零六届诺贝尔科学奖

诺贝尔物理学奖将授予美国科学家马瑟和斯穆特，以表彰他们发现了宇宙微波背景辐射的黑体形式和各向异性。

美国科学家科恩伯格因在“真核转录的分子基础”研究领域所作出的贡献而独自获得 2006 年诺贝尔化学奖。

诺贝尔生理学/医学奖授予两名美国科学家法尔和梅洛，以表彰他们发现了“RNA（核糖核酸）干扰”机制。

2007 年 12 月 10 日第一百零七届诺贝尔科学奖

法国科学家费尔和德国科学家克鲁伯格获得诺贝尔物理学奖，以表彰他们发现巨磁电阻效应的贡献。

德国科学家埃特尔获得 2007 年度诺贝尔化学奖，因在“固体表面化学过程”研究中作出的贡献。

美国科学家卡佩奇和史密西斯、英国科学家埃文斯获得诺贝尔生理学/医学奖，以表彰他们在干细胞研究方面所做的贡献。

2008 年 12 月 10 日第一百零八届诺贝尔科学奖

美国籍科学家南部阳一郎和日本科学家小林诚、益川敏英因在亚原子物理的研究上有突出成就而共同获得 2008 年诺贝尔物理学奖。

2008年度诺贝尔化学奖授予美国科学家下村修、沙尔菲和美籍华人科学家钱永健，他们因发现和改造绿色荧光蛋白而获奖。

2008年诺贝尔生理学/医学奖分别授予德国科学家豪森及两名法国科学家西诺西和蒙塔尼，以表彰他们在治疗子宫颈癌及人类免疫缺陷病毒方面作出的贡献。

2009年12月10日第一百零九届诺贝尔科学奖

英国华裔科学家高锟以及美国科学家博伊尔和史密斯因光导纤维和半导体研究而获得2009年诺贝尔物理学奖。

美籍印度科学家拉马克里希南、美国科学家施泰茨、以色列科学家尤纳斯因对一种关键生命过程的研究，即核糖体如何利用DNA的信息制造蛋白质进而制造生命而荣获2009年诺贝尔化学奖。

美国科学家伊丽莎白布莱克本、卡萝尔格雷德和杰克绍斯塔克因染色体端粒和端粒酶研究荣获2009年度诺贝尔生理学/医学奖。

2010年12月10日第一百一十届诺贝尔科学奖

2010年诺贝尔物理学奖授予英国曼彻斯特大学科学家海姆和诺沃肖洛夫。共同工作多年的二人因"突破性地"用撕裂的方法成功获得超薄材料石墨烯而获奖。

美国科学家赫克和日本科学家根岸荣一及铃木章因在"钯催化交叉偶联反应"研究领域的杰出贡献共同获得诺贝尔化学奖。他们研究成果使人类能有效合成复杂有机物。

2010年诺贝尔生理学/医学奖授予英国生理学家爱德华兹，以表彰他在开创体外受精技术方面的成就。

2011年12月10日第一百一十一届诺贝尔科学奖

美国科学家帕尔马特、澳大利亚科学家施密特和美国科学家黎斯，因超新星发现宇宙加速膨胀的秘密等研究成果而获得2011年度诺贝尔物理学奖。

2011年诺贝尔化学奖授予以色列科学家谢克特曼，以表彰他"发现了准晶"这种材料。

美国人博伊特勒、法国人霍夫曼和加拿大人斯坦曼因"发现免疫系统激活的关键原理，革命性地改变了我们大家对免疫系统的理解"赢得2011年度诺贝尔生理学/医学奖。但遗憾的是，斯坦曼于当年9月30日去世。

2012年12月10日第一百一十二届诺贝尔科学奖

法国科学家阿罗什和美国科学家维因兰德因在量子力学领域的突破性研究获得2012年度诺贝尔物理学奖。

美国人莱夫科维茨和科比尔卡因对蛋白受体的研究而获得2012年度诺贝尔化学奖。

英国科学家戈登和日本科学家山中伸弥因发现成熟的、专门的细胞可以重新编程成为未成熟的细胞并能够发育成人体的所有组织，从而获得2012年度诺贝尔生理学/医学奖。

2013年12月10日第一百一十三届诺贝尔科学奖

比利时理论物理学家恩格勒、英国理论物理学家希格斯因成功预测希格斯玻色子（又称

“上帝粒子”)而获得2013年诺贝尔物理学奖。

犹太裔美国理论化学家卡普拉斯、美国斯坦福大学生物物理学家莱维特和南加州大学化学家瓦谢尔因给复杂化学体系设计了多尺度模型而分享2013年诺贝尔化学奖。

美国科学家罗斯曼和舒克曼、德国科学家苏德霍夫因，他们因细胞运输系统的膜融合的研究而荣获2013年诺贝尔生理学/医学奖。

附录二　23 位“两弹一星”功勋科学家名录

1. 核物理学家——于敏(1926～)

核物理学家，中科院院士，中国“氢弹之父”。在氢弹原理突破中解决了热核武器物理中一系列关键问题。从 20 世纪 70 年代起，他在倡导、推动若干高科技项目研究中发挥了重要作用。

2. 光学专家——王大珩(1915～2011)

光学专家，中科院院士，中国工程院院士，我国现代国防光学技术及光学工程的开拓者和奠基人之一。他领导、开拓和推动了中国国防光学工程事业。

3. 卫星返回技术专家——王希季(1921～)

卫星和卫星返回技术专家，中科院院士，国际宇航科学院院士。他在我国火箭技术和卫星返回技术的突破上作出了重要贡献。

4. 核物理学家——朱光亚(1924～2011)

核物理学家，中科院院士，中国工程院院士。他是中国核武器研制的科学技术领导人，负责并领导中国原子弹、氢弹的研制工作。参与组织秦山核电站筹建和放射性同位素应用开发研究以及国家高技术研究发展计划的制订与实施、国防科技发展战略研究工作。

5. 运载火箭与卫星技术专家——孙家栋(1929～)

运载火箭与卫星技术专家，中科院院士，国际宇航科学院院士。他在中国第一枚自行设计的液体中近程弹地地导弹、液体中程弹道地地导弹以及人造地球卫星的研制试验上攻克了多项技术难题，为中国东方红一号卫星发射成功作出了重要贡献。

6. 火箭发动机专家——任新民(1915～)

航天技术和火箭发动机专家，中科院院士，国际宇航科学院院士。他在领导和组织中程、中远程、远程液体弹道式地地导弹的多种液体火箭发动机的研制、试验工作中作出了重要贡献。

7. 物理冶金学家——吴自良(1917～2008)

物理冶金学家，中科院院士。他在研制特种电阻丝、建立中国合金钢系统以及分离铀同位素用的“甲分离膜的制造技术”等方面作出了重要贡献。

8. 空间电子系统工程专家——陈芳允(1916～2000)

无线电电子学、空间系统工程专家,中科院院士,国际宇航科学院院士,中国卫星测量、控制技术的奠基人之一。他对我国卫星测量控制系统的总体设计、设备研制和布局建设等方面作出了重要贡献。

9. 金属物理学家——陈能宽(1923～)

金属物理学家,中科院院士。在我国第一颗原子弹、氢弹及核武器的发展研制工作中作出了重要贡献。

10. 卫星和自动控制专家——杨嘉墀(1919～2006)

卫星和自动控制专家,中科院院士,国际宇航科学院院士。他长期致力于我国科学技术和航天事业的发展,是空间技术分系统的设计师,指导完成了原子弹爆炸试验所需的检测技术及设备等重大科研项目。

11. 中国科协主席——周光召(1929～)

理论物理学家,中科院院士。他领导并参与了爆炸物理、辐射流体力学、高温高压物理、二维流体力学、中子物理等多个领域的研究工作,取得了许多具有实际价值的重要成果,为核武器的理论设计奠定了基础。

12. 空气动力学家——钱学森(1911～2009)

空气动力学家,中科院院士,中国工程院院士。他最先为中国火箭导弹技术的发展提出了极为重要的实施方案,协助周恩来、聂荣臻筹备组建火箭导弹研制机构——国防部第五研究院,为中国火箭导弹和航天事业的创建与发展作出了杰出贡献。

13. 火箭专家——屠守锷(1917～2012)

火箭技术和结构强度专家,中科院院士,国际宇航科学院院士。他作为开创人之一,为我国导弹与航天事业的发展作出了重要贡献。

14. 核潜艇导弹专家——黄纬禄(1916～2011)

火箭技术专家,中科院院士,国际宇航科学院院士,我国固体战略导弹的奠基人。他在导弹武器系统总体设计及控制技术的理论和工程实践方面具有很深的造诣,对重大关键技术问题的解决、大型工程方案的决策、指挥及组织实施发挥了重要作用。

15. 核试验基地司令——程开甲(1918～)

核武器技术专家,中科院院士,我国第一颗原子弹研制的开拓者之一,我国核武器试验事业的创始人之一。他创建了核试验研究所,是中国核试验总体技术的设计者。

16. 物理学家——彭桓武(1915～2007)

物理学家,中科院院士。他领导并参加了原子弹、氢弹的原理突破和战略核武器的理论研究、设计工作，在中子物理、辐射流体力学、凝聚态物理、爆轰物理等多个学科领域取得了对实践有重要指导意义的一系列理论成果，并为中国核事业培养了一批优秀人才。

17. 核物理学家——王淦昌(1907～1998)

核物理学家，中科院院士，核武器研制的主要科学技术领导人之一，核武器研究实验工作的开拓者。他指导了中国第一次地下核试验，领导并具体组织了中国第二、三次地下核试验。

18. 中国原子弹之父——邓稼先(1924～1986)

核物理学家，中科院学部委员。在原子弹、氢弹研究中，他领导开展了爆轰物理、流体力学、状态方程、中子输运等基础理论研究，对原子弹的物理过程进行了大量模拟计算和分析，迈出了中国独立研究核武器的第一步。

19. 地球物理学家——赵九章(1907～1968)

地球物理学家，中科院学部委员，中国人造卫星事业的倡导者和奠基人之一。他对中国卫星系列发展规划和具体探测方案的制订以及中国第一颗人造地球卫星、返回式卫星等总体方案的确定和关键技术的研制起了重要作用。

20. 冶金学和航天材料专家——姚桐斌(1922～1968)

冶金学和航天材料专家。作为我国第一代航天材料工艺专家和技术领路人，他对现代冶金学有关金属和合金黏性、流动性的研究卓有成绩。

21. 空间物理专家——钱骥(1917～1983)

空间技术和空间物理专家，我国空间技术的开拓者之一。他领导了卫星的总体、结构、天线和环境模拟理论研究，为我国空间技术的早期发展做了很多开拓性的工作。

22. 核物理学家——钱三强(1913～1992)

核物理学家，中科院院士，中国原子能事业的开拓者和奠基人之一。他领导建成了中国第一个重水型原子反应堆、第一台回旋加速器以及一批重要仪器设备，使我国的堆物理、堆工程技术、钎化学放射生物学、放射性同位素制备、高能加速器技术和受控热核聚变等科研工作都先后开展起来。

23. 空气动力学家——郭永怀(1909～1968)

空气动力学家，中科院学部委员。他在我国原子弹、氢弹的研制工作中领导和组织爆轰力学、高压物态方程、空气动力学、飞行力学、结构力学和武器环境实验科学等研究工作，解决了一系列重大问题。

附录三　2000～2013 年国家最高科学技术奖名录

国家最高科学技术奖为中国科技界的最高奖项，创始于 2000 年，由国家科学技术奖励委员会主办，是为了奖励在科技进步活动中作出突出贡献的公民而设立的，授予取得重大突破或者在科学技术发展中有卓越建树，在科学技术创新、科学技术成果转化和高技术产业化中创造巨大经济效益或者社会效益的科学技术工作者。

1. 2000 年国家最高科学技术奖授予世界著名数学家吴文俊和杂交水稻之父袁隆平

吴文俊(1919～)，世界著名数学家，中科院院士。他在拓扑学和数学机械化领域，特别是几何定理的机器证明方面作出了重要贡献。

袁隆平(1930～)，杂交水稻之父，中国工程院院士。他成功研制出杂交水稻种植技术，为大面积推广杂交水稻奠定了基础。

2. 2001 年国家最高科学技术奖授予汉字激光照排系统创始人王选和物理学家黄昆

王选(1937～2006)，中科院院士，中国工程院院士，汉字激光照排系统创始人。他所领导的科研集体研制出的汉字激光照排系统为新闻、出版全过程的计算机化奠定了基础，被誉为“汉字印刷术的第二次发明”。

黄昆(1919～2005)，固体物理、半导体物理学家，世界著名物理学家。在固体物理理论、半导体物理学等方面的研究取得多项国际水平的成果，是中国半导体物理学研究的开创者之一。

3. 2002 年国家最高科学技术奖授予高性能计算机领域的著名专家金怡濂

金怡濂(1929～)，高性能计算机领域的著名专家，是中国巨型计算机事业的开拓者之一。他在大型、巨型计算机系统的设计方面取得了一系列创造性的成果，为我国高性能计算机技术的跨越式发展和赶超世界计算机先进水平作出了重要贡献。

4. 2003 年国家最高科学技术奖授予地球环境科学家刘东生和航天技术专家王永志

刘东生(1917～2008)，我国著名地质学家，中科院院士。他发展了传统的四次冰期学说，成为全球环境变化研究的一个重大转折，奠定了环境变化的“多旋回学说”的基础。

王永志(1932～)，火箭技术专家，中国工程院首批院士，国际宇航科学院院士，现任中国载人航天工程高级顾问。他参加了多种火箭的设计和研制，先后担任洲际火箭副总设计师，三种火箭总设计师，是长征二号捆绑式运载火箭的主要倡导者之一和研制总指挥，曾任中国火箭研究院院长，1992～2007年担任中国载人航天工程总设计师。

5. 2004年国家最高科学技术奖空缺

6. 2005年国家最高科学技术奖授予气象学家叶笃正和肝脏外科学家吴孟超

叶笃正(1916～2013)，气象学家，中科院院士。他创立的青藏高原气象学理论、大气长波能量频散理论、阻塞高压形成和维持的理论、大气运动的风场和气压场的适应尺度等理论，为中国现代气象事业的发展作出了卓越的贡献。

吴孟超(1922～)，著名肝脏外科专家。他创立了肝脏外科的关键理论和技术体系，开辟了肝癌基础与临床研究的新领域，创建了世界上规模最大的肝脏疾病研究和诊疗中心，培养了大批高层次专业人才。

7. 2006年国家最高科学技术奖授予遗传学家、小麦远缘杂交的奠基人李振声

李振声(1931～)，遗传学家，中科院院士。他在小麦染色体工程育种上作出了重要贡献。

8. 2007年国家最高科学技术奖授予石油化工催化剂专家闵恩泽和植物学家吴征镒

闵恩泽(1924～)，石油化工催化剂专家。他主要从事石油炼制催化剂制造技术领域的研究，是我国炼油催化应用科学的奠基者，石油化工技术自主创新的先行者，绿色化学的开拓者，在国内外石油化工界享有很高的声誉，被誉为“中国催化剂之父”。

吴征镒(1919～)，著名植物学家，为现代植物学在中国的发展以及植物资源的保护和利用作出了基础性、开拓性和前瞻性的重要贡献。

9. 2008年国家最高科学技术奖授予神经外科专家王忠诚和化学家徐光宪

王忠诚(1925～2012)，中国工程院院士，中国神经外科事业的开拓者和创始人之一。他在脑干肿瘤、脑动脉瘤、脑血管畸形、脊髓内肿瘤等方面都有独到研究和重大贡献，解决了一系列神经外科领域公认的世界难题。

徐光宪(1920～)，著名物理化学家，中科院院士。他的研究横跨物理化学、核燃料化学、配位化学、萃取化学、稀土化学等领域。

10. 2009年国家最高科学技术奖授予数学家谷超豪和运载火箭与卫星技术专家孙家栋

谷超豪(1926～2012) 数学家，中科院院士。其研究成果“规范场数学结构”、“非线性双曲型方程组和混合型偏微分方程的研究”和“经典规范场”分获全国科学大会奖、国家自然科学二等奖及三等奖、2009年度国家最高科技奖。

孙家栋(1929～)，运载火箭与卫星技术专家，中科院院士，国际宇航科学院院士。他为我国突破卫星基本技术、卫星返回技术、地球静止轨道卫星发射和定点技术、导航卫星组网技术和深空探测基本技术的研究作出了重大贡献；为创建和发展我国人造卫星总体技术、卫星航天工程管理技术和深空探测技术作出了系统的、创造性的贡献。

11. 2010年国家最高科学技术奖授予金属学及材料科学家师昌绪和内科血液学专家王振义

师昌绪(1920～),金属学及材料科学家,中国工程院院士。他主要从事合金钢、高温合金及材料强度的研究工作,成功领导研制了中国第一代铸造多孔气冷涡轮叶片,为中国航空工业的发展作出了贡献。

王振义(1924～),内科血液学专家,中国工程院院士。他在医学上最主要的贡献是利用全反式维甲酸诱导急性早幼粒白血病细胞分化,在临床上极大地提高了急性早幼粒细胞白血病病人的完全缓解率和长期生存率。

12. 2011年国家最高科学技术奖授予建筑与城市规划学家吴良镛和加速器物理学家谢家麟

吴良镛(1922～),城市规划及建筑学家,中国工程院院士,中科院院士,新中国建筑教育奠基人之一。他长期致力于中国城市规划设计、建筑设计、园林景观规划设计的教学、科学研究与实践工作,培养了大量建设人才。

谢家麟(1920～),加速器物理及技术专家,中科院院士。他主要从事先进加速器技术研究,是国际著名的物理学家,我国粒子加速器事业的开拓者和奠基人。

13. 2012年国家最高科学技术奖授予著名力学家、爆炸力学专家郑哲敏和雷达工程专家王小谟。

郑哲敏(1924～),物理学家,力学专家,中国工程院院士,中科院院士。他长期从事固体力学研究,开拓和发展了我国的爆炸力学事业。

王小谟(1938～),中国工程院院士。他设计研制了多种型号具有国际先进水平的雷达,尤其在三坐标雷达和低空雷达研究方面卓有建树。

14. 2013年国家最高科学技术奖授予物理化学家张存浩和物理学家程开甲

张存浩(1928～),物理化学家,中科院院士,中科院大连化学物理研究所研究员。他是我国高能化学激光的奠基人、分子反应动力学的奠基人之一,在化学激光的机理和基础理论研究方面取得了多项国际先进的研究成果。

程开甲(1918～),物理学家,中科院院士,中国人民解放军总装备部研究员,核武器技术专家,两弹一星元勋科学家。他是我国核试验科学技术的创建者和领路人,为我国核武器事业和国防高新技术发展作出了卓越贡献。